CHRISTIANE KOHL

Bilder eines Vaters

Buch

Als Reinhold Meyers Tochter, Dorothea Wilke, Mitte der neunziger Jahre bei einem Museumsbesuch eine ihr merkwürdig vertraute Marmorbüste entdeckt, beginnt sie, die verstaubte Hinterlassenschaft ihres Vaters, die lange unberührt auf ihrem Dachboden ruhte, genauer zu untersuchen. Sie findet vergilbte alte Briefe und Aufzeichnungen über eine umfangreiche Kunstsammlung die einstmals zum Familienbesitz zählte. Anschaulich zeichnet Christiane Kohl in dieser wahren, akribisch recherchierten Geschichte auf bewegende Weise das Schicksal einer Familie nach – ein Schicksal, das exemplarisch für viele steht. Es geht um systematischen Kunstraub und die skrupellose Bereicherung privater Profiteure, die sich während der NS-Zeit jüdische Vermögenswerte aneigneten – Unrecht, das vielfach bis zum heutigen Tag nicht aufgeklärt ist.

Autorin

Christiane Kohl studierte Politik und Germanistik, arbeitete als Bonner Korrespondentin des Kölner »Express« und später als Pressesprecherin im Hessischen Umweltministerium. Von 1988 bis 1998 war sie Redakteurin und Reporterin beim »SPIEGEL«. Von 1999 bis zum Sommer 2005 berichtete sie als Italien-Korrespondentin der »Süddeutschen Zeitung« aus Rom. Heute lebt sie als SZ-Korrespondentin in Dresden.

Von Christiane Kohl
ist im Goldmann Verlag außerdem erschienen:

Der Jude und das Mädchen (12968)
Villa Paradiso (15277)
Das Zeugenhaus (15417)

Christiane Kohl

Bilder eines Vaters

Die Kunst, die Nazis und das Geheimnis einer Familie

GOLDMANN

Für Lene und Klaus

FSC
Mix
Produktgruppe aus vorbildlich
bewirtschafteten Wäldern und
anderen kontrollierten Herkünften

Zert.-Nr. SGS-COC-001940
www.fsc.org
© 1996 Forest Stewardship Council

Verlagsgruppe Random House FSC-DEU-0100
Das FSC-zertifizierte Papier *München Super* für dieses Buch
liefert Arctic Paper Mochenwangen GmbH.

1. Auflage
Taschenbuchausgabe August 2010
Wilhelm Goldmann Verlag, München,
in der Verlagsgruppe Random House GmbH

Umschlaggestaltung: UNO Werbeagentur, München
Umschlagfoto: Getty Images/ Cabrera
Fotos im Innenteil: siehe Bildnachweis S. 320
KF · Herstellung: Str.
Druck und Bindung: GGP Media GmbH, Pößneck
Printed in Germany
ISBN: 978-3-442-15530-9

www.goldmann-verlag.de

Inhalt

1

Ein folgenreicher Museumsbesuch

Manchmal riecht Erinnerung nach Silberputzmittel und muffigen, schlecht gelüfteten Zimmern, und doch wird mit diesem Geruch ein wohliges Gefühl von Geborgenheit transportiert. Dorle Wilke verspürt noch immer einen Hauch muffiger Sidol-Luft, wenn sie heute vor der hübschen, gelb getünchten Villa im Berliner Vorort Frohnau steht. Hier lebten einst Leute, die ihren Eltern geholfen haben.

Manchmal schmeckt Erinnerung nach klebrigem, grünem Eis am Stiel, und der bittersüße Geschmack bringt ein Gefühl von unbestimmter Angst hervor. Im Gedächtnis von Dorle Wilke gehören zu dem grünen Eis lauter weinende Frauen. Sie standen zusammen mit ihrer Mutter vor dem jüdischen Krankenhaus im Berliner Bezirk Wedding, hatten Kopfkissenbezüge mit Brotstullen in den Rinnstein gelegt und hofften, dass ihre Männer bald aus der »Schutzhaft« frei kämen. Dorle Wilkes Vater war einer von ihnen.

Über viele Jahre waren die Gerüche im Gedächtnis der Dorle Wilke abgekapselt wie vergessene Essenzen in einem fest verschlossenen Parfümflakon. Es gab viel zu viel zu tun in ihrem Leben, als dass sie sich den Blick zurück hätte erlauben können. Sie arbeitete als Buchhändlerin, zog zwei Söhne groß und umsorgte ihren Ehegatten. Dieser Mann ist mein Deutschlehrer gewesen. Während der Schulzeit war er so ziemlich der einzige Lehrer, auf dessen Urteil ich wirklich etwas gab.

Bei einer Deutscharbeit über eine Geschichte von Bertolt Brecht aber hatten wir uns gründlich missverstanden, ich bekam eine fünf von ihm dafür. Es war eine der Geschichten von Herrn Keuner, »Maßnahmen gegen die Gewalt« betitelt. In der kleinen Parabel, die kurz vor der Machtübernahme der Nazis in Deutschland geschrieben wurde, erzählt Brecht davon, wie Herr Keuner, ein »Denkender«, seinen Schülern erklärt, warum es wichtiger sein kann, totalitäre Gewalt zu überleben, ohne sich dabei zu verbiegen, statt sich ihr gleichsam mit offenem Visier in den Weg zu stellen und einen sinnlosen Heldentod zu sterben.

Damals ahnte ich noch nicht, dass die Frage, die der Geschichte zugrunde liegt, ein Lebensthema für mich werden würde: Immer wieder habe ich zu ergründen versucht, wie sich einzelne Menschen in einem totalitären Regime verhalten, das schließlich auch von Menschen gemacht ist. Welche Möglichkeiten haben Bürger in Diktaturen, nach Maßstäben der Menschlichkeit zu handeln und anderen zu helfen? Wie groß war der Spielraum Einzelner für einen wenn auch stillen Widerstand im NS-Regime? Was treibt Menschen dazu, mitzumachen und womöglich die Notlagen anderer auszunutzen?

Im Fall des Herrn Keuner war ich als jugendlicher Heißsporn fest überzeugt, dass er den offenen Protest gegen die Gewalt hätte predigen müssen, und das schrieb ich in die Klassenarbeit. Mein Deutschlehrer aber hielt es mehr mit Brecht, er war gegen den sinnlosen Heldentod. Ich fühlte mich unverstanden und enttäuscht über seine schlechte

Note. Doch was wussten wir damals, Anfang der siebziger Jahre, schon von den wirklichen Gefahren des Lebens? Mein Deutschlehrer Helmut Wilke kannte einiges. Er war nicht nur jünger als die meisten anderen Lehrer, die teilweise noch stark von der Nazizeit geprägt waren. Er wirkte auch kein bisschen empfänglich für das Rechtfertigungsgerede der Altvorderen. Ich habe erst viele Jahre später begriffen, dass dies womöglich mit der Lebensgeschichte seiner Frau zu tun hatte.

Eine Geschichte, die einst in Berlin begann und nach dem Krieg in dem Universitätsstädtchen Marburg an der Lahn ihre Fortsetzung fand. Eine Geschichte, die so typisch ist für die Verwicklungen und das Leben in unserem Land, dass man sie eigentlich schon vor vielen Jahren hätte aufschreiben müssen – wenn denn Dorle Wilke damals schon all die Einzelheiten aus ihrem Gedächtnisfundus hätte hervorholen wollen. Doch es ging ihr wohl wie vielen anderen Menschen nach dem Krieg: Eine lähmende Amnesie hatte sich wohlwollend über die Ereignisse gelegt, deren man sich nur zuweilen schemenhaft erinnerte – wie im Nebel plötzlich unheimlich aussehende Baumumrisse auftauchen, die bei Licht betrachtet einen ganz anderen Eindruck machen. Und so blieben Dorle Wilkes Erinnerungen viele Jahre lang abgekapselt im Gedächtnisflakon.

Erst ein Museumsbesuch löste die Erschütterung aus, die vielleicht notwendig war, um den Flakonpfropfen zu lösen. Die Wilkes waren 1995 nach Leipzig gefahren, wohin sie seit dem Ende der DDR immer wieder pilgerten. Die Leipziger Buchmesse mit ihren vielen hundert Lesungen in allen möglichen Lokalitäten der Stadt war eines der Lieblingsereignisse der Ehepartner, die beide leidenschaftliche Buchleser sind. Diesmal reisten sie jedoch nicht zu Messezeiten nach Leipzig, eine Ausstellung im Museum der bildenden Künste zog sie an, Zeichnungen, Skulpturen und Gemälde von Max Klinger wurden gezeigt. Im Skulpturensaal passierte es: Dorle stand plötzlich vor einer Knabenbüste, die ihr unendlich nah und vertraut vorkam. Ein Blick in den Katalog bestätigte ihr Gefühl: die Marmorplastik »Knabenbildnis« stellte ihren Vater dar.

Es war vielleicht dieser Moment, der ihrem Leben eine neue Wendung gab. Dorle Wilke hatte bis dahin nicht gewusst, dass es überhaupt eine künstlerische Darstellung ihres Vaters gab. Zwar hatte Reinhold Meyer immer mal wieder beklagt, dass in den Wirren des Zweiten Weltkrieges auch eine schöne Marmorskulptur, die sein eigener Vater, der Literaturprofessor Richard Moritz Meyer, besessen hatte, neben vielem anderen verloren gegangen sei. Doch dass die Büste ihn selbst, Reinhold Meyer, darstellte, das hatte er nie erwähnt. Als Dorle Wilke die Büste im Museum entdeckte, hatte sie plötzlich das Gefühl, ihren Vater mit ganz anderen Augen zu sehen.

Wer war dieser Mann, der in späteren Jahren oft schweigsam auf seinem Sessel saß und sich auf einer Flut von Zetteln handschriftliche Notizen machte? Dorle hatte nach seinem Tod alle Zettel aufgehoben, derer sie noch habhaft werden konnte. Noch heute bewahrt sie die karierten und linierten Papiere in ihrem kleinen Arbeitszimmer auf, in welchem zwischen Bergen von Büchern zwei zwitschernde Kanarienvögel in ihren Käfigen sitzen. Den Sinn der väterlichen Notizen aber hatte selbst Dorle Wilke nicht recht ergründen können.

Im Sommer 2000 mieteten wir uns für ein paar Tage in Berlin ein, um die Stationen abzuwandern, an die sie sich aus Kindheitstagen erinnerte. Da standen wir in Frohnau vor dem gelb getünchten Haus mit dem Sidol-Geruch – jetzt wohnte ein nettes Ehepaar darin, und es roch nach frischen Blumen statt nach Silberputzmittel. Der Mann, der ein Enkel des früheren Bewohners war, wusste manches zu erzählen, und doch fühlte sich Dorle verletzt, als wir das Haus wieder verließen. Dass ihr Vater in der Geschichtsschreibung der Frohnauer Familie als der »Jude Meyer« bezeichnet wurde, war ihr wie ein Stich ins Herz gegangen.

Nicht weit vom Alexanderplatz betrachteten wir die Gedenksäule für die Frauen der Rosenstraße, die hier einst für die Freilassung ihrer Männer demonstriert hatten. In ihrem weiten Faltenrock sah Dorle plötzlich wie das kleine Mädchen von damals aus, das hier im März 1943 in der Kälte gebibbert hatte. Es sei ihr in jenen Tagen so vorgekommen, als ob sich der Himmel verdunkelt habe, erzählte sie. Diesen Eindruck hatten vermutlich die vielen Frauen erzeugt, die so eng beieinanderstanden, dass die kleine Dorle nichts mehr hatte sehen können.

Wir kamen zum Jüdischen Krankenhaus und standen an der viel befahrenen Straße, die heute an dem Gebäudekomplex vorbeiführt. Hier war es, wo Dorle die vielleicht schlimmsten Ängste um ihren Vater ausgestanden hatte, begleitet von einem bittersüßen grünen Eis, dessen Geschmack sie noch heute auf der Zunge wiedererkennen würde. Auch das Gelände am Potsdamer Platz erkundeten wir. Voßstraße Nr. 16 lautete die alte Adresse, jetzt musste man durch einen Bauzaun klettern, um das öde Terrain zu besichtigen, auf dem dereinst das Haus ihrer Eltern gestanden hatte.

Heute residiert der Arbeitgeberverband Gesamtmetall in einer neuzeitlichen Geschäftsvilla auf dem Gelände. Nach zähem, jahrelangen Kampf hatte Dorle Wilke das Grundstück nach dem Ende der DDR wieder für die Familie zurückerobert und an eine Baufirma abgetreten. Auch die Büste des Vaters wurde ihr im Jahr 2003 zurückerstattet. Sie war, wie sich herausgestellt hatte, auf nicht ganz rechtmäßigen Wegen in den Besitz des Leipziger Museums gelangt.

Doch all diese Ereignisse waren im Grunde nur ein Vorspiel. Es bedurfte noch weiterer Jahre, bis Dorle Wilke zum Eigentlichen vorstoßen konnte: der Suche nach dem empfindsamen, musizierenden Großbürgerspross, der ihr Vater einst gewesen war, einem Liebhaber der Bilder und der Bücher. Im Sommer 2006 stieg sie mit mir auf den Dachboden des kleinen Reihenhauses in Marburg, in dem sie seit vielen Jahren lebte. Zwischen altem Kinderspielzeug und zur Seite gestelltem Hausrat lagen da ein paar Einkaufstaschen aus Baumwollstoff übereinandergestapelt, wie sie in den siebziger Jahren Mode gewesen waren. Auf die Stofftaschen war ein Werbe-Emblem gedruckt: ein stilisierter Ritter mit einem Schwert, das Firmenzeichen der Marburger Universitätsbuchhandlung N. G. Elwert.

Dorle Wilke hatte dort jahrzehntelang gearbeitet. Erst als sie pensioniert war und auch noch eine lebensbedrohliche Erkrankung überwunden hatte, fand sie die Kraft, die 18 Aktenmappen in die Hand zu nehmen, die nicht ganz zufällig in den Einkaufstaschen steckten. Denn die Geschichte, die es zu erzählen gilt, hat letztendlich auch mit der Buchhandlung zu tun. Lange vor Dorle war nämlich ihr Vater hier beschäftigt gewesen, auch darüber hatte er später nicht allzu viel gesprochen.

Das Papier in den Aktenmappen war vergilbt und bröselig. Rostige Büroklammern hielten hauchdünne, eng beschriebene Blätter zusammen, wie sie früher als Durchschlagpapier verwandt wurden. In den Unterlagen fanden sich Hinweise auf eine wertvolle Gemäldesammlung, die Dorles Vater einst gehört hatte. Zwischen den Zeilen der knisternden alten Blätter las man von dem Leid, das er erfahren hatte. Nun kramte auch Dorle ihre alten Erinnerungen wieder hervor, und wie in einem Puzzle begannen wir, sie mit den Informationsfetzen aus den Akten und Erkenntnissen aus Recherchen und Büchern zu einem Bild zusammenzusetzen.

Nach und nach erschloss sich so aus vielen verschiedenen Quellen der Aufstieg und Niedergang einer großbürgerlichen jüdischen Familie in Berlin, die neben allem wirtschaftlichen Erfolg, kulturellem Engagement und gesellschaftlichem Glanz immer wieder, auch schon vor dem Ersten Weltkrieg, die Demütigungen des Antisemitismus erfahren musste. In der Nazizeit wurde daraus grausame Verfolgung, die Dorles Vater nur deshalb lebend überstand, weil er mit einer sogenannten »Arierin« verheiratet war, einer Frau, die ihn auch unter größtem Druck nie im Stich ließ.

Doch zugleich zeigt das Schicksal von Reinhold Meyer beispielhaft die schier unglaubliche Deklassierung, die Überlebende des Holocaust in Deutschland erleiden mussten – während der Nazizeit, und auch danach. Dies nicht nur durch die systematische Ausplünderung, die NS-Behörden organisierten, und die kleinen Schnäppchen, von denen Privatleute profitierten. Sondern auch durch die Vertuschung und die hartnäckige Weigerung vieler Behörden in den ersten

Jahren der Nachkriegszeit, das während der Jahre des NS-Regimes geschehene Unrecht auch als solches anzuerkennen. Bis heute sind viele Kunstwerke, die über Jahrzehnte zum Familienbesitz der Meyers gehörten, unauffindbar geblieben. Und so ist das letzte Kapitel in diesem Kunstkrimi noch lange nicht geschrieben.

Doch was immer Reinhold Meyer verlor, die Liebe seiner Tochter war ihm stets gewiss. Und so erinnert sie sich heute an einen Vater, der sanft und vielleicht auch allzu schwach wirkte für die Zeit, in der er lebte. Doch der zugleich soviel menschliche Stärke bewies, dass er seiner Tochter trotz allem eine glückliche Kindheit zu bescheren wusste. Bei allen Ungewissheiten und Gefahren, denen Reinhold Meyer ausgesetzt war, und den Anfechtungen, die seine Frau Lucie durchstehen musste, gelang dem Ehepaar etwas ganz Besonderes: seinem Kind ein Gefühl von Geborgenheit und Sicherheit zu geben. Und so stapfte das kleine Mädchen nahezu vergnügt durch diese düsterste Periode der deutschen Geschichte. »Was auch passierte«, sagt Dorle Wilke, »innen drin waren wir eine ganz heile Insel.«

2

Der Cellospieler mit der Melkerjacke

Zart wie Seidenfäden fühlten sich die Töne an, die ins Schlafzimmer hinüberwehten. Dorothea war wie verzaubert davon. Sie richtete sich in ihrem Gitterbettchen auf und presste das Ohr an die Wand, um auch ja alles genau mitzubekommen, was sich drüben im Nebenraum abspielte.

In dem winzigen Haus, das die Meyers seit einiger Zeit bewohnten, waren die Wände dünn wie Pappmaché. Dorothea hatte daher keine Mühe, dem Trio zuzuhören, das sich im Wohnzimmer versammelt hatte. Da waren die dunklen Streichgesänge, die der Vater seinem Cello entlockte. Wie bunte Tupfer an einer Schnur hüpften Onkel Carls Klavierakkorde daneben her, während Schirbels helle Geigentöne als kleine, spitze Federn über die Klangfarben der beiden anderen Instrumente hinwegzusegeln schienen.

Ob es Mozart, Schubert oder Beethoven war, konnte Dorothea damals noch nicht wissen. Erst viele Jahre später sollte sie einige der Stücke, welche die drei Männer an jenem Abend spielten, im Radio wiedererkennen. Doch dass die Musik etwas ganz Besonderes war in dieser merkwürdigen und auch gefährlichen Zeit, hatte das Kind instinktiv erfasst.

Aufmerksam wie eine Konzertbesucherin verfolgte die Kleine in ihrem Gitterbettchen die Musik aus dem Nachbarzimmer, und sie hatte eigentlich nur vor einem Angst: dass der Abend allzu schnell vorbei sein könnte, weil sie während der Darbietung womöglich einschlafen und das Schönste verpassen würde.

Dorothea war ein Mädchen von fünf Jahren, sehr klein, sehr dünn und so beweglich wie ein Gummiball. Ihren langen Namen hatte sie anfangs nicht aussprechen können, deshalb nannte sie sich selbst »Ditta«, was von den Erwachsenen auch prompt übernommen wurde. Doch der Vater, der immer sehr bedacht war um den Klang und die Schönheit aller Dinge, fand, dass dies kein passender Name für ein solch keckes Mädchen sei – fortan nannte er seine Tochter liebevoll berlinisch Dorle. Wenn die Kleine durch den Garten hüpfte, sah man ihr buntes Röckchen wippen – eine Bekannte der Mutter, die Theaterschneiderin war, hatte es aus einer alten Gardine genäht. Wurde es kühler im Jahr, kamen die wärmenden Hemdchen zum Einsatz, die aus dem Trikotstoff von Vaters Unterhosen gefertigt waren. Und wenn es ganz kalt war, stakste Dorle in kratzigen, bis zu den Oberschenkeln reichenden Wollstrümpfen umher, die wie Gipsbeine an ihren dünnen Waden saßen.

Das illustre Trio, das sich im Sommer 1939 im Wohnzimmer des kleinen Einfamilienhauses in Hohen-Neuendorf, einer kleinen Gemeinde am Rande von Berlin, zusammengefunden hatte, war der Kleinen wohlbekannt. Kurz vorm Schlafengehen hatte Dorle die Besucher noch beim Musizieren gesehen. Onkel Carl in seiner gutgeschnittenen Wehrmachtsuniform, aus deren Ärmeln kleine blaue Manschettenknöpfe hervorblinkten, war ein leidenschaftlicher Pianist – während des Klavierspiels schaute Dorle fasziniert auf die Manschettenknöpfe, die wie blaue Sternchen über die schwarzweiße

Tastatur tanzten. Gerhard Schirbel trug ein doppelreihiges Jackett mit Fliege, an seinen Kragen hatte er ein weißes Taschentuch unter den Geigenkorpus geklemmt, das ein wenig zu zittern begann, wenn er den Bogen strich. Dorles Vater schließlich saß im weißen Hemd an seinem Cello, den Blick konzentriert auf die Noten gerichtet, die er sonst immer in seinem Schreibtisch aufbewahrte, streng verschlossen vor den neugierigen Augen seiner kleinen Tochter.

Gern hätte Dorle einmal genauer die Notenblätter mit den schön geschwungenen Zeichen darauf untersucht. Doch dem Vater war kaum etwas so heilig wie seine Celloliteratur. Noch viele Jahre später, als alles verschwunden war, die bedeutenden Gemälde, das Geld, die wertvollen alten Bücher und sogar der Zettelkasten des Großvaters, trauerte Reinhold Meyer vor allem seinen Cello-Noten nach. Die Notenbibliothek mit der historischen Kammermusik und der Celloliteratur, die er jahrzehntelang wie seinen Augapfel gehütet hatte, sei »heutzutage einfach nicht wieder zu ersetzen«, pflegte er nach dem Krieg immer mal wieder zu klagen.

Im Sommer 1939 aber bewahrte Reinhold Meyer noch manche Kostbarkeit in seinem Schreibtisch auf, die seine kleine Tochter brennend interessierte. An der mit Schnitzwerk und Intarsien reich geschmückten Vorderfront des Möbelstücks sah man lauter Türchen, die in verborgene Ecken zu führen schienen. Auch roch der Tisch eigentümlich würzig nach einer Mixtur, die sich vielleicht aus dem Geruch von Tinte, altem Papier und Staub zusammensetzte. Dorle fühlte sich jedenfalls magnetisch angezogen davon. Doch während der Vater ihr sonst beinahe jeden Wunsch zu erfüllen suchte, in Sachen Schreibtisch blieb er hart.

Lediglich sonntags durften die Türchen unter seiner gestrengen Aufsicht ab und zu einmal geöffnet werden, dann fand sich auch, ganz zufällig, ein Bonbon in einer der Schubladen, und Dorle konnte sogar bis zu dem versteckten Tresor vorstoßen, der sich im Innern des Schreibtisches befand, und einen Blick erhaschen auf jene geheimnisvollen Dinge, von denen es hieß, dass sie noch vom Großvater stammten. Da war das große, sehr kostbar aussehende Buch, das der Vater normalerweise strengstens unter Verschluss hielt: Auf dem dunkelbraunen Ledereinband sah man ein Pferd mit Reiter, darüber saß ein Vogel. Wenn der Vater das Buch aufklappte, kamen lauter hübsche Bilder zum Vorschein, die mit roter, grüner und brauner Feder gezeichnet waren. Dazwischen hatte, mit schwarzer Tinte, der Großvater Zeile für Zeile das gelbliche Büttenpapier mit seinen leicht geschnörkelten Buchstaben gefüllt.

Dorle hätte zu gern etwas an den Rand dazugekritzelt. Doch das hatte der Vater energisch verboten. Überhaupt behandelte er die Hinterlassenschaften des Großvaters wie die letzten Heiligtümer aus einer längst versunken Welt – und das waren die Dinge wohl auch. Meist handelte es sich um Bücher, alte und zuweilen auch ziemlich zerfledderte Bücher, die Reinhold Meyer von seinem verstorbenen Vater im Arbeitszimmer aufbewahrte. Dorle bekam allenfalls einmal die Gelegenheit, mit der Hand über einen der Buchdeckel zu streichen, die sich rau und abgegriffen anfühlten und nach lange vergangenen Zeiten rochen. Spielen durfte sie keinesfalls damit. So war es auch mit dem Zettelkasten des Großvaters, der eigentlich nur aus lauter vergilbten Blättern bestand: Was daran wohl so bedeutend für die Erwachsenen war? Dorle konnte es sich nicht so recht erklären, und doch empfand auch sie so etwas wie Ehrfurcht vor dem alten Papier.

Und so blieb der Zettelkasten eines der wenigen Geheimnisse, welche Dorle damals noch nicht ergründen konnte. Ansonsten hielt die Kleine stets ihre Augen und Ohren offen, um bloß alles genau mitzubekommen, was um sie herum geschah – und es entging ihr fast nichts.

Wenn bei Gesprächen der Eltern in Büros oder unter Freunden etwa der Satz auftauchte »not in present of the child«, dann hatte Dorle zwar keine Ahnung, was das bedeutete. Doch die englischen Worte wirkten auf sie wie ein heimliches Signal: Jetzt galt es, besonders aufzupassen, denn im nächsten Moment, das war ihre Erfahrung mit dem komischen englischen Satz, würden die Eltern bestimmt etwas ganz Wichtiges sagen. Und was Dorle dann so alles aufschnappte, vermittelte ihr mit der Zeit das Gefühl, dass mit der Außenwelt irgendetwas nicht in Ordnung war: Während sie ihren Vater über alles liebte und sich keinen besseren Menschen vorstellen konnte als diesen sanften Mann mit den freundlichen, dunklen Augen, der so wunderbar Cello spielte und alles wusste, was man nur fragen konnte, schien es offenbar Leute zu geben, die ganz anders über ihn dachten, ja, es regelrecht auf ihren Vater abgesehen hatten.

Ob es die uniformierten Männer im Büro der Gestapo waren, wo ihre Mutter Lucie Meyer immer mal wieder vorsprechen musste, wobei sie ihre kleine Tochter stets an der Hand dabeihatte. Jedes Mal wollten sie der Mutter dort einreden, dass sie sich doch von ihrem Mann scheiden lassen solle – dann würde es ihr und ihrem Kind auch viel, viel besser gehen. Doch Lucie Meyer empörte sich nur über das Ansinnen der Männer: »Ich bin doch nicht verrückt«, hatte sie ihnen entgegnet. In der Nachbarschaft der Meyers, die in Hohen-Neuendorf nicht weit vom Ortszentrum an der Bahnlinie Berlin-Oranienburg wohnten, waren manche Leute jetzt auffallend unfreundlich zum Vater und grüßten nicht einmal, obwohl sie ihn doch bestens kannten. Und im Kindergarten bekam Dorothea keine Milch in den Blümchenkaffee. »Judengören brauchen keine Milch«, hatte die Kindergärtnerin gesagt.

Dorle wollte nicht mehr in den Kindergarten. Und es war ja zu Hause auch viel interessanter. In ihrem Garten, der gleich hinterm Bahndamm lag, hatte Reinhold Meyer begonnen, eine kleine Hühnerfarm aufzubauen. An die 30 Federtiere, Hühner und auch Enten, gackerten da herum. Dorle sammelte ihre Eier ein, die sie überall im Garten fallen ließen.Unterdessen war ihr Vater damit befasst, die Wände der Hühnerbehausung neu zu kalken und den Mist wegzuschaffen – die kleine Hühnerfarm im Gartenhaus sollte doch ein Vorzeigebetrieb sein. Bald hatte Reinhold jedoch mit schmerzhaften Schwielen an den Fingern zu kämpfen. Seine Hände schienen wohl doch eher zum Umblättern von Buchseiten geeignet als zum Umschichten von Misthaufen.

Umso wichtiger war es ihm, dass er die Arbeit des Landmanns von Grund auf lernte. Denn in seinem neuen Leben, das schien allen ausgemacht, würde er nur als Hühner-Farmer bestehen können, oder vielleicht noch als Melker. Eine Melkerjacke hatte Reinhold Meyer prophylaktisch auch schon angeschafft: Hellblau-weiß gestreift war sie, nagelneu aus dem KaDeWe, dem »Kaufhaus des Westens«. Fein gebügelt hing sie seit einigen Wochen im Schrank. In Brasilien, wohin die Familie bald auswandern wollte, würde man die Jacke sicher gut gebrauchen können. Vier Metallteller gehörten auch zu der im KaDeWe erstandenen Ausrüstung für das Abenteuer in Übersee – schließlich schienen die Meissener Porzellanteller mit dem blauweißen Zwiebelmuster, auf denen die Familie gewöhnlich ihre Mahlzeiten einnahm, nicht das passende Gedeck für den Urwald zu sein.

Fieberhaft traf der Vater alle Vorbereitungen für die geplante Auswanderung. Morgens setzte er sich in die S-Bahn nach Berlin und blieb manchmal den ganzen Tag über verschwunden. Abends erzählte er dann, wie er stundenlang auf Ämtern mit unaussprechlichen Namen angestanden habe, um Visa zu bekommen und Papiere abstempeln zu lassen. Stempeln – das kannte Dorle nur zu gut. Und sie fand überhaupt nicht, dass das etwas Unangenehmes sei, im Gegenteil: Den ganzen Tag über spielte sie in ihrer kleinen Poststelle mit Marion, dem Nachbarskind. Die beiden Kinder stempelten, was immer sie an Papier zu fassen bekamen.

Jene merkwürdigen Laute, welche die Eltern abends manchmal von sich gaben, verwunderten Dorle aber dann doch. Die beiden paukten Vokabeln, sie lernten Portugiesisch für das Leben in Brasilien, und auch ihre kecke Tochter sollte bald ein paar Wörter dieser weichen, melodisch klingenden Sprache aufschnappen und sie im Stillen für sich üben. Selbst die Schiffsbillets für die Reise, die im Herbst 1939 angetreten werden sollte, waren bereits bestellt. Dorles großer Bruder Klaus war ja auch schon vorweggeschickt worden nach England, wo ihn die Eltern demnächst mit Dorle zusammen abholen wollten.

So hätte der Konzertabend bei den Meyers fast ein Abschied von zwei alten Freunden werden können – wenn es denn nicht alles ganz anders gekommen wäre.

Schon am Nachmittag war Onkel Carl bei den Meyers eingetroffen. Wie so oft hob er die kleine Dorothea auf seine Schultern und ging mit ihr über die holperige Pflasterstraße zum Bäcker, um Kuchen zu holen. Carl Christian von Bezold, wie Onkel Carl in Wirklichkeit hieß, kannte Reinhold Meyer schon seit vielen Jahren, die beiden hatten zusammen an der Friedrich-Wilhelm-Universität Volkskunde und Germanistik studiert. Bald nachdem die Nazis die Macht ergriffen, musste Reinhold jedoch sein Studium aufgeben, während Onkel Carl die Offizierslaufbahn einschlug. Noch hatte er freilich kaum eine Kaserne länger als für ein paar Stunden von innen gesehen, er lebte allein mit seiner kränklichen Mutter in Berlin, und obwohl er schon weit über dreißig war, brachte er niemals eine Freundin mit.

Auch Gerhard Schirbel, der Geiger mit dem doppelreihigen Jackett, war ein Freund aus besseren Tagen. Wie Onkel Carl hatte der Bankangestellte schon als Gast bei den Meyers verkehrt, als diese noch in einer großen Stadtwohnung in der noblen Voßstraße residierten, auf halbem Wege zwischen dem belebten Potsdamer Platz und der Reichskanzlei. Dort waren die Zimmer mit kostbaren Teppichen ausgelegt, und an den Wänden hingen Gemälde von berühmten Malern wie Max Liebermann, Adolph Menzel und Lovis Corinth. Im Erdgeschoss des Hauses waren die Geschäftsräume der E.J. Meyer Bank, einem Geldinstitut, das der Urgroßvater von Reinhold Meyer gegründet hatte. Heute durfte der Urenkel allerdings nicht mal mehr die Straße betreten, in der früher sein Elternhaus mit dem Bankenkontor gestanden hatte – die Voßstraße war seit 1938 für Juden gesperrt.

Dass Reinhold Meyer evangelisch getauft und ein gläubiger Christ war, interessierte die nationalsozialistischen Machthaber nicht. Auch in der offiziellen Amtskirche hatte man sich längst ihrer Doktrin gebeugt, weshalb Reinhold überhaupt nicht gern gesehen war in dem Gotteshaus mit seinem barocken Zwiebelturm, das im Zentrum von Hohen-Neuendorf stand. Verstohlen schlich er sich manchmal zum Abendmahl in die Kirche hinein, der Pfarrer hatte ihm zähneknirschend erlaubt, sich unauffällig in die letzte Bankreihe zu setzen. Und so rechnete es Reinhold Meyer seinen beiden Freunden hoch an, dass sie jede Woche einmal zum Musizieren in dem entlegenen Vorort im Norden der Hauptstadt auftauchten.

Das Haus in der Ruhwaldstraße Nr. 50 war von einem großen Garten umgeben und hatte die Form eines Würfels. Während der Bauarbeiten war der Besitzerin das Geld ausgegangen, deshalb sah der Würfel aus, als ob jemand die obere Kante abgesägt hätte. Das Dach bestand aus vier großen, flach aufliegenden Planken, die bei starkem Sturm klapperten, manchmal fielen unverhofft Teile davon herunter. Wenn der Wind das Häuschen nicht gerade durchschüttelte, brachte die S-Bahn die Wände zum Wackeln: Hinter dem Garten mit dem Hühnerstall verlief die Bahntrasse in Richtung Oranienburg. Das war besonders für Gerhard Schirbel praktisch, denn er pflegte regelmäßig nach Oranienburg zu fahren, um seiner schwedischen Verlobten näher zu sein, wie er den Meyers erzählt hatte. Angeblich konnte er von dort aus per Telepathie mit seiner Elzbieta kommunizieren, die er erst viele Jahre später, nach dem Krieg wiedersehen sollte, um sie dann auf der Stelle zu heiraten. Auch Schirbel, dessen freundliche Augen Dorle so mochte, war eben etwas sonderbar.

Wenn die Musikerfreunde nach Hohen-Neuendorf kamen, war das immer ein Fest für das Mädchen. Dann opferte der Vater etwas vom kostbaren Hühnchenfleisch, und die Mutter zauberte in der kleinen Küche die schönsten Gerichte auf dem Herd. Es gab Mais aus dem eigenen Garten, dazu Nudeln und Hühnchen. Dorle durfte die Schüsseln mit den dampfenden Speisen ins Wohnzimmer tragen, auch wenn ihre Arme nicht viel weiter als bis zur Tischkante reichten. Das Häuschen war klein, aber gemütlich. In einer winzigen Kammer gleich neben dem Eingang hatte die Mutter sich ein Fotolabor eingerichtet. Sie machte Entwicklungsarbeiten für zwei Fotostudios, um etwas Geld zu verdienen. Allerdings war ihr Laborraum so niedrig, dass sie nur gebückt darin arbeiten konnte.

Über eine Holztreppe gelangte man ins Wohnzimmer, das im Zentrum des Hauses lag. Eine Tür führte von dort aus ins sogenannte Verandazimmer, wo der Vater seinen Schreibtisch hatte. Der Raum hatte seinen Namen bekommen, weil dort ursprünglich nur ein Balkon gewesen war. Um mehr Platz im Haus zu schaffen, waren jedoch die Wände zugemauert worden. Wandte man sich im Wohnzimmer nach rechts, gab es eine zweite Tür, die zur Schlafkammer von Dorles älterem Bruder Klaus führte, der jetzt in England war. Das Fenster öffnete den Blick zum Garten hinaus, um seinen Rahmen rankte sich eine Efeuwand an der Außenfassade. Sie war von zahllosen kleinen Vögeln bevölkert, weshalb es in dem Zimmer immer so schön zwitscherte, wie Dorle sich erinnerte.

Das Wohnzimmer war ziemlich spartanisch möbliert. Ein Sofa gab es nicht, dafür stand der Esstisch mitten im Raum, ein Prachtstück aus solidem Eichenholz mit klaren, schnörkellosen Linien nach Bauhaus-Art. Er stammte noch aus besseren Tagen und war in den Deutschen Werkstätten Hellerau bei Dresden hergestellt worden. An der Wand stand eine wuchtige Anrichte aus derselben Werkstatt, die beinahe die ganze Breite der Zimmerwand einnahm; sie war erkennbar für ein größeres Haus gezimmert. Darüber hingen zwei Familienbilder, die auch nicht so recht zu dem schlichten Stil des Hauses passen wollten: Die Bilderrahmen waren opulent verziert und schienen aus purem Gold zu sein; wie in zwei riesigen Passepartouts steckten die beiden Gemälde in den prächtigen Rahmen – Dorle betrachtete sie allzu gern.

Eines der Bilder stellte einen jungen Mann dar, von dem es hieß, er sei ihr Urgroßvater gewesen. Der Junge hatte kinnlange, dunkle Haare und ein entschlossenes, selbstbewusstes Gesicht. Auch auf dem zweiten Gemälde war er zu sehen, diesmal allerdings noch als kleines Kind einer sichtlich sehr gut situierten Familie. Jetzt trug der Junge eine Art Kleidchen aus kariertem Stoff. Mitten im Bild saß die Mutter in einem wunderschönen Gewand aus blaugrau gestreiftem Stoff mit weißer Spitzenbordüre und hatte ein Baby auf dem Schoß. Der Vater trug einen edlen schwarzen Anzug, zu seiner Rechten stand ein hübsches Mädchen mit schwarzen Haaren und dunklen Augen, offensichtlich die älteste Tochter der Familie. Im Hintergrund sah man die Umrisse eines großen Gebäudes – es handelte sich um eine Kattunfabrik in Berlin-Köpenick. Die Eltern hatten Dorle erklärt, dass der Junge später Direktor einer Tuchfabrik geworden sei.

Alte Geschichten, und doch gab es enge Verbindungen zu ihrem jetzigen Leben im Sommer 1939. Der junge Mann auf den beiden Gemälden hieß Ruben Max Goldschmidt und war der Vater von Dorles Großmutter gewesen. Diese wiederum kannte die Kleine als eine noch immer ziemlich lebhafte alte Dame. Zwar wohnte Estella Meyer seit Jahren in einem Sanatorium, alle paar Wochen aber besuchten die Meyers sie dort. Dann unterhielten sich die Großen meist untereinander, während Dorle mit den hübschen kleinen Figuren und Kugeln spielen durfte, welche die Oma in ihrem Zimmer aufbewahrte. Zum Kaffeetrinken mit ihren Lieben ließ die Großmama nur allerfeinste Torten auffahren – sie liebte es noch immer, die perfekte Gastgeberin zu spielen.

Der alten Dame war anzusehen, dass sie einmal in sehr feinen Kreisen verkehrt hatte. Ihr Gesicht wurde von weißen Locken gerahmt, sie trug elegante Kleider mit feinen Rüschen und raschelnden Röcken. Auch roch es in ihrem Zimmer nach einem wunderbaren Parfüm, wie Dorle fand. Reinhold Meyer schien seine Mutter sehr zu verehren, er begegnete ihr jedenfalls mit vollendeter Höflichkeit. Estella Meyers Mann war der Großvater mit dem Zettelkasten, der in Berlin ein bekannter Literaturprofessor gewesen war, Reinhold erzählte manchmal von ihm. Doch der Großvater Richard Moritz Meyer war früh gestorben, und auch sonst hatte die damals 69-jährige Estella Meyer in ihrem Leben manchen Schicksalsschlag erlitten. Deshalb, so hieß es, sei sie mit den Jahren immer trauriger und schließlich gemütskrank geworden. Aus diesem Grund lebte sie nun im Sanatorium.

Nach den Besuchen bei der Großmutter machte die Familie häufig noch einen Spaziergang im Grünen, denn das Sanatorium lag außerhalb von Berlin im Vorort Bernau. Während Dorle herumtollen wollte, wirkte der Vater manchmal etwas nachdenklich, er redete nicht viel und sah kein bisschen fröhlich aus. Das trübte auch die Laune seiner Tochter. Bis sie ihn endlich dazu überreden konnte, Dorle auf seine Schultern hinaufzuheben. Dann saß die Kleine hoch oben auf dem breiten Kragen der glatten schwarzen Lederjacke des Vaters, die mit den Jahren immer brüchiger werden sollte – es gab keinen schöneren Platz für sie. Und wenn sie den Vater dann an seinem haarlosen Hinterkopf kitzelte, reagierte er plötzlich wieder mit diesem fröhlichen, verschmitzten Lächeln, das man von seinen Jugendfotos kannte.

Gut gelaunt war der Vater auch an jenem Abend in Hohen-Neuendorf, als Schirbel und Onkel Carl zum Musizieren gekommen waren. Bis zum Nachtisch durfte Dorle bei den Großen sitzen bleiben, es gab Schattenmorellen, ihre Lieblingsspeise. Der Bankangestellte Schirbel sorgte für Heiterkeit durch seine merkwürdige Art, beinahe alles in Zahlen auszudrücken. »Schirbel, Sie sind einfach ein Zahlengenie«, rief die Mutter fröhlich aus, »wenn ich nur so gut rechnen könnte wie Sie, wäre ich selbst mit meinem bescheidenen Haushaltsgeld Millionärin.« Onkel Carl erzählte ein paar Wehrmachtswitze, und Dorles Vater trug einige seiner berüchtigten Schüttelreime vor: »Ist das nicht ein braver Hai, der sich ernährt von Haferbrei?«

Hernach räumte Lucie Meyer vergnügt singend den Tisch ab, die Musiker machten sich an ihre Instrumente, und Dorle musste ins Bett marschieren. Mit keiner Silbe ließ der Vater sich an diesem Abend anmerken, dass er mehr als besorgt, ja verzweifelt war. Sein klägliches Einkommen reiche nicht mehr zum Leben, hatte er Anfang August 1939 einem Vertrauten geschrieben. Sogar das Klavier müsse er jetzt wohl bald verkaufen, und natürlich auch die restlichen Bilder. Anders wisse er nicht mehr an Geld zu kommen, um genügend Lebensmittel zu besorgen, sodass sie bis zur Auswanderung überleben könnten.

Aber auch »das Fortgehen ist uns sehr schwer«, fügte er hinzu. Denn schließlich müsse er dann seine hilflose Mutter allein in Deutschland zurücklassen, und das in diesen unsicheren Zeiten. Ob sie das überhaupt verkraften werde? »Wir wissen bald nicht mehr ein noch aus«, resümierte Reinhold in seinem Brief.

3

Große Gesellschaft im Salon

Die Luft war etwas schwül, aus der Ferne hörte man Donnergrollen. Estella Meyer sorgte sich um das Wetter. Sie hatte eine festliche Tafel auf der Gartenterrasse decken lassen, die von einer nach römischem Vorbild geformten Säulengalerie umgeben war. Zwanzig Dutzend rote Rosen standen, in kostbaren Gläsern verteilt, auf den mit weißen Damasttüchern bedeckten Tischen. Zwischen den Gläsern waren Rosenzweige zu kleinen Lauben gebogen. Eine »wunderschöne Tischdekoration«, wie ihr Gatte Richard Moritz Meyer anerkennend feststellte. Doch für die illustren Gäste, die erwartet wurden, empfand er dies auch als »durchaus würdig«.

Wenn der Literaturprofessor Richard Moritz Meyer und seine schöne Frau Estella zur Abendgesellschaft luden, ließ sich die Berliner Gesellschaft nicht lange bitten – die Diners, Tanzabende und Kaffeestunden bei den Meyers galten als sehr beliebt. An diesem 19. Juni 1908 bewegten sich 24 geladene Gäste aus der Berliner Kultur- und Diplomatenszene plaudernd durch den Garten des Hauses in der Voßstraße Nr. 16, der sich zu dem weitläufigen Parkgelände der Reichskanzlei mit den anschließenden Gärten der Ministerien an der Wilhelmstraße öffnete. Von der Schriftstellerin Ricarda Huch bis zu dem zweiten Bürgermeister von Berlin, Georg Reicke, mit seiner Gattin, der Malerin Sabine

Reicke; von dem holländischen Gesandten Baron Willem Alexander von Gevers bis zu dem Korrespondenten der französischen Tageszeitung Figaro, Monsieur Hurel, und der jungen Studentin Grete Ring, die später noch als Kunsthändlerin von sich reden machen sollte – es war eine »glänzend gelungene Gesellschaft im engern Kreise«, wie Meyer zufrieden in der Hauschronik konstatierte.

Der Literaturhistoriker schrieb alle paar Wochen seine Hauschronik fort. Dann legte er das große braune Buch mit dem prächtigen Ledereinband vor sich auf den Schreibtisch. Auf die Vorderseite war ein Reiter mit einem Vogel in das Leder geprägt, die Buchdeckel wurden von zwei Lederriemen mit Messingschnallen zusammengehalten. Wenn man sie öffnete, kamen die Innenseiten aus cremeweißem Büttenpapier zum Vorschein, von denen einige an den Rändern mit Zeichnungen von Albrecht Dürer verziert waren. Das Buch sah aus wie eine Art Poesiealbum für Erwachsene, als bekennender Ästhet hatte Richard Moritz Meyer ein besonders schönes und teures Exemplar der Gattung ausgewählt – die Dürerzeichnungen waren ein Nachdruck aus dem Gebetbuch von Kaiser Maximilian I.

Sorgfältig trug Richard Moritz Meyer in seiner gleichmäßigen, etwas schräg liegenden Handschrift mit schwarzer Tinte all das ein, was er für berichtenswert hielt von den Ereignissen, die im Hause Voßstraße Nr. 16 geschahen. Und so offenbart das braune Lederbuch heute einen in seinem Detailreichtum beinahe einmaligen Blick in den großbürgerlichen Haushalt der Jahrhundertwende, den die Meyers einst im Zentrum von Berlin führten. Da liest man intimste Bekenntnisse über interessante Begegnungen, erfüllte Stunden und auch schmerzhafte Zurücksetzungen, die der jüdische Wissenschaftler im Laufe seines Lebens erfuhr. Zugleich berichtet er in allen Einzelheiten über die zahlreichen Abendeinladungen, welche die Meyers im Laufe der Jahre aussprachen. Und so lässt sich auch die Gartengesellschaft im Juni 1908 aus den Aufzeichnungen skizzieren.

Das Gewitter war ausgeblieben, die Damen und Herren tranken Ananasbowle und diskutierten lebhaft bis in den späten Abend hinein. An unterhaltsamen Themen gab es in diesem Kreise wahrhaft keinen Mangel. Ricarda Huch war von Braunschweig angereist, wo sie jetzt mit ihrem neuen Gatten Richard Huch zusammenlebte, der zugleich ihr alter Geliebter war. Dass sie sich trotzdem allein zu den Meyers begeben hatte, fiel nicht sonderlich auf, da auch manch anderer Gast ohne Begleitung erschienen war und die stets sorgfältig ausgeklügelte Tischordnung der Meyers im Interesse einer lebhaften Unterhaltung für gewöhnlich sowieso alle Ehepaare auseinanderriss.

Zu jener Zeit war Ricarda Huch bereits weidlich bekannt im Reich. Sie arbeitete in Braunschweig gerade an einem neuen Buch über das Leben des Grafen Federigo Confalonieri. Ein Roman über einen italienischen Verschwörer aus der Zeit des Risorgimento, der wegen Hochverrats verurteilt wurde und sich im Gefängnis zu einem anderen Menschen wandelte. Das Schreiben fiel Ricarda Huch nicht leicht in diesen Tagen, wie sie einer Freundin anvertraut hatte. »Ich habe etwas angefangen, womit ich einfach nicht fertig werde«, klagte sie.

Dafür hatte Richard Moritz Meyer, der Hausherr, großes Verständnis. Er selbst quälte sich seit längerem mit einem schwierigen Text über die Bedeutungslehre herum. Immer wieder beklagte er sein »vergebliches Ringen« mit dem Stoff, das Buch wollte ihm einfach nicht gelingen. Unterdessen hatte Meyer vor nicht allzu langer Zeit mit einem englischen Verlag die Herausgabe einer Auswahl von Goethes Gedichten vereinbart – ganz so erfolglos konnte also auch er nicht sein.

In der lockeren Abendgesellschaft hatte sich das Gespräch mittlerweile der bildenden Kunst zugewandt. Ricarda Huch empörte sich über eine Ausstellung in der Berliner Secession, die sie während ihres Berlin-Aufenthalts besucht hatte. »Einfach abscheulich« fand sie vor allem ein Bild von Charlotte Behrendt-Corinth. Unter dem Titel »Die Gebärende« hatte die Frau des bekannten Malers Lovis Corinth eine Geburt dargestellt. Das Gemälde war heiß diskutiert in jenen Tagen, denn natürlich nahm auch der Kaiser schärfsten Anstoß daran.

Die Gäste der Meyerschen Abendgesellschaft aber waren eher aufgeschlossene Leute, einige von ihnen interessierten sich sehr für die moderne Malerei. Etwa die angehende Kunsthistorikerin Grete Ring. Die Studentin, damals gerade 21 Jahre alt, kannte sich vor allem im Atelier von Max Liebermann aus, einem der wichtigsten Repräsentanten der deutschen Impressionisten. Ihre Mutter war eine Schwägerin des großen Malers, der nicht weit von den Meyers entfernt am Pariser Platz neben dem Brandenburger Tor wohnte. Liebermanns Kunst war noch recht umstritten im Kaiserreich. Doch Richard Moritz Meyer machte keinen Hehl daraus: Er hielt Liebermann für den »bedeutendsten Maler unserer Zeit«.

Schräg gegenüber von Liebermanns Haus war einige Monate zuvor das Hotel Adlon eröffnet worden, Berlins neueste Nobelherberge und das schönste, modernste und wohl auch teuerste Hotel der Hauptstadt. Der Kaiser persönlich war zur Einweihung im Herbst 1907 gekommen, nachdem er zuvor gegen den Rat der Experten den Abriss eines denkmalgeschützten Schinkel-Baus an derselben Stelle durchgesetzt hatte. Das hatte zu allerlei Diskussionen geführt. Bürgermeister Reicke, ein Schöngeist, der nebenbei Romane schrieb, wusste der Gartengesellschaft in der Voßstraße in diesem Zusammenhang auch im Nachhinein noch einige Verwaltungsinterna zu berichten.

Über den Kaiser wurde überhaupt viel diskutiert in jenen Wochen. Nach dem Eindruck eher liberal orientierter Zeitgenossen wie den Meyers war Wilhelm II., der 1888 den Thron bestiegen hatte, mit seinen verschrobenen Ansichten über Kunst und Gesellschaft nicht mehr ganz auf der Höhe der Zeit. Er schien die Umwälzungen nicht zu bemerken, die um ihn herum vorgingen. Zwischen 1850 und 1905 hatte sich in Berlin die Zahl der Bewohner nahezu vervierfacht, von knapp 500 000 auf fast zwei Millionen Bürger. Überall entstanden Werkhallen und Fabriken, der Bauboom der Gründerjahre hatte die Stadtlandschaft verändert, das Bürgertum an Selbstbewusstsein gewonnen. Doch der Kaiser war »dem Sinn der Zeit und damit auch dem Sinn seiner Stadt konstant fremd« geblieben, wie der Lyriker Christian Morgenstern formulierte.

In den Berliner Kabaretts wurde allenthalben über »S.M.«, Seine Majestät, gewitzelt; in der Presse erschienen beißende Kommentare über den »leitenden Staatsmann«. Doch Wilhelm II. las keine Zeitung, und seine Höflinge versorgten ihn nur mit Positivnachrichten. So hatte es einige Zeit gebraucht, bis S.M. überhaupt den Skandal wahrgenommen hatte, der seit Monaten das Reich erschütterte und in der Hauptstadt allenthalben das Tagesgespräch war.

Im Mittelpunkt der Affäre standen einige Angehörige der kaiserlichen Entourage, die in den Zeitungen öffentlich der Homosexualität bezichtigt wurden – ein schwerer Vorwurf, denn solcherlei Neigungen wurden damals strafrechtlich verfolgt. »Sie träumten nicht von Weltbränden; haben's schon warm genug«, beschrieb der Journalist Maximilian Harden süffisant die kaiserlichen Beraterkreise, in denen seine Majestät selbst angeblich nur »Liebchen« genannt wurde, wie Harden behauptete.

Der Berliner Stadtkommandant Kuno von Moltke war bereits über den Skandal gestürzt. In diesen Junitagen des Jahres 1908 wurde nun ein hochnotpeinlicher Meineidprozess gegen den ehemaligen Kaiservertrauten Philipp Fürst zu Eulenburg abgehalten. Ganz Berlin sprach darüber, und natürlich interessierte man sich auch an diesem lauen Sommerabend während der Abendgesellschaft in der Voßstraße dafür. Mittlerweile war selbst das Ansehen des amtierenden Reichskanzlers Bernhard von Bülow durch die Affäre belastet. Monsieur Hurel, der anwesende Korrespondent des Figaro, hatte den Regierungschef erst vor kurzem interviewt, jetzt erzählte er bereitwilligst von seinen Eindrücken. Und auch der Hausherr hatte etwas beizutragen, immerhin war von Bülow sein Nachbar.

Das Arbeitszimmer des Reichskanzlers lag kaum mehr als hundert Meter entfernt von dem schönen Garten, in dem die Gäste an diesem 19. Juni vergnügt plaudernd an ihrer Ananasbowle nippten. Am anderen Ende des Parkgeländes, an welches die Grenzmauer des Meyerschen Grundstücks stieß, lag die Reichskanzlei. Von seinem Balkon aus hatte der Literaturprofessor schon häufiger den Reichskanzler wie auch Seine Majestät beobachtet, wenn sie gemeinsam durch den Garten schritten.

»Immer das gleiche Bild«, berichtete Meyer bei anderer Gelegenheit der Berliner Schriftstellerin Marie von Bunsen: »S. M. redet mit großen raschen Gesten auf den schweigsam zuhörenden Bülow ein.« Nur einmal hatte der Literaturwissenschaftler beobachtet, dass von Bülow erregt und eindringlich auf den Kaiser eingesprochen hatte, während »S. M. betroffen, still« reagiert habe – »er antwortete kaum«, berichtete Meyer der Schriftstellerin.

Marie von Bunsen war eine jener selbstbewussten Damen der Berliner Gesellschaft, die neuerdings von sich reden machten. Keine besondere Schönheit, dafür aber klug und gebildet, sollte die Tochter eines adeligen Reichstagsabgeordneten ursprünglich Hofdame werden. Stattdessen befasste sie sich mit dem Bücherschreiben und der Malerei von Landschaftsaquarellen. Überdies betrieb sie einen Salon in Berlin. Zu ihren sogenannten Sonntagsfrühstücken ging auch Richard Moritz Meyer gern; Marie von Bunsen ihrerseits kam häufig in die Voßstraße, sowohl zu Abendgesellschaften als auch zu den etwas lockerer gehaltenen Kaffeestunden, welche zeitweise täglich zwischen 17.00 und 18.00 Uhr bei den Meyers stattfanden – »eine ansprechende Geselligkeit«, wie Marie von Bunsen fand, bei der »behaglich, aber nicht ohne Gehalt über Literatur geplaudert« wurde.

»Er war klein, dunkel, hatte hastige Bewegungen, unregelmäßige Züge«, beschrieb die Salonière Richard Moritz Meyer später etwas abfällig in ihrem Buch über Berliner Zeitgenossen. Die äußerliche Unattraktivität aber habe Meyer durch »einen regen Geist, vielseitige Kenntnisse« wettgemacht, und »seine geflissentlichen Paradoxien und Spitzfindigkeiten« seien äußerst unterhaltsam gewesen. Niemand habe freundlicher das Gespräch anregen können als er – »oft empfahl er mir unbekannte Bücher und gab sie mir mit«. Seine Frau Estella Meyer blieb der Autorin als »ungewöhnlich hübsche Erscheinung« im Gedächtnis: »Klein, zierlich, mit kameenhaften Zügen, die weit abstehendes schwarzes Wuschelhaar umgab«.

Auf dem vergilbten Foto von 1911, das von Richard Moritz Meyer überliefert ist, sieht man einen ernst blickenden Herrn mit hoher Stirn, graumelierten Haaren und Backenbart; er trägt einen feinen Schneideranzug mit Weste, Uhrkette und Fliege. Den Arm hat der damals 51-Jährige lässig auf einen Tisch gelehnt, auf dem sich Bücher stapeln. Von Estella Meyer ist ein leicht vergilbtes Bild im schwarzen, ausgeschnittenen Kleid überliefert, ein luftiger Tüllkranz umrahmt ihr makelloses Dekolleté, den Hals schmückt eine kostbare Perlenkette.

Richard Moritz hatte eine Schwäche für schöne Frauen, in seiner Hauschronik vergaß er nie die äußeren Reize der jeweiligen Damen zu erwähnen. Doch die Schönste von allen war in seinen Augen stets Estella. Im Mai 1889 hatten die beiden geheiratet, Estella war damals gerade 19 Jahre alt. Noch Jahre später schrieben die beiden einander wie frisch Verliebte zärtliche Worte auf Billets, welche die Hausangestellten in der Wohnung auf einem silbernen Tablett vom einen zum anderen trugen.

In dem Haus in der Voßstraße bewohnten die Meyers eine weitläufige Zimmerflucht mit mehr als zehn Räumen in der Beletage. Richard Moritz Meyer, der zumeist zu Hause arbeitete, belegte darin allein drei Arbeitsstuben. In das Bibliothekszimmer, das in der Form eines Elfecks angelegt und mit edlen Holzvertäfelungen aus hellem Birkenholz ausgestattet war, führte der Professor zuweilen auch einige der zahlreichen Gäste der Kaffeestunden und Abendgesellschaften. Seine anderen Arbeitsräume waren so sehr mit Büchern und Papier vollgestopft, dass er sich bald immer beengter darin fühlte und »Luft und Licht« vermisste, wie er im Herbst 1904 seiner Hauschronik anvertraute. Daraufhin ließ er einige Teile der mehr als 122 000 Bücher umfassenden Bibliothek ein Stockwerk nach unten schaffen – die Umräumaktion mit anschließender Neuordnung der Bestände nahm mehrere Monate in Anspruch.

Richard Moritz Meyer war zunächst Privatdozent für Literaturgeschichte an der Berliner Universität gewesen, seit 1901 hatte er dort eine außerordentliche Professur inne, die zu seinem Leidwesen jedoch unbesoldet war. Beim Publikum fanden Meyers Veröffentlichungen breiten Zuspruch, er galt als populärer Wissenschaftsautor in seiner Zeit. 1895 war eine preisgekrönte Goethe-Biografie von Meyer erschienen, die in der Folgezeit in immer neuen Auflagen herausgegeben wurde. Die sogenannte »Volksausgabe«, die schließlich in hoher Stückzahl gedruckt wurde, lässt sich noch heute in Antiquariaten finden: Der Text ist in weinrote Buchdeckel gebunden, mit goldener Schrift wurde der Titel darauf geprägt. Schlägt man das 600 Seiten dicke Buch auf, knistert das steife, eng bedruckte Papier Ehrfurcht gebietend.

Fortan hatte der Literaturhistoriker den Beinamen »Goethe-Meyer«. Aber auch über Friedrich Nietzsche schrieb er eine viel beachtete Biografie. Sein »Grundriss der neueren deutschen Litteraturgeschichte«, der ebenfalls in immer neuen Auflagen erschien, galt bald als Standardwerk.

Als Universitätsdozent hielt Meyer auch Vorlesungen, die sehr gut besucht waren. Manchmal lauschten über 500 Studenten seinen Worten, wie der Professor stolz in seiner Hauschronik festhielt. Unter den Zuhörern jener Tage war beispielsweise der Dresdner Victor Klemperer: Meyer habe seine Vorlesungen stets im »Auditorium der akademischen Lesehalle« abgehalten, einem unscheinbaren Ziegelbau hinter der eigentlichen Universität, erinnerte der Romanist sich später. »Der Raum fasste mindestens 200 Zuhörer und war immer gesteckt voll«, so Klemperer in seinen Lebenserinnerungen: »Aber es war doch sozusagen nur ein Hinterzimmer und symbolisierte derart die berufliche Tragik in Meyers Leben.«

Im Laufe der Jahre war der Literaturhistoriker immer mal wieder für eine ordentliche, auch bezahlte Professur vorgeschlagen worden. Doch ob in Göttingen oder Straßburg, Zürich oder eben Berlin – am Ende scheiterte die Nominierung stets, ohne dass konkrete Gründe genannt wurden. Zahlreiche Eingaben, die der Wissenschaftler beim zuständigen Berliner Ministerium unternahm, blieben erfolglos: Zwar galt Richard Moritz Meyer als einer der fähigsten Schüler des seinerzeit sehr bekannten Literaturhistorikers Wilhelm Scherer, zwar arbeitete er in den Vorständen wichtiger Gremien und galt auch als hochgeschätztes Mitglied der Goethe-Gesellschaft in Weimar. Doch während die anderen Wissenschaftler aus der Scherer-Schule nach und nach

Professorenstellen erklommen, kam Meyer beruflich einfach nicht voran. Das hatte einen schlichten Grund: Im Unterschied zu seinen erfolgreichen Altersgefährten war Meyer Jude, und so wurde er das Opfer eines latenten, unausgesprochenen Antisemitismus, der seinerzeit insbesondere die Besetzungspolitik der geisteswissenschaftlichen Fakultäten der Universitäten bestimmte. Enttäuscht zitierte der Germanist in der Hauschronik einen Satz des Goethe-Sohnes August: »Ich stehe stets daneben, ich trete nie herein.«

Den Professor hatten mit der Zeit zwar allerlei ehrenvolle Anfragen aus dem Ausland erreicht, so meldeten Universitätskollegen in Oxford und Paris ihr Interesse an seiner Mitarbeit an, und Meyer korrespondierte auch mit Kollegen der Harvard-Universität in Amerika. In Berlin aber gab man ihm keine Chance. Verbittert schrieb er im Sommer 1907 an einen Kollegen, er bekomme wohl »meiner Religion wegen kein Ordinariat und meiner Vermögensumstände wegen kein Gehalt«.

Richard Moritz Meyer und seine Frau Estella waren Abkömmlinge jenes jüdischen Großbürgertums, das sich parallel zur fortschreitenden Industrialisierung im 19. Jahrhundert herausgebildet hatte. Estellas Vater Ruben Max Goldschmidt war der Erbe einer Kattunfabrik in Berlin-Köpenick gewesen, die ihre bunt bedruckten Baumwollstoffe und Tücher in alle Welt lieferte. »Prussian Shawls« wurden die breiten Kattunschals genannt, die mit ihren exotisch anmutenden Mustern und den leuchtenden Farbzusammenstellungen Aufsehen erregten. Frauen in ganz Europa wie auch in Nordamerika drapierten sich die kostbaren Schals um ihre Dekolletés. Das Unternehmen Goldschmidt & Söhne war eine der zwei größten Kattundruckereien in

Berlin und stand in engen Geschäftsbeziehungen mit dem Farbenhändler Joseph Liebermann, einem Vorfahren des bekannten Malers.

Ruben Max Goldschmidt war auch der Junge mit dem langen Haar auf jenem goldgerahmten Gemälde, das viele Jahrzehnte später etwas deplatziert über der Anrichte in dem kleinen Würfelhaus in Hohen-Neuendorf angebracht war. Als das Gemälde noch in dem herrschaftlichen Haus in der Voßstraße hing, war es hingegen Teil einer dekorativen Ahnengalerie. Auch das Familienbild gehörte dazu, auf welchem die Mutter von Ruben Max Goldschmidt jenes schöne blaugraue Kattunkleid trug und im Hintergrund die Umrisse der Fabrik zu erkennen waren. Beide Gemälde waren von August Hopfgarten gemalt, einem Mitte des 19. Jahrhunderts recht bekannten Portraitmaler. Das große Familienbild wurde in der Familie so hoch geschätzt, dass Richard Moritz Meyer später noch eine Kopie von der Berliner Künstlerin Betty Wolff anfertigen ließ, um sie einem Verwandten zur silbernen Hochzeit zu schenken.

Estellas Mutter Delia Simmonds entstammte einer englischen Kaufmannsfamilie aus Curacao, die sich in Hamburg niedergelassen hatte. Um die Jahrhundertwende wohnte sie mit ihrem Mann Ruben Max Goldschmidt, der sich mittlerweile zur Ruhe gesetzt hatte, im feinen Berliner Tiergartenviertel; später, nach dem Tod ihres Mannes, zog die Witwe Delia Goldschmidt auf die Museumsinsel nahe dem Bode-Museum. Zeitweise, so erzählte man sich in der Familie, hielt sie sich dort ein Krokodil in der Badewanne.

Richard Moritz Meyer hingegen war der Spross von zwei Bankiersdynastien. Sein Großvater väterlicherseits, Elias

Joachim Meyer, hatte 1816 die E.J. Meyer Bank gegründet, die eine der ältesten und wichtigsten Berliner Privatbanken war. Seine Großeltern mütterlicherseits gehörten zu dem weitläufigen Clan der Frankfurter Bankiersfamilien Goldschmidt und Jacobsen. Für sie war es nachgerade selbstverständlich gewesen, dass ihre Tochter Elika Jacobsen wiederum einen Bankier heiratete – eben Richard Moritz' späteren Vater Friedrich Meyer.

Der Bankier war ein bekannter Geschäftsmann in Berlin. 1870 hatte Friedrich Meyer gemeinsam mit seinem Bruder Abraham zu den Gründern der Deutschen Bank gehört. Mit einer Summe von rund 500 000 Talern zeichnete die E.J. Meyer Bank nach dem Frankfurter Bankhaus Sulzbach allein den zweitgrößten Einzelanteil am gesamten Aktienkapital des neuen Geldinstituts. Fünf Jahre später, 1875, wurde Abraham Meyer in den Generalrat der Reichsbank berufen.

Im gleichen Jahr zog sein Bruder Friedrich Meyer samt Gattin und dem einzigen Sohn Richard Moritz in das Haus an der Voßstraße ein. Er hatte das Grundstück 1872 gekauft, nachdem die Straße als neue Verbindung zwischen Königgrätzer- und Wilhelmstraße trassiert worden war. Die komplette Häuserzeile wurde damals neu errichtet, prachtvolle Residenzen und Gründerzeitbauten entstanden. Das Haus Nr. 16, das im Stil einer italienischen Renaissance-Villa gebaut war, gehörte zu den aufwändigsten und teuersten.

Die Außenfassade war mit Säulen und Balkons, Fensterkapitellen und allerlei Stuck verziert; über der Dachtraufe thronte eine mit steinernen Pokalen geschmückte Balustrade. Im Unterschied zu den benachbarten Häusern erstreckte sich der Bau auch noch weit in das große Grundstück hinein, das dahinter lag. So eröffnete sich ein herrlicher Blick bis zum Tiergarten hinüber, später sah man auch die Reichstagskuppel von den rückwärtigen Fenstern der Meyerschen Wohnung aus. Zur Straßenfront lag im Erdgeschoss das Comptoir der E.J. Meyer Bank, die Geschäftsräume für den Publikumsverkehr. Der Keller beherbergte die Depoträume und den Tresor.

Die Voßstraße war damals eine Mischung aus Wallstreet und Diplomatenviertel: Kaum irgendwo sonst in der Hauptstadt gab es wohl so viele Banken, Bankiers und Diplomaten auf einem Fleck. Nach dem Adressbuch der Stadt Berlin hatten sich allein auf den 19 Grundstücken der Nordseite vier Banken mit ihren Kassenräumen niedergelassen, überdies wohnten sechs Bankiers in dem Areal. Das Bundesamt für das Heimathswesen und Reichsjustizamt, aus dem später das Justizministerium hervorgehen sollte, lag an der Voßstraße, ebenso die Türkische Botschaft und die Gesandtschaften der Königreiche Bayern und Württemberg. Überdies wohnten Architekten, Ritterguts- und Fabrikbesitzer in der Straße, auch residierten nicht wenige Diplomaten hier. So hatten die Meyers beispielsweise eine Wohnung im zweiten Stock des Hauses Nr. 16 an die holländische Botschaft vermietet, als standesgemäße Wohnung für ihre Spitzendiplomaten – weshalb später auch der Gesandte von Gevers im Hause wohnte, der ein guter Bekannter der Meyers wurde und immer wieder gern die Abendgesellschaften frequentierte.

Richard Moritz Meyer und seine Frau waren im Jahr 1894 in die Voßstraße eingezogen. Die Einweihung feierten sie am 4. Dezember mit 114 Gästen, Tanz- und Schauspieldarbietungen und den bekannt raffinierten Raum- und Tischdekorationen der neuen Hausherrin. Alles in allem sei die Veranstaltung »etwas festlicher« verlaufen als die Einweihung des neuen Reichstags, die am Tag darauf, dem 5. Dezember 1894 stattfand, vermerkte Richard Moritz stolz in seiner Hauschronik.

Fortan stürzten sich die Meyers in das gesellschaftliche Leben. Sie besuchten Bälle und tanzten bis tief in die Nacht im Palais de Danse. Sie unternahmen Reisen nach Rom, Florenz und Portofino oder nach Paris und London. Unterwegs sahen sie sich bedeutende Kunstsammlungen an und trafen mit bekannten Zeitgenossen wie Hermann Hesse und Jakob Wassermann zusammen. In Berlin pflegten sie enge Kontakte zu den Literaten Gerhart Hauptmann, Arthur Schnitzler und Hugo von Hoffmannstahl. Mal gaben die Meyers ein exklusives Austernsouper, mal eine Galagesellschaft mit erlesener Gästeliste. Stets waren die Tische malerisch geschmückt, ob mit violettem Samt, rotem Pfeffer und passenden Kupferschalen, mit gelber Seide, Zinngefäßen sowie Orangen und Zitronen oder mit Silberkännchen samt weißen Hyazinthen, roten Rosen oder rostroten Ranunkeln – Estella Meyer verstand sich virtuos auf die Kunst der Dekoration, und dem Hausherrn ging es vor allem darum, eine »ästhetische Stimmung« zu erzeugen, in welcher es sich trefflich über Kultur und Politik plaudern ließ.

Auch die Verwandtschaft der Meyers spielte im geselligen Leben der Familie eine Rolle. Da war der schwerreiche Bankier Edmund Helfft, ein Schwager des Großvaters Ruben Max Goldschmidt, der in einem Palais Unter den Linden residierte – gern versammelte sich die Familie in seinem

Landhaus auf Usedom. Richard Moritz' Großcousin Ernst Julius Remak, ein weiterer Enkel des Bankengründers E.J. Meyer, galt als bedeutender Neurologe in Berlin. Estella Meyers Vettern Paul und Leo Arons waren mit zwei Töchtern des bekannten Berliner Bankiers Julius Bleichröder verheiratet, einem Bruder des noch bekannteren Gerson Bleichröder, des Bankiers von Reichskanzler Otto von Bismarck. Auch die Arons entstammten einer Bankiersfamilie, wobei Paul Arons das Geldinstitut seines Vaters übernommen hatte; sein Bruder Leo, der ein bekannter Physiker war, hatte sich unterdessen den Sozialdemokraten angeschlossen – was immer mal wieder zu Diskussionen in der weitläufigen Verwandtschaft führte.

Die Wohnung in der Voßstraße Nr. 16 bot ideale Bedingungen für das rege Gesellschaftsleben der Meyers. Vor ihrem Einzug hatten sie allerlei Umbauten vornehmen lassen. So war der Architekt Alfred Messel engagiert worden, um eine »Altdeutsche Stube« einzurichten: Mit kostbaren Deckenvertäfelungen, bleiverglasten Butzenscheiben, handgedrechseltem Geländer, Zinnkrügen und einer holzgeschnitzten Kopie des Maximiliansgrabs in Innsbruck. Solche Stuben waren damals in begüterten Kreisen groß in Mode, und auch der Architekt war sehr gefragt – Messel sollte später das Pergamon-Museum bauen, das Wertheim-Kaufhaus in der Leipziger Straße umgestalten und eine Reihe anderer bedeutender Gebäude in Berlin verwirklichen.

»Unsere Räume sind ein wenig zu groß und vornehm für junge, verdienstlose Leute« stellte Richard Moritz Meyer bescheiden in seiner Hauschronik fest, als die Umbauten in der Voßstraße fertig waren: »Aber schön sind sie und so herrlich gesund.« Es gab einen großen Salon, in dem es sich trefflich feiern ließ. Die Einrichtung war entsprechend der damaligen Mode in einer Mischung aus Gründerzeit und Jugendstil gehalten, mit einzelnen Erbstücken aus dem Biedermeier. Um eine lange Tafel gruppierten sich 25 Eichenstühle mit Lederpolsterung. Ein wertvoller Perserteppich, der allein 70 Quadratmeter maß, leuchtete in den Farben Blau, Rot und Beige. Es gab eine Sitzgruppe aus reich geschnitzten, mit rotem Brokatstoff bespannten Armsesseln, eine weitere Sitzecke bestand aus schweren, mit dunklem Leder bezogenen Holzsesseln im Stil der Reformationszeit, den sogenannten Lutherstühlen.

Einige Wohnräume waren mit Seidentapeten ausgekleidet, an den Fenstern hingen bodenlange Filetstores und Übergardinen aus dunkelrotem Plüsch. Das Esszimmer schmückte ein zitronengelber Kachelofen aus Meissener Porzellan, der einem Biedermeiermodell nachempfunden war, der Kamin im Salon war mit einem venezianischen Marmorfries aus dem 17. Jahrhundert eingefasst. Handbemalte Bauernschränke zierten selbst das Anrichtezimmer, im Billardzimmer stand ein Bechstein-Flügel, an vielen Wänden hingen kostbare Gemälde.

Richard Moritz Meyer hatte ein beträchtliches Vermögen von seinem Vater geerbt, der bereits 1881 gestorben war. Zeit seines Lebens brauchte der Sohn daher keinem Brotberuf nachzugehen, trotzdem arbeitete er äußerst fleißig. Um sein tägliches Pensum trotz zunehmender Sehprobleme zu bewältigen, beschäftigte Meyer zeitweise eine Sekretärin, die ihm vorlesen musste. Auch schaffte er eine moderne Schreibmaschine an, kaum dass sie entwickelt worden war. Sorgfältig bereitete der Germanist seine Kollegs und Vorlesungen vor, er schrieb zahllose Rezensionen und schlug sich mit schwierigen Buchthemen wie der »altgermanischen Religionsgeschichte« herum.

Wenn die Werke dann erschienen, wurden sie jedoch keineswegs immer hymnisch begrüßt. Zwar kamen die Bücher bei den Lesern im Allgemeinen sehr gut an – Meyers Buch »Die Litteratur im 19. Jahrhundert« etwa darf aus heutiger Sicht als Bestseller betrachtet werden; schon vier Wochen nach dem Erscheinen im Jahr 1899 war die erste Auflage ausverkauft. Unter Kollegen und in den Feuilletons aber geriet der Professor mit seinen Themen nicht selten ins Kreuzfeuer der Kritik. Als Liberaler, der zudem aus reichem Hause stammte, passte er wohl nicht recht in die gängigen Gesinnungsschubladen: Für die Rechten war er zu links, für die Linken nicht links genug.

Seine Enttäuschung über die Reaktionen der Kritiker vertraute Meyer immer mal wieder der Hauschronik an, wobei er sich durchaus in Selbstironie übte. Da bedauerte er, dass seine Gattin den »unzufriedenen Gemahl mit seinen Carrierebeschwerden« zu ertragen habe, er klagte über »Augensorgen und sonstige Depressionen« und attestierte sich »zuwenig Sinn für Feierlichkeit«. Auch tauge er wohl nicht »zum Heldenkult«, fand Meyer – weshalb sich, wie er meinte, mancher Dichter von ihm abgewandt habe, der sich vielleicht nicht ausreichend gehuldigt fühlte. Etwa der Lyriker Stefan George, zu dessen Entdeckern Meyer eigentlich zählte. 1897 war der Literaturhistoriker einer der Ersten gewesen, der über George als neuen Stern am Dichterhimmel schrieb. Für die Art, wie sich George später selbst inszenierte, aber hatte Meyer nicht allzu viel übrig, und so kühlte das Verhältnis merklich ab – »George hat mich zu meinem dauernden Schmerz verstoßen«, notierte Meyer.

Dafür gab es andere Literaten, die aufs Engste mit dem Literaturhistoriker verkehrten. So war der Schriftsteller und Theaterautor Herbert Eulenberg ein guter Freund geworden, der beinahe täglich in der Voßstraße vorbeischaute, um bei der Kaffeestunde mitzuplaudern. Auch mit Ricarda Huch entwickelte sich im Laufe der Jahre eine starke Verbindung. Wann immer sie in Berlin war, kam die Schriftstellerin vorbei, und so sollten die Meyers auch noch Genaueres von ihrem Ehedrama erfahren.

Zwischen Richard Moritz und Estella Meyer schien die Welt hingegen immer eitel Sonnenschein zu sein. Stolz vermerkte der Literaturprofessor in der Hauschronik, wenn die zierliche schwarze Schönheit bei einer Abendgesellschaft wieder einmal alle anderen Damen ausgestochen hatte. »Telly«, wie er seine Frau liebevoll nannte, war eine begnadete Tänzerin, sie spielte zudem virtuos Klavier und hatte offenbar auch ein gewisses schauspielerisches Talent. Größere Feste bereitete sie minutiös mit allen möglichen Darbietungen vor; auch das Hauspersonal, zu dem ein Portier, ein Haus- und ein Kindermädchen sowie eine Köchin gehörten, dirigierte sie mühelos. Blieben die Eheleute abends ausnahmsweise einmal ohne Gäste daheim, saßen sie meist gemeinsam am Kaminfeuer, dann konnte es sein, dass sie aus einem Buch ihres Lieblingsdichters Conrad Ferdinand Meyer las, während ihr Mann an einer neuen Rezension schrieb.

Als erklärter Ästhet hatte Richard Moritz Meyer vor allem auch einen Sinn für die bildenden Künste, was wohl ebenfalls eine Erbschaft des Vaters war. Schon der Bankier Friedrich Meyer hatte reges Interesse an der Malerei und den Wissenschaften gezeigt. »Die Universität, der Verein Berliner Künstler und die Börse waren drei Mittelpunkte«, schrieb Richard Moritz in einem Aufsatz für den Berliner Geschichtsverein über seinen Vater. Diese drei Orte hätten für den Bankier gleichsam «ganz Berlin« ausgemacht – jedenfalls den Teil der Stadt, in dem sich ein gut betuchter Geschäftsmann wie Friedrich Meyer bewegte.

Der Bankier ging bei Philosophen und Schriftstellern ein und aus, und er unterstützte diskret den einen oder anderen notleidenden Künstler. Über einen Schulfreund hatte Friedrich Meyer auch den großen Maler Adolph Menzel kennengelernt. Und so ließ er sich gelegentlich von ihm in Kunstdingen beraten. »Zwischen den Malern und den vermögenderen Kaufleuten bestand eine durchgehende Bekanntschaft«, berichtete der Sohn Richard Moritz in seinem Geschichtsaufsatz. Ähnlich sollte er es später auch selber halten.

Indes hatte der Bankier auch eine gute Hand für den finanziellen Wert einzelner Kunstwerke bewiesen. Mit sicherem Instinkt hatte Friedrich Meyer sehr früh ein Gemälde von Menzel erstanden, das schon wenig später als nahezu unbezahlbar gelten sollte. Auf dem Bild waren Pariser Bürger dargestellt, wie sie sich in ihren leuchtend roten, blauen und auch weißen Sonntagskostümen beim Picknick in ihrem Lieblingspark amüsierten, dem Tuileriengarten. Menzel hatte die Szene aus Paris 1867 gemalt, das Gemälde »Ein Nachmittag im Tuileriengarten« sollte bald als ein Hauptwerk des Malers gelten.

Wann das Bild in den Besitz der Meyers gelangte, wurde nicht einmal in der Hauschronik vermerkt – es geschah vor ihrer Zeit. Auch im Werkverzeichnis des Malers, das 1905 erstellt wurde, ist kein Verkaufsdatum festgehalten. Der

Bankier hatte es vermutlich direkt von Menzel erworben. Als Friedrich Meyer 1881 starb, hing es schon seit längerem in seiner Wohnung.

Mehr als 50 Jahre lang blieb das Gemälde in der Voßstraße Nr. 16. Während der Abendgesellschaften von Estella und Richard Moritz Meyer zog es manchen bewundernden Blick auf sich. Jahre später aber sollte auch das Menzel-Bild in den Strudel jener Zeitereignisse geraten, die zum Abbruch des noblen Hauses in der Voßstraße führten, Estella Meyer das Leben kosteten und auch sonst manches Leid und Unglück über die Familie Meyer brachten.

4

Die Taufe der drei Knaben

Schwarze Korkenzieherlöckchen wippten über der runden Stirn, unter den Augenbrauen schauten dunkle Knopfaugen hervor, und dazwischen sah man eine kleine, wohlgeformte Nase. Reinhold schien ganz nach der Mutter geraten zu sein. Am 21. August 1898 war der Junge geboren worden, frühmorgens um sechs Minuten nach sieben, wie der Vater in der Hauschronik festhielt: »Ein schwerer, starker Kerl.«

Auf den Fotos, die von Reinhold Meyer überliefert sind, sieht man einen hübschen Knaben, der stets ein wenig skeptisch in die Kamera blickt. Mal steht er im weißen Spitzenkleidchen neben dem sitzenden Vater auf einem Stuhl, und nur das lässig angewinkelte Füßchen mit dem kleinen Gamaschenschuh lässt erkennen, dass es sich hier um einen Knaben handelt. Mal sitzt er entspannt in Estellas Armen und lässt sich in die Badewanne heben – ein fröhliches Kind, das noch keine Kränkung zu kennen scheint.

Auch später hörte man Reinhold oft singend und pfeifend durch die Wohnung stürmen. Nach dem Mittagessen tanzte er ausgelassen mit der Mutter durch den Flur. Wenn Musik zu hören war, dirigierte er fröhlich den Takt mit seinen kleinen Händchen. Der Kleine lachte selbst bei Tisch, und später am Nachmittag kam er häufig in Vaters Arbeitsstube spaziert, um sich »lange Küsse« bei ihm abzuholen. »Er scheint ganz das originellste der Kinder und hat wohl auch für mich die meiste Empfindung«, stellte Richard Moritz Meyer entzückt fest und nannte seinen Jüngsten liebevoll »Peterchen Blitzeblank«.

Drei Söhne hatten die Meyers jetzt: Fritz, der Älteste, war 1893 geboren, Konrad zwei Jahre später und mit weiteren drei Jahren Abstand hatte Reinhold 1898 das Licht der Welt erblickt. Voll Stolz auf die drei Söhne ließen die Eltern ihre Knabenriege immer wieder in wechselnden Aufzügen fotografieren. Da sieht man die drei als fesche Husaren mit Degen, weißen Bridgeshosen und glänzenden Stulpenstiefeln – Reinhold sitzt mit dickem, schwarzem Wuschelkopf und schelmischem Blick auf dem obersten Stuhl. Ein anderes Mal wurden sie als lustige Tirolerbuben in Lederbuchsen mit Federhut und Zither im Fotografenstudio abgelichtet oder auch beim Bootsausflug mit der eleganten Mama im passenden blau-weißen Matrosenanzug.

Nicht nur Fotos, auch Gemälde gab Richard Moritz von seinen Söhnen in Auftrag, und nicht allein die Sprösslinge wurden gemalt, auch die schöne Estella saß wechselnden Malern Modell, ebenso verschiedene Familienangehörige. In jenen Tagen, als »Peterchen Blitzeblank« geboren wurde, fertigte beispielsweise der Berliner Maler Reinhold Lepsius gerade ein Bild von Richard Moritz' Schwiegermutter Delia Goldschmidt an, der Dame mit dem Krokodil in der Badewanne. Lepsius und seine Frau Sabine waren damals ein bekanntes Portraitmalerpaar in Berlin. Er war der Sohn eines weithin geschätzten Ägyptologen und hatte seine Ausbildung bei dem Münchner Portraitmaler Franz von Lenbach absolviert; seine Frau entstammte einer Künstlerfamilie, ihr

Vater war Historienmaler gewesen. Die beiden hatten sich mit dem Dichter Stefan George befreundet, veranstalteten Salonabende für ihn und verkehrten in den Berliner Kreisen, die zählten.

Doch das gesellschaftliche Leben war aufwändig, immer wieder hatte das Malerehepaar mit finanziellen Engpässen zu kämpfen. Umso wichtiger war es für ihre Existenz, trotz aller künstlerischen Ansprüche auch die Kundschaft nicht zu verärgern. Und so behalf man sich zuweilen eben mit optischen Tricks, um die Auftraggeber zu erfreuen. Weil Reinhold Lepsius den Hals der Meyerschen Schwiegermutter etwas kurz und hässlich fand, legte er ihr ein gemaltes Perlencollier um den Nacken. So edel sei die Kette, dass sie in echt »mindestens 40 000 M kosten« würde, schrieb er schuldbewusst in einem Brief an seine Frau Sabine. Aber: »Mit so reichen Leuten kann man sich solchen Scherz erlauben«, fand er. Reinhold Lepsius wusste offenbar nicht, dass die Damen im Meyerschen Haushalt tatsächlich über Kolliers in dieser Preislage verfügten.

Estella Meyer und ihre Mutter Delia Goldschmidt waren denn auch hoch erfreut über sein Gemälde. Als das Bild im repräsentativen Goldrahmen in der Voßstraße eintraf, bestellten sie Obst und Champagner bei der Feinkost- und Weinhandlung Borchardt in der Französischen Straße, die damals auch den Kaiser mit edlen Speisen belieferte. Sodann wurde in den weitläufigen Räumen der Wohnung unter Lachen und Scherzen mit dem Maler zusammen der passende Hängeplatz für das Bild ausprobiert. Lepsius war mit dem Fahrrad dem teuren Rahmen hinterhergefahren, den eine Spezialfirma ausgeliefert hatte. Während die Damen ihn über die Maßen lobten, wusste sich der Künstler »vor

Scham gar nicht mehr zu benehmen«, wie er seiner Frau gestand, denn er dachte »an all die Dinge, die ich noch anders gewollt hatte«.

So schlecht kann das Bild jedoch nicht gewesen sein. Als ein halbes Jahr später die neu gegründete Berliner Secession in ihren Räumen an der Kantstraße Ecke Fasanenstraße die erste Kunstausstellung ausrichtete, wurde es als Beitrag von Reinhold Lepsius ausgewählt und damit einer breiten Öffentlichkeit präsentiert. Insgesamt waren 330 Bilder und Grafiken ausgestellt, dazu 50 Skulpturen. Bedeutende Künstler wie Max Liebermann, Lovis Corinth und Max Klinger hatten sich beteiligt, zu den Organisatoren gehörte der Berliner Kunsthändler Paul Cassirer, der als geschäftsführender Sekretär der neuen Vereinigung fungieren sollte.

Aus Protest gegen den überkommenen Qualitätsbegriff der Kunstakademie hatten sich 65 Maler und Bildhauer zusammengeschlossen. Letzter Anlass für die Gründung der Secession war ein Affront gegen den Maler Walter Leistikow gewesen, dessen impressionistische Landschaftsgemälde dem Kaiser ganz und gar nicht gefielen: »Er hat mir den ganzen Grunewald versaut«, behauptete Wilhelm II. Bei der jährlich stattfindenden »Großen Berliner Kunstausstellung«, die vom alteingesessenen Verein Berliner Künstler ausgerichtet wurde, war 1899 ein von Leistikow eingereichtes Gemälde eines Sonnenuntergangs zurückgewiesen worden. Schon zuvor hatte es jedoch immer wieder Auseinandersetzungen gegeben, so beispielsweise, als 1892 bei der Jahresausstellung des Künstlervereins die Bilder von Edvard Munch abgelehnt worden waren. Kritiker aus der etablierten Malerszene hatten die Gemälde für »abstoßend, hässlich und gemein« erklärt.

Einer der einflussreichsten Gegner der Secession war der damalige Direktor der Königlichen Akademischen Hochschule für die bildenden Künste in Berlin, Anton von Werner, der mächtige Ölschinken mit repräsentativen, aber höchst langweiligen Motiven zu malen pflegte und auch den Kaiser beriet. Direktor von Werner hatte Leistikow dereinst wegen angeblicher Talentlosigkeit von der Kunstakademie verwiesen, jetzt war er sich mit dem Kaiser einig, dass der neuerdings aus Frankreich importierte Impressionismus des Teufels war. Wilhelm II., der selber auch ein wenig pinselte, liebte vor allem Seeschlachten-Motive, und er behauptete: »Kunst, die sich über die von mir bezeichneten Gesetze und Schranken hinwegsetzt, ist keine Kunst mehr.«

Selbst in konservativen Kreisen wurde Seine Majestät für solche Bemerkungen jedoch belächelt. Im liberalen Bürgertum galt er mit seiner Rückständigkeit nachgerade als ein »Schädling« für die Kunst, wie die Salonière von Bunsen festhielt: »Auch die verbohrteste Kunstkommission, auch das verknöchertste Ministerium haben nicht soviel Unheil anzurichten vermocht« wie der Kaiser persönlich, behauptete sie.

Unterdessen hatte die Nationalgalerie in Berlin mit dem Kunsthistoriker Hugo von Tschudi 1896 einen neuen Direktor bekommen, der starke Sympathien für den Stil der französischen Impressionisten und die Berliner Secession hegte. Schon ein Jahr vor der ersten Secessions-Ausstellung hatte er damit begonnen, einige der von Wilhelm II. bevorzugten akademischen Meister ins Depot der Nationalgalerie zu verbannen. Stattdessen hängte von Tschudi eine Reihe von französischen Gemälden auf, die er mithilfe von Bürgerspenden erstanden hatte, darunter Werke von Monet, Degas und Cézanne. Der empörte Kaiser, und in seinem Schlepptau auch von Werner, verlangten, die Bilder wieder abzuhängen. Dies geschah auch zunächst. Doch von Tschudi setzte seine Einkaufspolitik fort und sollte einige Jahre später deshalb sogar seinen Posten verlieren. Die Entwicklung aber war nicht mehr aufzuhalten.

Berlin befand sich im Umbruch und so auch das kulturelle Leben. Richard Moritz Meyer hatte die Premiere der Secession für eine »nicht eben glückliche Ausstellung« gehalten, wie er seiner Hauschronik anvertraute. Doch er verfolgte aufmerksam die weitere Entwicklung, und er betätigte sich zunehmend als Auftraggeber, Käufer und Spender von Kunstwerken – seien es eher traditionelle oder auch modernere Stücke. So sprach er im August 1899 anlässlich eines Besuches zum Goethe-Jahr in München im Atelier des Portrait-Malers Franz von Lenbach vor.

Der Künstler residierte in einer Villa im Stil der Neo-Renaissance, die er sich in der Nähe des Königsplatzes hatte bauen lassen, und portraitierte große Männer wie den Reichskanzler Otto von Bismarck, den österreichischen Kaiser Franz Josef I. und sogar Papst Leo XIII. Aufträge von gewöhnlichen Sterblichen hatte der Münchner Malerfürst eigentlich nicht mehr nötig. Doch so ganz gewöhnlich waren die Meyers ja nun auch nicht. Als sie im Atelier erschienen, ließ sich Lenbach erst einmal ein Exemplar der bekannten Goethe-Biografie des Literaturhistorikers überreichen, sodann machte der Maler der gnädigen Frau Professor allerlei Komplimente über ihre Schönheit. Doch es bedurfte noch einiger einschmeichelnder Briefe von Estella, bis er sich später daranmachte, den Sohn Konrad in Öl zu verewigen.

Mag sein, dass den Malerstar am Ende die in Aussicht gestellte Auftragssumme überzeugt hatte, die Meyers waren in solchen Fragen nicht knauserig. Im April 1900 lieferte Lenbach zunächst ein Ölgemälde und später zwei weitere Bilder sowie eine Zeichnung von Konrad. Das Hauptbild der Serie, es zeigte den schwarzgelockten Jungen als Eleven mit weißem Kragen und dunkler Jacke, sollte viele Jahre lang in einem prachtvollen Goldrahmen neben dem Meissener Kachelofen im Esszimmer der Beletage in der Voßstraße hängen.

Schon einige Jahre zuvor hatte der Wiener Maler Ludwig Passini den ältesten Sohn Fritz gemalt. Passini war vor allem durch seine italienischen Kirchenbilder bekannt, ein Gemälde mit einer Szene aus dem Petersdom hing in der Berliner Nationalgalerie. Auch Estella Meyer stand Passini für ein Portrait Modell. Für ihren jüngsten Sohn Reinhold, Vaters Liebling, den Richard Moritz zuweilen auch seinen »Posaunenengel« nannte, hatte sich Estella jedoch etwas ganz Besonderes ausgedacht: Der kleine Lockenkopf sollte von dem großen Bildhauer Max Klinger portraitiert werden.

Auch das war keineswegs einfach einzufädeln, denn Klinger gehörte damals zu den bedeutendsten Künstlern in Deutschland. Jahrelang war er zwischen Rom, Paris, Florenz, Berlin und Leipzig hin- und hergependelt; manche Professorenstelle hatte er schon abgelehnt, weil ihm seine Freiheit dadurch zu eingeschränkt schien. Er wurde gefeiert für seine großvolumigen Gemälde, Portraitbüsten und Denkmäler. Mittlerweile hatte sich der Bildhauer in dem Leipziger Industrieviertel Plagwitz ein Gartenhaus zum Atelier umbauen lassen – dorthin reiste Estella im Frühjahr 1910 mit Reinhold.

Eine wunderbare Steinwelt umgab den Künstler in seinem Atelierhaus, das in unmittelbarer Nachbarschaft zu einer riesigen Baumwollspinnerei lag. Estella war am Ziel ihrer Wünsche. Zunächst hatte sie wohl selbst nicht geglaubt, dass der Bildhauer sich erweichen lassen könnte. »Fast kommt's mir naiv vor«, schrieb sie im April an Klinger, »wie ich hier so keck vor dem größten Meister unserer Zeit stehe und meine kühnen Wünsche vortrage!« Nach dem dritten Brief Estellas, dem sie ein Foto von Reinhold im Matrosenkostüm beigelegt hatte, meldete sich Klinger endlich: »Ich würde ganz gern die Büste Ihres Sohnes machen«, schrieb er der Frau Professor, allerdings sei das »nicht unter 5000 Mark« zu machen. Das waren etwa 1000 Mark mehr, als ein preußischer Regierungsrat damals als Jahresgehalt bekam. Doch Estella zögerte keine Sekunde: »Wenn es doch Wahrheit würde: Unser Reinhold von Klinger gemeißelt!«, schrieb sie entzückt zurück.

Brav saß der Junge dann im Mai zunächst für eine Gipsbüste Modell. Einige Wochen später bat Klinger Estella noch einmal mit Reinhold nach Leipzig, um nun das Original fertigzustellen: »Ihr Söhnchen wird bereits mit dem Hammer in Marmor traktiert«, berichtete ihr der Künstler und ließ freundliche Grüße ausrichten, »auch an mein Opfer«.

Zehn Briefe wanderten zwischen dem Bildhauer und der Professorengattin hin und her, fast schon befreundeten sie sich im Laufe der Korrespondenz. Als Estella Meyer dem Künstler einmal ein Buch von Jakob Wassermann übersandte, erklärte Klinger, nun habe sie ihm aber einen ordentlichen Schrecken eingejagt. Sie solle bloß nicht glauben, dass er das Buch lesen werde: »Früher habe ich Bücher gefressen, heute bin ich abstinent.« Immerhin bewahrte der

Künstler aber die Briefe in seinem »Radierhäuschen« auf, einem nahe bei Naumburg an der Saale in einem Weinberg gelegenen Winzerhaus, das er zu Beginn des Jahrhunderts gekauft hatte und soeben zu einem Atelier umbauen ließ. Im Stadtarchiv Naumburg sind die Briefe bis heute erhalten geblieben, ihnen zufolge reiste Estella Meyer am 11. Juni 1910 noch einmal mit ihrem Sohn nach Leipzig. Die beiden übernachteten in einem Hotel, um früh am nächsten Morgen bei Klinger vorzusprechen. »Wir wollen auch gerne bleiben, solange Sie uns irgend am Sonntag zur Sitzung festhalten wollen«, hatte Estella geschrieben, allerdings müsse der Junge am Abend wieder in Berlin sein, »damit er am Montag in die elendigliche Schule spazierth«.

Die Büste sollte ein Geschenk zum 50. Geburtstag von Richard Moritz Meyer am 5. Juli 1910 sein. Kurz vor diesem Datum reiste Estella zum dritten Mal nach Leipzig, nun mit ihrem Gatten. Im Atelierhaus durfte der Professor dem Bildhauer ein wenig bei der Arbeit zuschauen. »Klinger höchst liebenswürdig«, vermerkte er hernach in der Hauschronik. Zum Geburtstagstermin kündigte sich der Bildhauer dann per Telegramm in Berlin an. Er hatte sich entschlossen, die Büste eigenhändig in der Voßstraße auszuliefern, allerdings stand er dort mit seiner tonnenschweren Last zunächst vor der falschen Haustür, nämlich der Nummer 12 statt der 16 – dem Haus des Kommerzienrats Veit.

Aus schneeweißem Marmor gehauen, zeigte die Skulptur einen Knaben mit Lockenkopf und Matrosenkragen. Klinger betrachtete das Werk als so gelungen, dass er es Monate später bei der Jahresausstellung der Akademie der Künste am Pariser Platz präsentieren wollte. Auch Richard Moritz Meyer fand die Büste sehr schön. Allerdings hatte er nicht den Eindruck, dass es dem großen Bildhauer gelungen war, »volle Ähnlichkeit« mit dem Gesicht seines Jüngsten zu erreichen.

Die drei Söhne waren Meyers ganzer Stolz. Aufmerksam vermerkte er in der Hauschronik, wie die Jungen sich entwickelten – »jeder nach seiner Anlage«. Fritz, dem Ältesten, bescheinigte er eine »rasche Intelligenz«, allerdings beklagte der Professor seinen »Mangel an Ehrgeiz«: Leider habe der Junge die Neigung, alles, was er tue, bereits ohne Anstrengung »gut genug zu finden«. An Konrad schätzte er die »liebenswürdige Vornehmheit«, freilich fand er, dass der Knabe vor allem mit seiner Mama zärtlich sei. Hingegen erfreute Reinhold den Vater durch seine »reizende Schalkhaftigkeit« – und natürlich durch die ungeteilte Zuneigung, die der Kleine dem Vater entgegenbrachte. War Richard Moritz Meyer krank, kletterte der Junge zu ihm ins Bett; sah der Vater traurig aus, schien der Sohn mindestens genauso betrübt. Reinhold sei einfach »ein Prachtkind«, fand der Vater.

Der Junge hatte erkennbar einen starken Sinn für Harmonie und konnte garstiges Verhalten von Menschen überhaupt nicht leiden. So notierte der Vater eine Anekdote in die Hauschronik, die ihm typisch für Reinhold erschien: Estella hatte ihrem Jüngsten aus Grimms Märchen vorgelesen, und der Junge hörte aufmerksam zu. Er mochte es normalerweise sehr gern, wenn seine Mutter ihm etwas vorlas, und das Märchen Schneewittchen fing ja auch ganz besonders schön an. Als die Mutter an der Stelle angelangt war, wo das schöne Kind durch den vergifteten Apfel der Stiefmutter scheinbar tot zu Boden fiel, wollte Reinhold plötzlich nicht weiter zuhören: Das Verhalten der bösen Stiefmutter gegenüber Schneewittchen hatte ihn so entsetzt, dass er von der Geschichte nichts mehr wissen wollte.

Im Oktober 1904 kam Reinhold in die Schule. Der Literaturprofessor ließ es sich nicht nehmen, dabei zu sein, als sein Sohn anschließend mit roten Backen und strahlenden Augen aus dem Schulgebäude stürmte: »Ich hab mich ja erst gefürchtet, aber es war ganz leicht«, versicherte ihm das Kind. Anfangs machte die Schule noch Spaß. Einige Jahre später aber ließ Reinholds Engagement merklich nach, weshalb sich der Vater in der Hauschronik immer mal wieder besorgt und zugleich auch ein wenig ironisch über die »geistige Versorgung« seines Jüngsten ausließ – es schmerzte ihn wohl doch ein wenig, dass ausgerechnet sein Lieblingssohn die Schule nicht recht ernst nehmen wollte.

Weit aufmerksamer und fleißiger als im Mathematikunterricht engagierte sich Reinhold auf musischem Gebiet. Schon als kleiner Junge hatte er einige Jahre Klavierspielen gelernt, später bekam er Cellostunden. Um seine Leistungen in der Schule zu verbessern, engagierte Richard Moritz Meyer zunächst einen Nachhilfelehrer. Ende 1913 meldeten die Eltern Reinhold dann in einer Reformschule an, die erst wenige Jahre zuvor eröffnet worden war: das Arndt-Gymnasium in Dahlem, benannt nach dem Dichter und Vormärzpatrioten Ernst Moritz Arndt.

Es war ein großes und zugleich verwinkeltes Gebäude mit ausladender, roter Dachlandschaft und einem hohen Uhrturm, das 1909 an der Dahlemer Königin-Luise-Straße eröffnet worden war. Vom Geist der Lebensreformbewegung inspiriert, wurden die jungen Eleven nach dem Konzept eines humanistischen Gymnasiums unterrichtet, wobei zugleich ein Schwerpunkt auf die literarisch-musische Bildung gelegt wurde. Reinhold konnte stundenlang Cello spielen, denn das Musizieren wurde gefördert – die körperliche Ertüchtigung allerdings ebenfalls. Man bemühte sich um die gepflegte Atmosphäre eines Landschulheims: Für die Unterbringung der Jungen waren westlich des großen Schulgebäudes kleine villenartige Gebäude errichtet worden, die inmitten eines Wäldchens standen. Die Häuser waren nach alten deutschen Adelsgeschlechtern benannt. Deren Abkömmlinge wie auch reiche Bürgersöhne machten denn auch das Gros der Schüler aus. Morgens mussten alle zum Frühsport hinaus, dann unter die kalte Dusche. Die ganze Woche über blieb Reinhold nun im Internat. Nach Ansicht von Richard Moritz Meyer war das Konzept der Reformschule genau das Richtige, um die »flatterhafte Aufmerksamkeit« des Jungen in »Konzentration« umzubilden. Und er hoffte, der Entschluss, Reinhold nach Dahlem zu schicken, werde »durch gute Ernte so belohnt, wie unser Opfer fordert«.

Die Eheleute Meyer arbeiteten mit großer Umsicht daran, ihren Söhnen eine gute Bildungsgrundlage für den weiteren Lebensweg zu schaffen, das bemerkten selbst Gäste der Abendgesellschaften in der Voßstraße. »Ihre erzieherische Fürsorge erschien mir bewundernswert«, erinnerte sich etwa Marie von Bunsen. Während der Kaffeestunden kamen die Buben zuweilen zur Mutter, um eine Frage zu stellen, manchmal halfen auch einzelne Gäste bei den Hausaufgaben mit – für damalige Verhältnisse waren die Kinder jedenfalls auffallend gut ins gesellschaftliche Leben ihrer Eltern integriert. Da streichelte der damals sehr bekannte Bühnenautor Björn Björnson dem kleinen Reinhold durchs schwarze Wuschelhaar: »Hier steckt echte Kraft«, fand er. Auch die Schriftstellerin Ricarda Huch wandte sich immer gern den Knaben zu, wenn sie in der Voßstraße vorbeischaute, schließlich hatte sie selbst eine Tochter in ähnlichem Alter. Die Meyers revanchierten sich bei der Schriftstellerin mit gelegentlichen Besuchen in Grünwald bei München, wo Ricarda Huch zeitweise allein mit ihrem Kind aus erster Ehe lebte, da ihr zweiter Ehemann die Tochter anscheinend nicht ausstehen konnte.

Im Urlaub besuchten die Meyers mit ihren Söhnen gezielt Landschaften und Sehenswürdigkeiten in Deutschland, um ihnen die Schönheit der Heimat nahe zu bringen. Mal ging es in den Harz, mal an den Bodensee oder auch in die süddeutschen Berge. Richard Moritz Meyer kletterte gern, und es gab keinen seiner Söhne, der ihn dabei lieber begleitete als sein Jüngster.

Daheim in Berlin hielt die Mutter ihre Söhne zum Musizieren an, sie war eine hervorragende Pianistin. Manchmal boten die Buben auch zur Freude der Gäste ein Ständchen dar. »Musik umgab sie«, notierte Marie von Bunsen über die Abende bei den Meyers. Tatsächlich formierten sich die Söhne zu einem hübschen kleinen Trio: Fritz spielte Geige, Konrad Klavier und Reinhold strich das Cello. Er übte sehr viel fleißiger auf diesem Instrument, als er je für irgendein Fach in der Schule arbeitete, und er verschlang Notenbücher wie andere Jungen Krimihefte. Das Cello mit seinen zarten, etwas traurig klingenden Tonsequenzen, seiner Wärme und dem musikalischen Raumgefühl sollte eine Art Lebensliebe für Reinhold werden. Das etwas behäbig wirkende Instrument war so ganz nach seinem Gefühl, in den samtigen Tönen und getragenen Harmonien schienen sich Wesenszüge zu spiegeln, die auch für seinen Charakter prägend wirkten.

Reinhold war gerade ein halbes Jahr in der Schule, als sich Estella und Richard Moritz Meyer zu einem Schritt entschieden hatten, der sehr bedeutsam für ihn wie für die ganze Familie sein sollte: Sie beschlossen, ihre drei Söhne christlich taufen zu lassen. Jahrelang hatten die Eheleute zuvor über diese Frage nachgedacht, Richard Moritz hatte sie mehrfach mit seiner Mutter erörtert und auch mit Freunden diskutiert. Zwar waren die Meyers keine allzu gläubigen Leute, die häufig in die Synagoge gingen. Wie so viele assimilierte jüdische Familien feierten sie im Winter nicht das Chanukka-Fest, sondern zündeten an Weihnachten wie nichtjüdische Berliner Familien die Kerzen am reich geschmückten Weihnachtsbaum an und machten Bescherung für ihre Kinder. Auch die Arbeitsruhe am Sabbat hielten sie schon lange nicht mehr ein. Trotzdem war es eine äußerst schwierige Entscheidung für die Eheleute gewesen, der sich einige Verwandte und auch Freunde massiv entgegenstellten.

»Meine Mutter hatte es nicht gewünscht, aber es auch nicht verhindern wollen«, notierte Richard Moritz Meyer in der Hauschronik. Aus Rücksicht auf sie war die Sache wohl auch immer wieder hinausgeschoben worden. Nachdem Elika Meyer dann im Juli 1903 gestorben war, sollten noch beinahe zwei Jahre ins Land ziehen, bis am 27. Mai 1905 in der Sakristei der Neuen Kirche am Gendarmenmarkt die drei Söhne der Meyers evangelisch getauft wurden.

Mit Bedacht waren auch die Paten ausgewählt. Für Fritz, der mittlerweile zwölf Jahre alt war, hatte Richard Moritz seinen väterlichen Freund Erich Schmidt gewonnen, der an der Universität den Lehrstuhl für Literaturgeschichte innehatte. Die Patenschaft für den zehnjährigen Konrad übernahm die Sängerin Marie Scherer, die Witwe des verstorbenen Germanisten Wilhelm Scherer, Meyers einstigen Lehrmeisters. Reinhold bekam den zweiten Bürgermeister von Berlin zum Paten, der im Nebenberuf schriftstellernde Georg Reicke war mittlerweile ein enger Freund des Hauses geworden. Zum ersten Patentag schenkte er Reinhold ein Bild von Ernst Liebermann, einem Verwandten des großen Max, mit selbstverfassten Versen.

Auch wenn sie es nicht ausdrücklich sagten: Schon den christlichen Paten war anzusehen gewesen, dass sie etwas verunsichert über den Schritt der Meyers gewesen waren. Ihr Amt in der Kirche hatten sie mit »zurückhaltender Freundlichkeit« vollzogen, wie Richard Moritz Meyer beobachtete. Unter jüdischen Bekannten und Verwandten aber löste die dreifache Taufe eine heftige Kontroverse aus. Einige schwiegen, obwohl sie den Schritt nicht richtig fanden, andere zerrissen sich hinter vorgehaltener Hand die Mäuler. Für viele war es einfach ein Schock, denn trotz aller Assimilation und Distanz zur eigenen religiösen Herkunft war der Übertritt in eine andere Glaubensgemeinschaft doch ein Schritt, der ihnen als Verrat erschien. Die Schriftstellerin und Übersetzerin Hedwig Lachmann, eine alte Freundin von Richard Moritz Meyer, die politisch dem ganz linken Flügel angehörte und zeitweise mit dem Anarchisten Gustav Landauer verheiratet war, konnte den Schritt überhaupt nicht verstehen und kündigte den Meyers regelrecht die Freundschaft auf. Auch Estellas Cousin Paul Arons, der Bankier, erregte sich leidenschaftlich darüber und hielt die Entscheidung der Meyers für völlig falsch. Dabei hatte sein Bruder Leo Arons bereits selbst die antisemitischen Tendenzen der Zeit unmittelbar zu spüren bekommen.

Der Physiker, ein engagierter Sozialdemokrat, hatte wie Richard Moritz Meyer als unbesoldeter Privatdozent an der Berliner Universität gelehrt. Doch traf es ihn noch härter als Meyer: Um den politisch aufmüpfigen Wissenschaftler zu geißeln, hatte der zuständige preußische Minister von der Universität verlangt, ihm die Lehrerlaubnis zu entziehen. Als dies nicht geschah, beschloss der preußische Landtag gar ein Gesetz, auf dessen Grundlage der jüdische Privatdozent im Februar 1900 von der Universität verbannt wurde. Die sogenannte »Lex Arons«, die zuvor verabschiedet worden war, aber galt natürlich auch für andere unbesoldete Hochschullehrer, die man auf diese Art maßregeln konnte.

Wohin Richard Moritz Meyer in seiner Umgebung auch blickte, überall klagten jüdische Wissenschaftler über Schwierigkeiten im beruflichen Fortkommen, die mit ihrem Glauben zu tun hatten. Selbst die Cousinen in Frankfurt konnten von solchen Problemen erzählen. Anna Edinger und Clara Auerbach waren die Töchter des Bankiers Benedikt Moritz Goldschmidt, der als ungeheuer reich galt, eine prächtige Kunstsammlung hatte und eine Villa in der Praunheimer Straße in Frankfurt bewohnte. Richard Moritz Meyer kam öfters dorthin zu Besuch, und er verstand sich so gut mit den Cousinen, die etwa gleich alt wie er waren, dass er sie liebevoll seine »Vice-Schwesterchen« nannte.

Anna war mit dem Hirnforscher Ludwig Edinger verheiratet, Clara mit dessen Kollegen Sigmund Auerbach, die beide ungeheure Kapazitäten auf ihrem Gebiet waren. Doch Ludwig Edinger hatte seine ersten Gehirnuntersuchungen am heimischen Küchentisch durchführen müssen, da ihm eine wissenschaftliche Laufbahn zunächst verwehrt wurde. Daraufhin baute der Neurologe ein eigenes Forschungsinstitut auf, das er später bei der Gründung der Universität Frankfurt als eigene Stiftung mit einbringen sollte. Auch sein Schwager arbeitete an diesem Institut. Der große Erfolg der beiden aber hatte nicht nur mit ihren Fähigkeiten zu tun, sondern vor allem auch mit dem Geld ihrer Ehefrauen, das die Institutsgründung erst ermöglicht hatte. Anna Edinger selbst hätte auch gern studiert, doch das war ihr angesichts des jüdischen Elternhauses verwehrt geblieben. Dafür engagierte sie sich in der Frauenbewegung und betrieb Armenfürsorge.

Richard Moritz Meyer war sich sicher, dass sein ausnehmend fähiges »Vice-Schwesterchen« unter anderen Voraussetzungen auch eine ganz andere Karriere hätte machen können. Und was war aus ihm selbst geworden? Die Bücher des Germanistikprofessors wurden ins Englische übersetzt, ja seine Goethe-Biografie lag sogar in Athen in den Schaufensterauslagen der örtlichen Buchhandlungen, wie ihm sein englischer Verleger berichtet hatte. Und doch hatte der Literaturwissenschaftler »das traurige Gefühl, es zu gar nichts gebracht zu haben«, wie er in der Hauschronik notierte. Nicht einmal eine Honorarprofessur war für ihn zu erlangen gewesen. Nein, seinen Söhnen sollte das nicht passieren. Durch die christliche Taufe wollte er ihnen die »ungetrübte Gemeinschaft mit der überwältigenden Mehrheit ihres Volkes« sichern, um ihnen so »die freie Betätigung aller Kräfte« zu ermöglichen, »die mir versagt bleibt«, wie er voll Bitterkeit festhielt.

»Möge es den lieben Jungen gedeihen, ihre Seele vor Verbitterung und ihr Leben vor Verengung schützen helfen«, schloss er theatralisch in der Hauschronik. Natürlich konnte

Richard Moritz Meyer damals nicht ahnen, dass all seine fürsorglichen Überlegungen und Taten vergeblich sein würden, weil Deutschland Jahrzehnte später unter die Barbaren fallen sollte.

5

Ein Sammler aus Leidenschaft

Es ist ein vergilbtes, zerknittertes Foto. In wie vielen Taschen mag es schon gesteckt haben? Reinhold trägt auf dem Bild einen Matrosenanzug, während er an seinem Cello zupft. Sein ältester Bruder Fritz sitzt im schwarzen Jackett mit weißem Stehkragen daneben, die Geige hält er auf den Oberschenkel gestützt. Und auch Konrad, der dahinter am Klavier zu sehen ist und eine festliche Schleife vor dem Kragen gebunden trägt, hat die Hände aufgestützt. Beide Brüder lauschen auf die Töne, die Reinhold, der Jüngste, seinem Cello entlockt – der kleine Lockenkopf scheint gerade ein kurzes Solo zu geben.

Wer die Zuhörer bei dieser Darbietung waren, ist ungewiss. Doch die festliche Kleidung der Jungen lässt darauf schließen, dass sie keine Übungsstunde absolvierten. Vielleicht war es ein Geburtstagsständchen oder eine Vorführung zu einem Hochzeitsjubiläum der Eltern? Reinholds etwas ängstlicher Blick in die Kamera legt die Vermutung nahe, dass es sich durchaus um eine Herausforderung für die Jungen handelte.

Wenn die Brüder im großen Salon musizierten, wo der zweite Flügel stand, den der Vater inzwischen zusätzlich zu dem Bechstein-Flügel der Mutter angeschafft hatte, waren sie von wertvollen Gemälden umgeben. In der Nische hinter dem Klavier hing ein Pastell von Liebermann, das eine holländische Waldlandschaft darstellte. Über der prachtvollen Kommode im klassizistischen Stil, die in einer Fensterecke stand, hatte das Menzel-Bild vom Tuileriengarten seinen Platz. Hinter einer Recamière aus dem Biedermeier war ein großvolumiges Bild des Secessionisten Walter Leistikow zu sehen, das eine Berliner Seenlandschaft darstellte.

Manche Bilder hatte schon Richard Moritz' Vater Friedrich Meyer angeschafft, so gab es neben dem »großen« Menzel noch ein kleines Pastell des Malerstars, das ein Mädchen mit Zöpfen darstellte. Und natürlich hatte auch der Bankier schon seinen einzigen Sohn Richard Moritz in Jugendtagen malen lassen, das Bild von dem seinerzeit sehr bekannten Portraitmaler Gustav Richter hing jetzt in der Bibliothek der Meyers. Dazu gab es noch ein Gemälde von Paul Meyerheim, einen Wanderzirkus darstellend – Meyerheim war einer der Altmeister aus der eher akademischen Fraktion, Richard Moritz Meyer mochte das Gemälde nicht besonders. Auch einige Skulpturen, die zum Haushalt gehörten, waren wohl schon von Friedrich Meyer erworben worden. Etwa ein Relief von Bertel Thorvaldsen, das eine christliche Allegorie darstellte, oder die aus Marmor gefertigte Kopie des Moses von Michelangelo – zwei Plastiken, die den großen Salon der Meyers schmückten.

Um die Jahrhundertwende hatte der Literaturhistoriker dann selbst begonnen, zielgerichtet eine eigene Sammlung anzulegen, und er kaufte vor allem Bilder und Skulpturen von deutschen Impressionisten und anderen Künstlern der Secession. Eines der ersten Bilder war ein Landschaftspastell von Melchior Lechter, das Richard Moritz Meyer 1903 erstand. Lechter hatte sich vor allem durch seine Glasmosaike einen Namen gemacht, bei der Pariser Weltausstellung 1900 war er dafür mit einem Grand Prix ausgezeichnet worden. Der Künstler, der ein Freund des Dichters George war, kam häufig auch zur Kaffeestunde der Meyers, das könnte den Bildkauf begünstigt haben. Denn in der Hauschronik notierte Meyer, dass es ihn und Estella besonders freue, »von uns persönlich bekannten Malern Werke zu besitzen«.

Mag sein, dass Meyers neue Sammelfreude auch von dem Aufsehen um das große Menzel-Gemälde beflügelt wurde. Adolph von Menzel, den der Kaiser im Jahr 1898 wegen seiner künstlerischen Verdienste in den Adelsstand gehoben hatte, war damals so etwas wie der Picasso des Kaiserreichs. Und während die anderen Maler jener alten Zeit von den aufmüpfigen jungen Impressionisten offen geschmäht wurden, galt der körperlich klein gewachsene Menzel als einer der wenigen, dessen große Kunst sie anerkannten. Menzel selbst hatte freilich überhaupt nichts übrig für die Impressionisten und bezeichnete ihre Werke ganz uncharmant als »Dreck«. Das Bild vom Tuileriengarten aber galt nicht nur als eines seiner wichtigsten Werke, in den weichen Pinselstrichen des Meisters ließen sich erste Vorboten einer neuen Maltechnik erkennen – auch wenn Menzel selbst dies massiv geleugnet hätte.

Lange Jahre hatte das Bild praktisch unter Ausschluss der Öffentlichkeit existiert: Nach dem Tod von Friedrich Meyer 1881 hing es in der Witwenwohnung der Mutter von Richard Moritz Meyer, die mit Blick zum Garten im Erdgeschoss der Voßstraße lag, hinter den Räumen des Comptoirs der E.J. Meyer Bank. Als Elika Meyer im Juli 1903 gestorben war, ließ Richard Moritz aus verschiedenen Zimmern seiner Mutter eine Gästewohnung einrichten, in welche nun Teile seiner immer weiter ausufernden Bibliothek kommen sollten. Einige Räume aus der Witwenwohnung übernahm die Bank, die sein Vetter Ernst Joachim Meyer führte. Indes kehrte das Gemälde in die Beletage zurück, wo es auch zu Lebzeiten des Bankiers Friedrich Meyer schon gehangen hatte.

In der Wohnung seines Sohnes Richard Moritz wurde das Bild nun von den zahllosen Gästen der Abendgesellschaften bewundert. Noch mehr Beachtung aber fand es, als der Direktor der Nationalgalerie Hugo von Tschudi einige Monate nach Menzels Tod im September 1905 eine große Ausstellung seiner Werke eröffnete. Dabei wurde auch der »Nachmittag im Tuileriengarten« als Leihgabe von Richard Moritz Meyer erstmals in der Öffentlichkeit gezeigt und hoch gelobt. Da mag der Literaturprofessor, den es so sehr nach gesellschaftlicher Anerkennung dürstete, wohl auch ein wenig Stolz empfunden haben für das Bild und die Weitsicht seines Vaters, der es vor vielen Jahren angeschafft hatte – das Gemälde, schrieb Richard Moritz Meyer jedenfalls nach der Menzel-Ausstellung treffend in die Hauschronik, ist »unser Schatz«.

Fortan wurde der Literaturprofessor von den Berliner Museumsdirektoren hofiert. Dabei hatte er schon zuvor begonnen, sich stärker für die bildenden Künste zu engagieren. So versammelte sich am 23. Dezember 1903 die Crème der deutschen Kunstszene in seiner Wohnung in der Voßstraße: Der Maler Max Liebermann, sein Kollege Walter Leistikow, der Diplomat und Kunstsammler Harry Graf Kessler, ein bekannter Reichstagsabgeordneter sowie der einflussreiche Kunsthistoriker und Journalist Max Osborn waren gekommen. Anlass für das konspirative Treffen am Vorweihnachtstag waren die »unerhörten Misshandlungen unserer besten

Künstler durch die Regierung«, wie Meyer in der Hauschronik notierte. Gemeint war die Entscheidung der Kunstgremien, zur bevorstehenden Weltausstellung in St. Louis im Jahr 1904 kein einziges Bild eines Künstlers der Secessionsgruppen zu entsenden, die sich mittlerweile auch in anderen Großstädten etabliert hatten.

Schon seit Monaten hatte es heftigste Auseinandersetzungen um die Bildauswahl für St. Louis gegeben, wobei vor allem auch die Allgemeine Deutsche Kunstgenossenschaft mit ihren mehrheitlich konservativen, aber nicht ausnahmslos sehr qualifizierten Mitgliedern eine ungute Rolle spielte. Zwar hatte das zuständige Ministerium zunächst eine Kompromisslinie zwischen der traditionellen und der moderneren deutschen Kunst gesucht und eine Kommission gebildet, in welcher sowohl der Akademie-Direktor Anton von Werner als auch sein Erzfeind Walter Leistikow gemeinsam mit anderen die Auswahl der Bilder vornehmen sollten. Doch die Kunstgenossenschaft pochte auf ihr Recht, allein zu bestimmen, welche Bilder nach St. Louis gesandt werden sollten. Sie berief Anton von Werner, die Ausstellung ohne weitere Beratung mit den Secessionisten vorzubereiten – daraufhin verweigerten jedoch die verschiedenen Secessionsgruppen, die es in den deutschen Großstädten gab, ihre Mitarbeit an dem Vorhaben.

Um doch noch einen Kompromiss herbeizuführen, gründete sich Mitte Dezember 1903 in Weimar ein neues Gremium, der Deutsche Künstlerbund, in dem sich sowohl Secessionisten als auch liberalere Genossenschaftsmitglieder unter einem Dach vereinten – wiederum war Walter Leistikow die treibende Kraft gewesen. Der Diplomat Harry Graf Kessler, der in jenen Jahren das Weimarer Kunstmuseum leitete und sich engagiert für die moderne Kunst einsetzte, wirkte aktiv an der Gründung des neuen Verbandes mit. Ein Versuch, über den neuen Verein doch noch eine Beteiligung von unabhängigen Künstlern an der Weltausstellung zu erwirken, aber schlug kurz vor Weihnachten 1903 fehl, weil Reichskanzler von Bülow es ablehnte, darüber auch nur zu verhandeln.

Und so traf sich die Runde in der Voßstraße, um die kulturpolitische Lage zu erörtern und das weitere Vorgehen zu beraten. An der Bildauswahl für St. Louis sollte sie nichts mehr ändern. Immerhin kam es jedoch im Februar 1904 zu einer gründlichen und teilweise recht aufgeregten Debatte im Reichstag, wenigstens war die Öffentlichkeit nunmehr informiert. Und die Reden der Parlamentarier mochten noch so kontrovers sein – dass die Diskussion überhaupt stattfand, stellte einen Wert für sich dar, wie Meyer fand. Aus seiner Sicht hatte die Debatte »einen Fortschritt im künstlerischen Volksleben« des Reiches gebracht, wie er zufrieden in der Hauschronik vermerkte.

Der Kaiser mochte die Impressionisten verschmähen, die kaufkräftigen Bürger fanden hingegen Gefallen an den kräftigen Farben, den weichen Pinselstrichen und den ganz anderen, menschlicheren Motiven der aufkommenden Moderne. Entsprechend stiegen die Preise recht schnell in Deutschland. Und auch Richard Moritz Meyer war längst angesteckt von dem Hunger nach der neuen Kunst. Im November 1904 kaufte er ein Bild des vom Kaiser so geächteten Walter Leistikow. Gemeinsam mit dem Künstler suchte der Literaturhistoriker dann in seiner Wohnung einen »prächtigen Platz« für die Neuanschaffung, wobei vermutlich ein Gläschen Champagner von Borchardt gereicht wurde. Wenige Tage später bewunderte Thomas Mann das Gemälde bei den Meyers, der »Verfasser der ›Buddenbrocks‹« war zu einer Abendgesellschaft in die Voßstraße geladen, wie der Literaturwissenschaftler in der Hauschronik berichtete.

Es mag für den Sammler Richard Moritz Meyer auch eine Gelegenheit gewesen sein, als er im Sommer 1906 aus dem Nachlass seines Frankfurter Onkels Benedikt Moritz Goldschmidt ein Gemälde des frühen französischen Impressionisten Gustave Courbet erstehen konnte. Der Bankier Goldschmidt war mit Richard Moritz' Tante Pauline verheiratet, einer Schwester seiner Mutter, die schon 1901 gestorben war. Als der schwerreiche Finanzmann im Dezember 1905 starb, hinterließ er seinen beiden Töchtern nicht nur ein Vermögen von rund 18 Millionen Reichsmark, was heute einer Summe von 100 Millionen Euro entspräche. Der Feingeist hatte auch eine äußerst wertvolle Gemäldesammlung angelegt, zu der Bilder von Edouard Manet und Jean-Baptiste Camille Corot gehörten.

Richard Moritz Meyer hoffte im Stillen, vielleicht ein Bild des Onkels erben zu können. Doch seine Cousine Anna Edinger lehnte dies ab. Vermutlich brauchte sie den Verkaufserlös für das Institut ihres Mannes, oder sie wollte das Geld in eines ihrer Wohlfahrtsprojekte stecken. Jedenfalls berichtete Meyer in seiner Hauschronik, dass er »zum ersten Mal in meinem Leben« eine Auseinandersetzung mit seiner geliebten Cousine gehabt habe, dem »Vice-Schwesterchen«. Schließlich suchte er sich vier Bilder aus der Sammlung Goldschmidt aus, die er selbstredend bezahlte, wenn auch vermutlich ein wenig günstiger als die Marktpreise es diktiert hätten: neben dem Courbet war ein Gemälde von Max Liebermann und ein Bild von Hans Thoma darunter, der um die Jahrhundertwende zu den bedeutendsten Malern in Deutschland zählte.

In den darauffolgenden Jahren kaufte Richard Moritz Meyer mehr und mehr Bilder, und keineswegs von den schlechtesten Adressen. Zum Beispiel ein Ölgemälde von Ulrich Hübner, einem Professor an der königlichen Akademie und damals einer der bekanntesten Landschaftsmaler. Später ein Aquarell von dem neuen Malerstar Max Slevogt, der aus München nach Berlin gezogen war; es stellte einen Tiger dar. Dazu Zeichnungen von Ferdinand Hodler und Gustav Klimt. Fast alle Anschaffungen vermerkte er in der Hauschronik, so etwa auch den Ankauf einer »farbenprächtigen Zeichnung« des wilden Italienfreundes Anselm Feuerbach, die 1911 ihren Platz über dem venezianischen Kamin bekam.

Ebenfalls fürs Wohnzimmer wurde ein kleines Gemälde von Franz Skarbina angeschafft, dessen impressionistische Großstadtdarstellungen damals sehr in Mode waren. Schließlich erstand der Literaturhistoriker noch ein Gemälde von Wilhelm Trübner, das den Starnberger See darstellte. Trübner war damals Direktor der Kunstakademie Karlsruhe und gehörte zum Kreis von Liebermann, Corinth und Slevogt. Seine Bilder wurden hoch gehandelt, nach dem Secessions-Katalog von 1906 kostete ein Landschaftsgemälde von Trübner 25 000 Mark. Da mag es kaum verwundern, dass Meyer über den hohen Preis des neu erworbenen Kunstwerks klagte: »Mein teuerstes Bild«, vertraute er der Hauschronik an, und auch noch »soviel blaues Grün« im Motiv – das Gemälde sei »schwer unterzubringen« in der Wohnung, stöhnte er.

Leichter war es da wohl, passende Plätze für die dekorativen Skulpturen zu finden, die Richard Moritz Meyer seiner Sammlung hin und wieder hinzufügte. So stand das »Springende Fohlen« von Renée Sintenis auf einer der Kommoden – die Tierplastiken der Bildhauerin waren damals besonders beliebt in den begüterten, kunstsinnigen Berliner Kreisen. Richard Moritz Meyer nannte auch die Figur eines Mähers von Constantin Meunier sein Eigen und er hatte nicht widerstehen können, von dem Bildhauer August Gaul eine Fasanengruppe aus Bronzeguss zu erwerben.

Wer mag den Professor bei seinen Kunstkäufen beraten haben? Seit der Jahrhundertwende waren in Berlin eine Reihe neuer Kunstsalons entstanden. In seiner Hauschronik vermeldete Meyer 1897 als »Positivnachricht«, dass in der Potsdamer Straße 122 die Kunsthandlung Keller & Reimer ihre Tore geöffnet habe. Ein Jahr später startete Paul Cassirer in der nicht weit vom Potsdamer Platz im noblen Tiergartenviertel gelegenen Victoriastraße eine neue Galerie, die den Berliner Kunstmarkt verändern sollte. Schon die Einrichtung war in ganz neuem Stil. Während bis dahin die Kunsthandlungen oftmals wie Antiquitätengeschäfte aussahen, weil neben Bildern auch Vasen, Schalen und selbst Möbel verkauft wurden, setzte Cassirer konsequent auf die Wirkung der Kunstwerke im Raum. Der belgische Architekt und Designer Henry van de Velde hatte das Interieur der Ausstellungsräume in dem Kunstsalon entworfen, bekannt wurde insbesondere sein Lesezimmer in der Galerie.

Cassirer sprach brillant Französisch und hatte beste Kontakte zu dem Pariser Galeristen Paul Durand-Ruel, der schon früh Maler wie Courbet, Delacroix und Rousseau entdeckt hatte und später Monet, Pissaro und Renoir vertrat.

Paris war damals ein Sehnsuchtsziel für junge Künstler und kunstinteressierte Intellektuelle. Ob Max Klinger, Lovis Corinth oder Max Liebermann – viele Maler pilgerten an die Seine. Der Galerist Durand-Ruel wurde eine Art Vaterfigur für Cassirer und die anderen Deutschen, die in Paris ein Stück kulturelle Freiheit suchten. Aber Cassirer wusste auch nur zu gut, was Berliner Großbürgern gefiel, schließlich gehörte er selbst dazu. Zwar war der Kunsthändler 1872 in Görlitz geboren, doch er entstammte einer Breslauer Unternehmerfamilie, die im Holzhandel und im Maschinenbau wohlhabend geworden war. Gegen Ende des 19. Jahrhunderts hatten sich einige Mitglieder der Familie in Berlin niedergelassen, um Kupfer- und Stahlkabel zu produzieren, eine Zukunftstechnologie zu Zeiten der Elektrifizierung.

Zwar war Cassirer nicht der erste Galerist in Berlin, der sich mit modernerer Kunst befasste. Schon viele Jahre vor ihm hatte beispielsweise Fritz Gurlitt einen Salon in der Behrenstraße eröffnet. Keiner ging den Weg jedoch so konsequent wie Cassirer. Das wilhelminische Kulturdiktat empfand der Kunsthändler als verstaubt und einengend. Mit sicherem Instinkt holte er zunächst die großen Impressionisten von Manet bis Cézanne nach Berlin, er stellte Van Gogh aus und natürlich auch die Deutschen Liebermann, Corinth und Slevogt. Später bereitete er auch deutschen Expressionisten wie Max Beckmann und Oskar Kokoschka den Weg.

Beim Kaiser war der Kunsthändler verhasst: »Dieser Cassirer, der die französische Dreckkunst zu uns gebracht hat«, schimpfte Wilhelm II. Doch beim Publikum avancierte die Victoriastraße bald zur wichtigsten Berliner Adresse für neuzeitliche Kunst. Ein Jahr nach Öffnung der Galerie, die

Paul Cassirer zunächst samt einem dazu gehörigen Verlag gemeinsam mit seinem Cousin Hugo Cassirer gegründet hatte, nahmen »Die Lustigen Blätter«, eine Berliner Satirezeitschrift, die Kunstszene in der Hauptstadt aufs Korn. In einer ganzseitigen Karikatur wurden die entscheidenden Etablissements samt frecher Kommentare vorgestellt: Der Salon »Keller & Reiner« kam nicht so gut weg – auch genannt »Besteller & Schreiner«, hieß es da, »wegen Möbel, die sie ausstellen«. Die kaiserliche Kunstakademie des Anton von Werner wurde als »altrussische Nonne« verhöhnt – da man ihr immer stets »den alten Zopf« vorwerfe, stelle sie »jetzt Geschorene aus«. Der konservative Verein Berliner Künstler stand nun unter dem Motto »Je neuer das Haus, desto älter die Bilder«. Und schließlich war da der Salon Cassirer aufgeführt – mit der treffenden »Devise: Durch Manet und Monet zu Money«.

Richard Moritz Meyer verfolgte aufmerksam, was sich in der Kunstszene tat, er schaute sich regelmäßig die neuen Ausstellungen an und besuchte ausweislich seiner Hauschronik manchmal gleich zwei Kunstsalons an einem Vormittag. Aus dem Blickwinkel der Kunsthändler muss der Literaturprofessor ein sehr interessanter Kunde gewesen sein. Einerseits zeigte er Sachverstand, andererseits war er auch nicht ganz unbeeinflussbar, da für ihn die gesellschaftliche Reputation einen durchaus bedeutenden Faktor bei den Bildkäufen darstellte. Und schließlich war er auch ein guter Multiplikator, weil er unendlich viele Leute in Berlin kannte, und genau aus den richtigen Kreisen.

In Cassirers Kunstsalon gab es häufig Abendveranstaltungen, Lesungen, Feste und kleine Konzerte, an denen auch die Meyers teilnahmen, dies zumal, wenn ein mit ihnen befreundeter Schriftsteller dort seine Werke vortrug. So etwa der Dichter und Journalist Herbert Eulenberg; er stand beim Cassirer-Verlag unter Vertrag, den Pauls Vetter Hugo bald allein weiter führte. Auch bei privaten Abendgesellschaften hatte Meyer verschiedentlich mit Paul Cassirer geplaudert. Berlin war groß, doch die Gesellschaft, in der man sich bewegte, war recht überschaubar, weshalb man sich zwangsläufig immer wieder begegnete.

Maler, Schriftsteller und Kulturinteressierte, Journalisten und Bildungsbürger, Bankiers und Industrielle – in den Berliner Salons parlierten sie munter miteinander. Der Maler Walter Leistikow war eng mit dem Schriftsteller Gerhart Hauptmann und dem liberalen Journalisten Theodor Wolff befreundet, der zunächst Frankreich-Korrespondent und dann Chefredakteur des Berliner Tageblatts war. Der Kritiker Julius Elias, der den Siegeszug der Impressionisten publizistisch begleitet hatte, verkehrte häufig mit Cassirer und dessen Frau, der Schauspielerin Tilla Durieux. Richard Moritz Meyer wiederum diskutierte nur zu gern mit interessanten Zeitgenossen wie den Bühnenautoren Ludwig Fulda oder Frank Wedekind, was er dann oft auch in seiner Hauschronik festhielt.

Beim 50. Geburtstag von Gerhart Hauptmann, den der Schriftsteller im November 1912 standesgemäß im noblen Hotel Adlon feierte, sah man sie dann beinahe alle zusammen. Und so wirkt das Erinnerungsfoto, das im großen Spiegelsaal des Hauses aufgenommen wurde, heute fast wie ein »Who is Who« der damaligen Berliner Society: In der Bildmitte saß die Schauspielerin Tilla Durieux, die Ehefrau von Paul Cassirer, die in den Inszenierungen von Max Reinhardt als Bühnenstar gefeiert wurde. Der Regisseur selbst war natürlich auch zugegen. Direkt hinter Margarete Hauptmann, der Gattin des Jubilars, stand Estella Meyer in einem eleganten Korsagenkleid, eingerahmt von den Künstlern Björnson und Liebermann. Etwas weiter rechts im Bild besah sich Gerhart Hauptmann mit ernstem Blick die Szene, und von ganz hinten schaute Paul Cassirer etwas missmutig in Richtung Kamera.

Das Berliner Tageblatt nutzte das Foto, um seinen Lesern die neuesten Trends der Damenmode zu erklären: »Brokat ist das modernste, dann kommen Samt und Plüsch«, urteilte die Moderedakteurin, aber auch »ein den Hals freilassendes Phantasiejäckchen« sei sehr en vogue.

Mehrfach im Jahr veranstaltete Cassirer Verkaufsausstellungen in der Victoriastraße, was Richard Moritz auch immer mal wieder in seiner Hauschronik erwähnte. So im Januar 1912: »Sahen uns am 31. 1. die Ausstellung bei Cassirer an, mit dem Erfolg, ein Selbstportrait von Corinth zu erwerben.« Lovis Corinth war damals ein hoch gehandelter Maler, schon bei der Secessionsausstellung von 1906 war ein Gemälde von ihm mit 15 000 Mark ausgezeichnet gewesen. Aus Königsberg stammend, war Corinth über Stationen in München und Paris nach Berlin gekommen, wo er schnell seinen Aufstieg in der Secession machte. Schon 1902 war er »zweiter Schriftführer« im Vorstand, im Januar 1911 wurde er zum Vorsitzenden gewählt.

Ursprünglich hatte Corinth Historienmaler werden wollen, daher rührte wohl sein Hang zu Ritterrüstungen und Figurenbildern aus der Welt der griechischen Sagen, die er jedoch mit kräftigen Farben und verwegenen Posen radikal verfremdete. Das Bild, das Meyer von ihm erwarb, »Selbstbildnis im Harnisch« genannt, zeigt den Künstler in einer Ritterrüstung mit geöffnetem Visier. Es blieb nicht der einzige Erwerb bei Cassirer. Im Oktober desselben Jahres kaufte Meyer ein Pastell von Liebermann, das eine Waldlandschaft im holländischen Laaren darstellte. Am gleichen Tag erstand er die erwähnte Fasanen-Skulpturengruppe von August Gaul.

Immer wieder klagte Richard Moritz Meyer über die hohen Preise der Kunstwerke. Seinen Sammlerdrang aber bremste dies keineswegs. Allein im Jahr 1912 kaufte der Literaturprofessor noch zwei Bilder von Hübner, später ein Selbstportrait von Käthe Kollwitz. Schließlich gönnte er sich im Mai 1914 noch eine »bedeutendere Erwerbung«, wie er in der Hauschronik festhielt: ein Gemälde des Schweizers Ferdinand Hodler, das den »Genfer See von Chexbres aus« zeigte. Und wieder stöhnte Meyer über die Kosten. »So schön das im Kleinen merkwürdig große Bild auch ist, macht mir doch der Preis Bedenken«, notierte er in der Chronik.

Hodler, der aus Bern stammte und in ärmlichen Verhältnissen mit schwerer Kindheit aufgewachsen war, malte sowohl großvolumige, symbolträchtige Tafelbilder als auch eindringliche Portraits und Landschaftsbilder. Seinen Durchbruch hatte der 1853 geborene Maler um die Jahrhundertwende in Wien gehabt, seither war er auch in Deutschland sehr gefragt. In Berlin hatte man ihm bei Secessions-Ausstellungen schon ganze Säle überlassen, dabei war im Jahr 1911 auch ein Bild des Genfer Sees gezeigt worden, von dem Hodler im Laufe der Zeit eine ganze Serie malte. Als Meyer im Mai 1914 sein Gemälde kaufte, lief wieder einmal eine Secessions-Ausstellung in Berlin, bei der mehrere Bilder von Hodler vertreten waren. Zu diesem Zeitpunkt wurden seine ausdrucksstarken, oft mit leuchtenden Farben gemalten Werke zu Preisen kaum unter 5000 Franken gehandelt.

Es gab sicher spektakulärere Gemäldesammlungen in Berlin als diejenige von Richard Moritz Meyer. Spätestens mit dem Kauf des Hodler-Gemäldes hatte der Literaturhistoriker jedoch seine Bildergalerie auf beeindruckende Weise komplettiert: Von den lebenden deutschsprachigen Malern gab es praktisch keinen bedeutenden Zeitgenossen, der ihm noch fehlte. Ob Lenbach, Liebermann oder Leistikow, Thoma oder Trübner, Slevogt, Corinth oder Skarbina, ob Klimt oder Hodler, Feuerbach oder eben Menzel – seine Sammlung war gleichsam ein Spiegel der deutschen Malerei zwischen dem Ende des 19. und dem Beginn des 20. Jahrhunderts. Vermutlich hatte Meyer, der stets auf vollendete Form und Ästhetik bedacht war, auch genau dies angestrebt. Wobei der Literaturhistoriker nie einen Zweifel daran aufkommen ließ, dass er Liebermann für den bedeutendsten zeitgenössischen Maler in Deutschland hielt.

Indes ließ Richard Moritz Meyer auch das Berliner Künstlerehepaar Lepsius nicht im Stich, das immer mal wieder mit Geldnöten zu kämpfen hatte. Im Herbst 1913 bat er Sabine Lepsius, die Gattin des Portraitisten der Schwiegermutter, Konrad, seinen Zweitältesten noch einmal in Öl zu malen. Zwei Bilder entstanden, die Konrad als jungen Mann mit Schlips und Kragen zeigten. In Fachkreisen galten sie als äußerst gelungen, weshalb die Vossische Zeitung später eines davon in einer Sonderbeilage zum 50. Geburtstag der Malerin im Januar 1914 abdruckte. Auch Meyer war hochzufrieden über die »wundervoll gelungenen Portraits« seines Sohnes, der inzwischen in Heidelberg Literaturwissenschaften studierte, und er notierte über Sabine Lepsius: »Vielleicht ihre besten Bilder.«

Mittlerweile pflegte er gute Kontakte zu dem neuen Direktor der Nationalgalerie, Ludwig Justi. Der Kunsthistoriker, der sich über Albrecht Dürer habilitiert hatte, war zunächst Privatdozent an der Berliner Universität gewesen wie Meyer. Ab 1905 arbeitete er dann als Sekretär der Akademie der Künste und wurde 1909 Nachfolger des bisherigen Direktors der Nationalgalerie, Hugo von Tschudi, nachdem dieser einen heftigen Krach mit dem Kaiser um den Ankauf einiger französischer Bilder gehabt hatte.

Auch die einstige Studentin Grete Ring, die noch immer gern zu den Gesellschaften bei den Meyers eingeladen wurde, hatte inzwischen bei der Nationalgalerie eine Stelle angetreten. Nach einem zeitweiligen Studienaufenthalt in München war sie zu einer anerkannten Kunsthistorikerin avanciert, Spezialistin für die deutsche Malerei des 19. Jahrhunderts und eine durchaus attraktive Dame. »Frl. Dr. Ring, die reizend aussah«, vermerkte Meyer nach einer Abendgesellschaft sichtlich angetan. Grete Ring hatte in Berlin bei dem Kunsthistoriker Heinrich Wölfflin studiert, mag sein, dass sie auch die eine oder andere Vorlesung bei Richard Moritz Meyer gehört hatte. Bei ihren »akademischen Abenden« luden die Meyers manchmal Studenten zu sich nach Hause ein, über eine dieser Einladungen könnte auch die junge Grete Ring in die Gesellschaften in der Voßstraße Nr. 16 eingeführt worden sein. Mit der Zeit war die zierliche Person mit den dunklen, hochgesteckten Haaren ein ständiger Gast in der Beletage geworden – kaum jemand tauchte so oft auf der Einladungsliste einer Abendgesellschaft auf wie sie.

Auch Ludwig Justi kam immer öfter in die Voßstraße, sowohl zu den Kaffeestunden als auch zu Abendgesellschaften. Zuweilen saß Meyer auch »allein in gemütlicher Unterredung« mit dem Museumschef zusammen, wie er in der Hauschronik vermerkte. Und manchmal ließ Estella ein Rebhuhn von der Feinkosthandlung Kempinski auftischen, während Meyer und Justi bei schönstem Wetter auf dem Balkon zu Mittag aßen, mit Blick auf die Reichtagskuppel und die Ministergärten. Dabei besprachen die beiden Herren wohl auch mögliche Spenden und Stiftungen für die Nationalgalerie, die Meyer finanzierte.

Denn der Literaturhistoriker, der stets darunter litt, dass er es selbst formell »zu nichts gebracht« hatte, wollte mit seinem Geld wenigstens anderen Menschen helfen voranzukommen. So hatte er begonnen, sich im Stillen als Mäzen zu betätigen, er unterstützte sowohl die bildenden Künstler als auch die Virtuosen der schreibenden Zunft. Der Literaturhistoriker finanzierte 1914 etwa den Ankauf eines Gemäldes von Sabine Lepsius für die Nationalgalerie. Das Bild, das ihre Tochter Monica darstellte, wurde auf Anweisung Justis sogar in die Schausammlung des Museums übernommen. Zuvor schon hatte Meyer der Städtischen Galerie des Berliner Magistrats ein Portrait des Architekten Alfred Messel gestiftet, mit dem Meyer befreundet gewesen war. Er verfügte die Schenkung unter der Voraussetzung, dass Reinhold Lepsius den Portraitauftrag bekam, was auch geschah.

Meyer hatte vermutlich keine Ahnung, welch abfällige Kommentare die beiden Künstler manchmal austauschten, wenn sie einen seiner Aufträge erfüllten und ein Familienmitglied portraitierten – meist ging es dabei um die exzentrische Schwiegermutter mit dem Krokodil in der Badewanne, die später von Sabine Lepsius noch einmal gemalt wurde. Statt mit einer gemalten Kette, wie beim Gatten, verdeckte Sabine Lepsius den kurzen Hals der Schwiegermutter, indem sie auf ihrem Bild eine Hand mit einem wertvollen Ring am Finger zur Schulter führte. Delia Goldschmidt freue sich auch noch, »dass der große Protzenring jetzt gut zu sehen ist«, machte sich Sabine Lepsius über die Portraitierte und das Schmuckstück lustig, das diesmal echt war. Es klangen immer mal wieder antisemitische Töne durch, wenn das Ehepaar sich über ihre zumeist jüdischen Auftraggeber ausließ. Als Sabine Lepsius jedoch dann einen, wie sie es nannte, typisch »deutschen Rechthaber« portraitieren sollte, schrieb sie ihrem Mann: »Ich habe doch viel lieber mit Juden zu tun.«

Friedrich Nietzsche, über den Meyer 1913 eine vielbeachtete Biografie schrieb, wurde ebenfalls mit finanziellen Gaben bedacht. Schon als junger Mann hatte Richard Moritz Meyer 1888 dem Schriftsteller einmal diskret 2000 Mark zukommen lassen, Nietzsche, der damals in der Schweiz lebte, konnte das Geld sehr gut gebrauchen, doch er erfuhr vermutlich nie, wer der Spender war. Auf dem Rückweg von einer Hochzeit in Frankfurt besuchte der Literaturhistoriker den Schriftsteller dann 1895 in Naumburg, wo dieser bei Mutter und Schwester in »sanftem Geistesschlaf« lebte, wie Meyer in der Nietzsche-Biografie festhielt: »In seinem weißen, wallenden Rock sah er wie ein Priester aus.« Mag sein, dass er ihm auch zu dieser Zeit mehr oder weniger regelmäßig Geldgaben zukommen ließ, wie die Hamburger Wissenschaftlerin Miryam Richter in einer Arbeit über den Literaturhistoriker vermutet. Auch Stefan George bezog wohl zeitweilig einen finanziellen Zuschuss von Meyer.

Selbst Ricarda Huch versuchte er mit finanzieller Unterstützung zu helfen. Nach dem Abend mit der Ananasbowle im Juni 1908 war die Schriftstellerin noch mehrfach in der Voßstraße zu Gast gewesen, mal mit ihrem Gatten Richard Huch, immer öfter aber auch ohne ihn. Denn die Ehe mit ihrem langjährigen Geliebten, von der sie sich die Erfüllung ihres Lebenstraums erhofft hatte, war recht bald zum Albtraum geworden. Erst im Sommer 1907 hatten sie geheiratet. Ein Problem war, dass der Jurist, der zuvor mit Ricarda Huchs Schwester verheiratet gewesen war, Ricardas Tochter aus erster Ehe nicht leiden konnte. Er kam auch sonst mit dem Leben der klugen Schriftstellerin nicht zurecht, das sich großenteils in Grünwald bei München abspielte. Ricarda Huch aber hielt es in dem spießigen Braunschweig, wohin sie ihm gefolgt war, auf Dauer nicht aus. Als Richard dann auch noch mit einer Cellistin anbändelte, war ihre Entscheidung gefallen: »Ich habe diese Liebe als Höllenfeuer gefühlt«, schrieb sie in ihren Lebenserinnerungen.

Schon 1909 hatte Richard Moritz Meyer der Schriftstellerin als Anonymus ein Jahresstipendium von 2000 Mark zukommen lassen. Im Mai 1911 logierte sie dann eine Woche lang im Haus des Literaturhistorikers, vermutlich war sie in der Gästewohnung im Erdgeschoss untergebracht. Die Autorin hatte sich von ihrem Mann getrennt und erwartete die Scheidung. Unterdessen führte sie mit Richard Moritz lange Gespräche über die Unsterblichkeit und den Tod, die er in der Hauschronik als »merkwürdig ergiebig« charakterisierte – dass er Ricarda Huch im Geheimen unterstützte, ahnte sie nicht. Von wo auch immer, ihr in Scheidung befindlicher Gatte Richard Huch hatte offenbar von den finanziellen Zuwendungen gehört. Er führte die Zahlungen in den Scheidungsverhandlungen als Argument an, um die

Unterhaltsverpflichtung für seine Frau zu drücken. Ricarda Huch aber lehnte jede weitere Zahlung von Richard Moritz Meyer ab, als sie davon erfuhr.

Zeit seines Lebens hatte es ihm nie an Geld gemangelt. Hingegen kämpfte er stets vergeblich um ein Minimum an beruflicher Anerkennung. Doch in der verknöcherten Besetzungspolitik von Universität und preußischer Verwaltung war seiner Erfahrung nach die Rassenzugehörigkeit letztlich von größerem Gewicht als die wissenschaftliche Qualifikation. Ungeachtet dessen entschloss sich der Literaturhistoriker, im Herbst 1910 seinerseits etwas für die Universität zu tun. Er gründete eine mit 100 000 Mark ausgestattete Stiftung, mit deren Hilfe künftig Arbeiten ausgezeichnet werden sollten, die im Geiste von Jacob Grimm und dessen großem, wissenschaftlichem Nachfahren stünden, Meyers Lehrer Wilhelm Scherer. Der Berliner Senat nahm die Stiftungsschenkung am 23. November 1910 an. Ein halbes Jahr später wollte man dem jüdischen Germanisten dann sogar die lange ersehnte Honorarprofessur anbieten. Doch nun lehnte Richard Moritz Meyer ab.

Am 29. Mai 1914 feierten er und Estella Meyer ihre Silberne Hochzeit. Die Treppe zum Festraum war mit grünen Girlanden geschmückt, der Gang mit Rotdorn und Blumen dekoriert. Unter den 162 Gästen bewegten sich auch der Direktor der Nationalgalerie, Ludwig Justi, der holländische Gesandte Alexander Willem von Gevers und der Zweite Berliner Bürgermeister Georg Reicke plaudernd durch die Menge. Reicke hielt die Festrede auf das Jubelpaar, »herzlich und frisch, voll feiner charakteristischer Bemerkungen«, wie Richard Moritz Meyer hernach lobte. Ein kleines Kammerquartett spielte das Largo von Händel: Es bestand aus den Söhnen Konrad, der am Klavier saß, Reinhold, der sein Cello strich, sowie zwei Freunden der Familie. Der älteste Sohn Fritz war einige Jahre zuvor an Meningitis gestorben.

Wenige Wochen später begann der Erste Weltkrieg. Wie viele Intellektuelle seiner Zeit, so hoffte auch Richard Moritz Meyer anfangs fest auf einen Sieg der Deutschen: »Nun gehört alles Denken und Fühlen der großen Zeit!«, notierte er am 9. September. Das Ende sollte der 54-Jährige jedoch nicht mehr erleben. Richard Moritz Meyer starb am 8. Oktober 1914 an einem Gehirnschlag. »Er galt als einer der reichsten Männer Berlins«, war im Nachruf des Berliner Tageblatts zu lesen, »aber er empfand sich eben dadurch als eine unliebsame Ausnahme in der deutschen Gelehrtenwelt.« In seinem Testament hatte der Wissenschaftler verfügt, dass das von seiner Stiftung an der Universität jährlich auszusetzende Scherer-Stipendium mindestens jedes vierte Mal an einen Studierenden oder Gelehrten jüdischer Konfession verliehen werden müsse.

Doch davon war schon bald keine Rede mehr.

6

Im Widerschein der Fackeln

Nebel lag über der Stadt, als die Fackelträger sich in Bewegung setzten. Die Männer marschierten in Sechserreihen über die Siegesallee zum Brandenburger Tor. Ein kalt glänzender Lindwurm, der sich langsam durch das abendliche Dunkel in Richtung Wilhelmstraße bewegte. Reinhold und seine Frau Lucie waren auf den zur Gartenseite weisenden Balkon des Hauses in der Voßstraße hinausgetreten, wortlos betrachteten sie den flackernden Lichtschein der Tausenden von Fackeln, die wie zu einem leuchtenden Lavastrom zusammengeschmolzen schienen. Über die Grünflächen der Ministergärten trug der Wind die dumpfen, rhythmischen Schreie, die den Zug begleiteten, zur Voßstraße hinüber. Der Lärm ließ nichts Gutes erahnen.

Auch von der Straßenseite des Hauses flatterten jetzt Wortfetzen heran. Reinhold schloss die Balkontür, die zum Garten blickte, und löschte das Licht. Dann trat er an der gegenüberliegenden Seite der Wohnung an eines der Fenster, die zur Voßstraße wiesen, und schaute aus dem Schutz des Dunkels auf die Fahrbahn hinunter. Nach links in Richtung Wilhelmplatz sah man einen hellen Klumpen aus tanzenden Lichtkegeln. Die Männer hatten jetzt vor der Reichskanzlei Halt gemacht und jubelten dort ihrem Führer zu, der sich aus einem Fenster im ersten Stock des Gebäudes der Menge zeigte. Hier und da sah man bald versprengte Uniformierte, die den Wilhelmplatz bereits verlassen hatten, und durch die Voßstraße schlenderten. Reinhold hörte ihre Stiefelabsätze über das Pflaster klackern, und er spürte ihre wilde, aufgeputschte Begeisterung. Es war der Abend des 30. Januar 1933. Wenige Stunden zuvor war Adolf Hitler zum Reichskanzler ernannt worden.

Im Salon flackerte das Kaminfeuer. Lucie hatte sich schon auf einen der Luther-Stühle mit den wuchtigen Rückenlehnen gesetzt und starrte in die Flammen, als Reinhold sich zu ihr gesellte. Es war nicht das erste Mal, dass man die »Braunhemden« durch die Straße marschieren sah. Nur wenige Haustüren von der Wohnung der Meyers entfernt, in der Voßstraße Nr. 11, war einige Monate zuvor die Gauleitung der NSDAP eingezogen. Seither waren beinahe täglich kleinere und größere Marschtrupps zu sehen, die vor dem Eingang des Hauses herumstanden. Schwarze Limousinen fuhren vor und ein ziemlich klein gewachsener Mann mit zurückgekämmten schwarzen Haaren, der zumeist einen Ledermantel trug, ging in dem Gebäude ein und aus: Joseph Goebbels. An diesem 30. Januar übertrug das Radio eine Rede von ihm, und so hörten die Meyers zum ersten Mal die Stimme, die zu dem kleinen Mann im schwarzen Ledermantel gehörte. Auch sie ließ nichts Gutes ahnen.

Seit beinahe neun Jahren waren Lucie und Reinhold nun verheiratet. Auf einem Silvesterfest im Haus des Bankiers Bleichröder, Voßstraße Nr. 8, hatten die beiden sich zum ersten Mal gesehen. Reinhold kannte die in der Nachbarschaft lebende jüdische Familie von Kindesbeinen an. Julius Bleichröder, ein Bruder des sogenannten Bismarck-Bankiers Gerson von Bleichröder, war einer der reichsten Männer Berlins gewesen. Wie die E.J. Meyer Bank so hatte sich auch das

Geldinstitut der Bleichröders viele Jahrzehnte zuvor in der Voßstraße angesiedelt. Mit den Meyers pflegte man beste Kontakte von Haus zu Haus, die beiden Familien waren sogar weitläufig miteinander verwandt. Zwei Töchter des Bankiers hatten sich jeweils mit einem Cousin von Reinholds Mutter Estella verheiratet – dem Bankier Paul Arons und dem Sozialisten und Physiker Leo Arons.

Lucie war über die dritte Bleichröder-Tochter Henriette zu der Einladung gekommen, an der Silvestergesellschaft teilzunehmen. Denn Henriette Stenger, geborene Bleichröder war gut bekannt mit Lucies Tante Auguste Birkenhagen. Die alte Dame hatte lange Jahre im Haushalt der Stengers gearbeitet und war zugleich eine Art Ersatzmutter für Lucie gewesen. Sie wurde von allen nur »die Nonna« genannt.

Den Kosenamen »Nonna« hatte Auguste Birkenhagen in Italien bekommen, wo sie einige Jahre zusammen mit Henriette und deren beiden Söhnen Konrad und Rudolf gelebt hatte. Auguste trug die Haare zu einem strengen Knoten im Nacken gebunden, sie war schmal, klein und hatte einen leichten Buckel. Das »Birkhuhn«, wie Henriettes Söhne das Fräulein Birkenhagen despektierlich nannten, war eine jener gebildeten, aber unverheirateten Damen, die als Erzieherinnen in besseren Häusern angestellt wurden. Als solche war sie mit Henriette, deren angetrauter Mann Franz Stenger früh verstorben war, vor vielen Jahren nach Florenz gegangen.

Es war die Zeit, da die Heimat der Medici mit ihren herrlichen Renaissancepalästen und Museen als ein Mekka für kunstsinnige Großbürger vor allem aus England und Deutschland galt. Die Witwe Stenger mietete sich kurz vor der Jahrhundertwende, 1897, mit ihrem Anhang in einer schönen Villa oberhalb der Stadt nahe beim Kloster Fiesole ein. Von der mit Glyzinien und Teerosen berankten Terrasse konnte man auf die Dachlandschaft der Altstadt mit der Domkuppel von Brunelleschi heruntersehen.

Die Villa gehörte einem Schweizer Maler. In der Nachbarschaft lebten Engländer und Amerikaner, zumeist waren es Künstler und Kunsthistoriker, die es aus ähnlichen Gründen nach Florenz gezogen hatte wie die Berliner Bankierstochter. Henriette, die von allen Jettchen genannt wurde, nahm in Florenz Zeichenstunden, derweil bekamen ihre Söhne von wechselnden Lehrern Hausunterricht, später besuchten sie sogar die italienische Schule. Unterdessen sorgte die gestrenge Nonna dafür, dass Konrad und Rudolf auch gutes Benehmen lernten.

Zur Stärkung ihrer Gesundheit bestand sie darauf, dass sich die Jungen stets mit kaltem Wasser wuschen, und selbst im Winter spazierten sie im offenen Matrosenhemd durch Florenz. Die Brüder konnten es sich nicht verkneifen, über das »Birkhuhn« ihre Witze zu machen. So wunderten sie sich immer wieder, wie die bucklige, kleine Frau offenbar auf nicht wenige Italiener Eindruck machte. Jede ihrer Herrenbekanntschaften wurde aufmerksam verfolgt, und auch mancher Hauslehrer schien ihr zugetan.

Als die Stengers später nach Berlin zurückgingen, zog die Nonna nach Rom, wo sie die Söhne eines deutschen Diplomaten erzog. Nun wohnte sie in der Nähe des römischen Rathauses auf dem Kapitolshügel in einer Wohnung mit hübschem Garten. Beinahe schon im Rentenalter kam Auguste Birkenhagen zurück nach Berlin, wo sie bei Henriette

Stenger – Tante Jettchen – herzliche Aufnahme fand. Nun kümmerte sich die Nonna um ihre Nichte Lucie Brebonneck, die 1903 geboren war. Lucie hatte sehr früh ihre Eltern verloren, weshalb die Tante Auguste eine Art Ziehmutter für sie wurde. Anfangs wohnte Auguste Birkenhagen mitsamt ihrer Nichte Lucie bei Tante Jettchen, und auch später blieb sie stets in Kontakt mit Henriette und ihren Söhnen, die etwas älter als Reinhold waren. Henriette Stenger und Lucies Tante Auguste hatten sich sogar ausgedacht, dass einer der Stenger-Söhne dereinst Lucie heiraten könnte. Diese Pläne sollte Reinhold später jedoch durchkreuzen.

Lucie war keine besondere Schönheit. Sie hatte ein breitflächiges Gesicht mit ausdrucksvollen Augen, das Haar trug sie als glatten, auf der Seite gescheitelten Bubikopf, wie es damals Mode war. Als sie Reinhold kennenlernte, war sie gerade 20, ein tiefgläubiges junges Mädchen, das dem Jungfrauenverein angehörte. Gleichwohl strahlte sie eine unkomplizierte, vitale Fröhlichkeit aus – und ebendiese Fröhlichkeit war es wohl gewesen, die Reinhold so anziehend fand. An jenem Silvesterabend des Jahres 1923 hatte es sofort gefunkt zwischen ihnen, verliebt turtelten sie in der Folgezeit miteinander, und auch die Nonna war erleichtert. Ihre Nichte schien bestens untergebracht, denn schließlich würde Reinhold einmal ein Erbe antreten, das mindestens so groß wie das der Stenger-Söhne war.

Reinhold und Lucie heirateten noch im Sommer 1924. Das Hochzeitsfoto zeigt die beiden im blumengeschmückten Salon der Voßstraße Nr. 16, wie sie auf einem eleganten Sofa vor dem zitronengelben Kachelofen aus Meissener Kacheln sitzen. Ihre Hände haben sie ineinandergelegt und sie lächeln einander zu.

Aus Peterchen Blitzeblank, Vaters Liebling, dem überaus fröhlichen, verschmitzten Jungen mit dem dunklen Lockenkopf, war längst ein ernster junger Mann mit glatt zurückgekämmten Haaren geworden. Reinhold las viel und hatte begonnen, die gesamte väterliche Bibliothek zu katalogisieren. Statt der jugendlichen Schalkhaftigkeit umspielte seine sanften, dunklen Augen nun allerdings auch ein Anflug von Traurigkeit. Das mochte den Schicksalsschlägen geschuldet gewesen sein, welche die Familie getroffen hatten.

Seit dem Tod von Richard Moritz Meyer im Oktober 1914 hatte sich viel verändert. Da war zunächst der Erste Weltkrieg. Reinhold musste, kaum dass er im November 1916 sein Abitur gemacht hatte, in den Krieg ziehen. Zwei Jahre später starb sein älterer Bruder Konrad an der Front, der als hoffnungsvoller junger Literaturwissenschaftler gegolten hatte. Nach dem Krieg begann auch Reinhold zunächst Literaturwissenschaft zu studieren, doch er entschied nach wenigen Semestern, lieber eine Buchhändlerlehre zu machen. Im Frühjahr 1920 ging er nach Hamburg, um in der Buchhandlung Lucas Gräfe eine Stelle als Assistent anzutreten, zum Leidwesen seiner Mutter.

Estella Meyer hatte die Kette von Todesnachrichten, die sie erfahren musste, irgendwann nicht mehr verkraften können. Zunächst die tödliche Krankheit des ersten Sohnes im Jahr 1910, dann der plötzliche Tod ihres Mannes 1914 und schließlich, 1918, starb auch noch Konrad, ihr Lieblingssohn. Immer mehr verfiel die einst so lebenslustige Frau in Traurigkeit, und das drückte auch dem empfindsamen Reinhold aufs Gemüt. Tag für Tag saßen Mutter Estella und Großmutter Delia in verdunkelten Zimmern der Voßstraße und jammerten über die guten alten Zeiten, die endgültig verloren schienen. Für Reinhold, der damals gerade 22 Jahre alt war, muss die Stimmung im Hause kaum zu ertragen gewesen sein. Der früher so fröhliche Junge fühlte sich zwischen den zwei alten Damen wie lebendig begraben in einer Familiengruft. Doch zugleich war es nicht einfach für ihn, die Mutter zu verlassen, die sich mit aller Macht an ihren einzig noch verbliebenen Sohn klammerte.

Was für ein Erwartungsdruck lastete da auf dem jungen Mann. War er doch das behütete, vielleicht auch ein wenig verhätschelte jüngste Kind aus reichem, großbürgerlichem Hause. Ein Mann, der es gewohnt war, als Sohn jede erdenkliche Freiheit und Sicherheit zu genießen. Darauf, dass er nun plötzlich die Verantwortung nicht nur für sich, sondern auch für seine kranke Mutter übernehmen sollte, hatte ihn niemand vorbereitet. Reinhold riss sich aus dem traurigen Haushalt los und machte sich nach Hamburg auf, wo er bei einer alten Freundin von Estella unterkommen konnte. Fortan plagte ihn zwar ein schlechtes Gewissen der Mutter wegen, doch wie um sich zu rechtfertigen verkündete er im Juni 1920 in einem Brief an Freunde der Familie in Jena: »Mama sieht es aber vollkommen ein, dass es gut für mich ist.«

Als Reinhold drei Jahre später, im Sommer 1923, nach Berlin zurückkam, hatte sich die gesundheitliche Situation seiner Mutter nur noch verschlimmert. Estella war mittlerweile von schweren Depressionen geplagt und hatte sich in ein Sanatorium am Nikolassee begeben. Das »Waldhaus« bestand aus einem großen, villenartigen Gebäude mit zwei Seitenflügeln in idyllischer Waldrandlage, es war um die Jahrhundertwende von zwei jüdischen Ärzten als sogenannte »Heilanstalt für Gemütskranke« errichtet worden. Das Sanatorium konnte bis zu 150 Patienten beherbergen, die Mediziner arbeiteten mit reformerischen Therapiemethoden. Tagsüber sah man die Hausgäste durch den weitläufigen Garten spazieren, nachts schliefen sie in gut durchlüfteten Zimmern.

Unterdessen tobte die Inflation in Deutschland, der wirtschaftliche Zusammenbruch drohte, das Geld verlor binnen weniger Tage in Hunderterpotenzen seinen Wert. Für Reinhold eine zusätzlich belastende Situation. Er kannte sich in Geldfragen nicht besonders aus und verließ sich jetzt blind auf den Rat seines Onkels, des Bankiers Adolf Meyer, der auch als Vormund von Estella Meyer fungierte. Es sei »viel Unerfreuliches und Trauriges« zu berichten, schrieb er am 4. Juli 1923 an die Freunde nach Jena. Um Geld zu mobilisieren, hatte er notgedrungen begonnen, einzelne Bilder aus der Sammlung seines Vaters zu verkaufen. »Ich gab allerdings immer mindere fort«, entschuldigte er sich bei den Freunden, doch die Geldentwertung dürfte den Erlös aus dem Bildverkauf schnell aufgefressen haben.

Der Wert der Gemälde aber war auch von geschmacklichen Trends abhängig, die selbst Experten zuweilen nicht sicher einzuschätzen wussten, und Reinhold war kein Kunsthistoriker. Zwar hatte er seine ganze Kindheit umgeben von wertvollen Bildern verbracht, auch hielt der Vater beinahe jeden einzelnen Kauf in seiner Hauschronik fest – manchen der Maler hatte Reinhold ja auch noch persönlich kennengelernt. Doch wie sollte der Sohn ahnen, welche Künstler im Wert stiegen und welche mit der Zeit aus der Mode gekommen waren? Anfang November 1923 verkaufte er das Tiger-Aquarell von Max Slevogt, einem jener Maler, die ihre Zeit überdauern sollten, an die Kunsthandlung Cassirer.

Ständiger Begleiter bei einer Odyssee der Verzweiflung: Das Familiengemälde von August Hopfgarten gehörte stets zum Umzugsgepäck, wenn Reinhold Meyer und die Seinen ihre Bleibe wechseln mussten. Das Bild, das 1843 entstand, stellt die Familie des Berliner Kattunfabrikanten Alexander Goldschmidt dar. Links im Vordergrund ist Reinholds Großvater Ruben Max Goldschmidt als Knabe zu sehen.

Kunstsammler, Privatdozent und Mäzen: Reinholds Vater, der Berliner Literaturwissenschaftler Richard Moritz Meyer, galt als sehr begüterter und gebildeter Mann.

Rechts: Salonschönheit und virtuose Pianistin: Estella Meyer, Reinholds Mutter, war eine beliebte Gastgeberin in Berlin.

Unten: Tischkultur und Dekorationen waren ein Lieblingsthema von Richard Moritz Meyer – die Eheleute pflegten ein geselliges Haus mit großen Abendgesellschaften.

Stadtpalast in bester Lage: Das Haus der Meyers in der Voßstraße Nr. 16 (Bildmitte mit Balkons) war eines der prächtigsten in der ganzen Straße.

Gepflegte Gastlichkeit in großbürgerlichem Ambiente: Wenn die Meyers keine Gesellschaft in ihrem Salon gaben, trafen sie sich gern mit Freunden im noblen Hotel Adlon.

Bootspartie im Matrosenkostüm: Die stolze Mama Estella Meyer mit ihren drei Söhnen, dem Kindermädchen und einer Freundin bei einem nachmittäglichen Ausflug.

Oben: Vater Richard Moritz mit Sohn Reinhold.

Links: Drei Husaren als Fotomodell: Die Söhne Konrad, Reinhold und Fritz (von links gesehen) wurden in immer neuen Kostümen fotografiert.

Das Konzert der drei Brüder: Reinhold im Matrosenanzug mit Cello, Konrad am Klavier und Fritz spielte Geige – im Hintergrund ist ein Bild von Max Liebermann zu sehen, das heute verschollen ist.

Künstlertreffen bei einer Ausstellung der Berliner Secession im Jahr 1901: Links im Bild Franz Skarbina, Max Liebermann und direkt dahinter Paul Cassirer im Gespräch mit Walter Leistikow (zweiter von rechts).

Ein »im Kleinen merkwürdig großes Bild«: Das Gemälde »Genfer See von Chexbres aus« kaufte Richard Moritz Meyer 1914.

»Mädchen am Sofa«: Das Pastell von Adolph Menzel gehörte bis 1940 zum Familienbesitz der Meyers.

Reinhold im Matrosenanzug – das gefiel selbst dem Bildhauer Max Klinger. Estella Meyer hatte ein solches Foto an den Künstler gesandt, der daraufhin entschied, eine Büste von dem Jungen anzufertigen.

15.11.1912, ein Erinnerungsfoto als »Who is Who«: Beim 50. Geburtstag von Gerhart Hauptmann versammelte sich die Berliner High Society im Hotel Adlon. Vorn im Matrosenkostüm Hauptmanns Sohn Benvenuto neben dem Schauspieler Alexander Moissi, vorn sitzend als zweite von links Margarete Hauptmann, dahinter Estella Meyer, mit Björn Björnson (links) und Richard Moritz Meyer (rechts), etwas weiter rechts Max Liebermann und vorn rechts sitzend Tilla Durieux (in diesem Ausschnitt nicht zu sehen: der Jubilar rechts hinter ihr).

Oben: Passionierter Cellospieler: Reinhold Meyer beruhigte sich und seine Lieben im Jahr 1933 zunächst, es werde schon nicht so schlimm werden.

Rechts: Leseecke mit Lenbach-Gemälde: Auch Lucie Meyer ließ sich noch nicht aus der Ruhe bringen. Rechts im Bild der Meissener Kachelofen, daneben das von Lenbach gemalte Portrait von Reinholds Bruder Konrad.

Brennende Fackeln im abendlichen Berlin: Am 30. Januar 1933, dem Tag der »Machtergreifung«, marschierten Tausende von Fackelträgern durch das Brandenburger Tor (im Bild ein späterer Fackelzug zur Reichstagseröffnung im März 1933).

Vermutlich hatte er sich bei dem Verkauf mit Grete Ring beraten, der hübschen Kunsthistorikerin, die er noch aus seinen Kindertagen kannte, als sie häufig an den großen Abendgesellschaften seiner Eltern teilnahm. Mittlerweile war Grete Ring eine anerkannte Expertin und im Salon Cassirer angestellt. Der Kaufpreis für das Slevogt-Aquarell betrug 50 US-Dollar, wie sich aus den bis heute erhaltenen Kassenbüchern der Kunsthandlung ergibt. Das entsprach Mitte November vier Billionen Mark. Reinhold hatte sich also abgesichert gegen die Auswirkungen der Inflation, die kurz darauf durch eine rigorose Abwertung des Geldes und die Einführung der Rentenmark gestoppt wurde – danach hatte ein US-Dollar den Wert von 4,20 Rentenmark.

Ein Jahr später, im Vorfeld der Hochzeit, schien nun endlich wieder ein Anschein der alten Herrlichkeit in die Voßstraße einzuziehen. Reinhold richtete sich seinem bürgerlichen Stande entsprechend mit seiner Braut in der geräumigen Wohnung der Beletage ein. Die beiden ließen die alten Plüschvorhänge abhängen, welche die Räume zuletzt so verdüstert hatten, nun wurden helle Filetstores angebracht, die Licht in die Wohnung ließen, und so rückten auch die Gemälde, mit denen Reinhold aufgewachsen war, plötzlich wieder mehr ins Blickfeld. Das große Menzel-Bild vom »Nachmittag im Tuileriengarten« befand sich noch an seinem alten Platz über dem Empire-Vertiko im großen Salon, das Lenbach-Portrait wurde wieder über die kleine Kommode neben dem Meissener Kachelofen gehängt. Auch die Bilder von Liebermann und Leistikow, Corinth, Hodler und den anderen Secessionsmalern, die noch im Familienbesitz waren, zierten die Wände.

Das Portrait des gefallenen Bruders Konrad aber sollte einen Ehrenplatz in Reinholds Arbeitszimmer bekommen. Hier bewahrte er zudem sein Cello auf, auch die große, eisenbeschlagene Eichentruhe stand an der Wand dieses Zimmers. Das schwere Schloss an der Truhe sollte die kleine Dorle später in dem Bungalow in Hohen-Neuendorf manches Mal zu öffnen versuchen – sie vermutete ein versunkenes Märchenreich darin. In der Wohnung in der Voßstraße Nr. 16 übernahmen die Brautleute zum großen Teil die elegante, im klassischen wie auch im gründerzeitlichen Stil gehaltene Einrichtung von Reinholds Eltern. Den frischgebackenen Ehemann dürstete es jedoch auch danach, eigene Kontrapunkte zum Stil seiner Eltern zu setzen. So wurden fürs Esszimmer ganz moderne Möbel angeschafft, die seinem eher von dem aktuellen Zeitgeschmack geprägten Sinn für Ästhetik entsprachen: Eine klare, schlichte Anrichte aus hellem Eichenholz sowie ein Esstisch samt Stühlen aus den Hellerauer Werkstätten, dazu ein neues Schlafzimmer im selben Stil.

In den höchst unterschiedlichen Möbelstilen, die in der Wohnung versammelt waren, mag sich auch ein wenig Reinholds eigene Zerrissenheit ausgedrückt haben. Unentschlossen bewegte er sich zwischen elterlicher Tradition und der Sehnsucht nach Aufbruch, Neuanfang und Moderne. Dabei stand er inmitten eines gesellschaftlichen Umbruchs, der ihn verunsichern musste. Reinhold liebte die Musik und das Ambiente, in dem er aufgewachsen war. Als Kind reicher Eltern, die einen großbürgerlichen Lebensstil kultiviert hatten, empfand er es als normal, dass stets Geld verfügbar war, auch ohne dass man dafür arbeiten musste. Doch er spürte zugleich, wie sich das wirtschaftliche und gesellschaftliche Leben um ihn herum veränderte, und so ahnte er vermutlich auch, dass es nicht mehr lange so weiter gehen konnte wie bisher.

Eine bezahlte Anstellung zu finden war nicht einfach in den zwanziger Jahren, und angesichts des trotz Inflation immer noch sehr stattlichen Vermögens der Meyers gab es auch keine zwingende Notwendigkeit für Reinhold, arbeiten zu gehen. Ein Freund des Hauses schätzte das Vermögen der Meyers noch im Jahr 1933 auf rund eine Million Reichsmark, was auf heutige Verhältnisse bezogen sicher dem Zehnfachen entsprechen würde. Allein der Wert der Bilder, die in den Räumen der Voßstraße hingen, wurde um diese Zeit einem Rechenschaftsbericht zufolge auf über 100 000 Reichsmark geschätzt, viele Jahrzehnte später sollten nur einige Bilder aus der Sammlung schon Millionen kosten. Umso größer dürfte die Barschaft im Verhältnis gesehen noch in den zwanziger Jahren gewesen sein.

Ein beachtlicher Teil des Vermögens war in der schier unglaublich großen Bibliothek seines Vaters Richard Moritz Meyer gebunden, die Reinhold irgendwann zu katalogisieren begonnen hatte. Doch wie sollte man diese Werte, die in der Wohnung allein drei Räume beanspruchten, künftig erhalten? Reinhold besprach sich mit Otto Pniower, einem alten Schulfreund seines Vaters und dessen späterer Weggefährte im Germanistischen Seminar, und entschied sich für die Eröffnung eines Antiquariats. Der junge Buchhändler wollte die wertvollen Hinterlassenschaften seines Vaters keineswegs verschleudern, doch er hatte erkannt, dass es angesichts der veränderten Verhältnisse äußerst schwierig war, sie weiter in der Wohnung zu verwahren.

Ein Bienenkorb zierte das Geschäftspapier des Antiquariats Meyer & Mittler. Reinhold hatte die Firma, die ihren Platz im Souterrain der Voßstraße fand, gemeinsam mit einem Geschäftspartner aus München Mitte der zwanziger Jahre gegründet. Den Grundstock für den Betrieb aber lieferten die Bücher seines Vaters Richard Moritz Meyer. Es handelte sich um wertvolle Erstausgaben bekannter Autoren, kostbare Bücher aus dem 16. und 17. Jahrhundert, Flugblätter aus der Zeit des Vormärz, französische und englische Originalausgaben – Richard Moritz Meyer hatte binnen vier Jahrzehnten eine äußerst umfangreiche Bibliothek zusammen getragen. Nun galt es, die Bücher in möglichst gute Hände zu bringen, Reinhold wandte sich daher erneut an den besten Freund seines Vaters.

Otto Pniower hatte den Lebensweg von Richard Moritz Meyer jahrzehntelang begleitet. Bereits in der Schule hatten sich die beiden jüdischen Jungen kennengelernt, später studierten sie zusammen und lehrten schließlich an derselben Fakultät. Pniower, der aus weniger begütertem Hause kam, hatte die »wahrhaft zügellose Wissbegier« seines Jugendfreundes zeitlebens beobachtet und kannte die Bestände der Bibliothek. Jetzt riet er dazu, sie in einer Auktion zu verkaufen.

Der Münchner Antiquar Emil Hirsch übernahm den Versteigerungsauftrag, Reinhold stellte in mühevoller Detailarbeit acht Kataloge zusammen, in denen Tausende von Büchern gegliedert nach wissenschaftlichen Fachgebieten und Themenkreisen aufgelistet waren. So gab es einen eigenen Katalog mit Meyers umfangreicher Goethe-Literatur, ein Auflistungsbuch widmete sich den Werken zur Sprachtheorie, andere Kataloge der französischen und deutschen Literatur vor 1750. Es war eine aufsehenerregende Sammlung, wie selbst Stefan Zweig im Juni 1924 anerkennend im Berliner Tageblatt vermerkte. Im Vorwort zum Hauptkatalog hatte Otto Pniower mit einem simplen lateinischen Satz erklärt, warum die Bücher zur Auktion kommen sollten: »Habent sua fata libelli«, auch Bücher haben ihre Schicksale, zitierte Pniower einen damals geläufigen Sinnspruch, und deshalb müsse diese Bibliothek »von wahrhaft gigantischem Umfange nun zerstreut werden«.

Die Auktion fand Ende Mai 1924 in München statt, da sich die Berliner Antiquare aus Konkurrenzgründen weigerten, eine solch große, von einem auswärtigen Auktionator organisierte Verkaufsveranstaltung zuzulassen. Den verbleibenden Rest der väterlichen Bücher bot Reinhold später in seinem Ladengeschäft im Souterrain der Voßstraße feil. Ein begnadeter Kaufmann war er vermutlich nicht. Ihm ging es vor allem darum, die kostbaren alten Bände in wertschätzende Hände zu übergeben, denn sie transportierten schließlich auch ein Stück weit das Ansehen seines Vaters. Immerhin aber gelang es ihm, binnen kurzem für rund 28 000 Reichsmark Druckwerke aus den alten Beständen der väterlichen Bibliothek zu verkaufen. Nebenbei hatte der Antiquar seit 1930 auch sein Germanistikstudium wiederaufgenommen und verschiedene Seminare in Volkskunde belegt. So arbeitete er in Germanistik unter anderem über Hugo von Hofmannsthal und Stefan George – zwei Dichter, die Reinhold als Kind noch persönlich im elterlichen Haushalt kennengelernt hatte.

Wie viel hatte sich seit jenen Tagen der glanzvollen Gesellschaften seines Vaters Richard Moritz Meyer zu Beginn des Jahrhunderts bereits verändert in dem eleganten Haus in der Voßstraße. Noch konnte Reinhold nicht ahnen, dass es nichts war im Vergleich zu dem, was noch kommen sollte.

Am Kaminfeuer im Salon der Meyerschen Wohnung waren die Tagesereignisse an jenem 30. Januar 1933 bald wieder in die Ferne gerückt. Reinhold, der mittlerweile 35 Jahre alt war, las zwar regelmäßig die Zeitung. Doch ihn interessierte mehr das Feuilleton als die Politik. Auch Lucie kümmerte sich nicht so sehr um das Tagesgeschehen. Und im engeren Umfeld der Meyers schien ja auch alles zum Besten zu stehen. Die beiden führten eine äußerst glückliche Ehe, ihre Tage verbrachten sie am liebsten gemeinsam unter Lachen und Scherzen. Ausgelassen tobten die beiden durch die Wohnung und neckten sich, sodass mancher Dienstbote die Braue hob. Stundenlang vertrieben sie sich mit Spielen wie »Mensch ärgere Dich nicht« die Zeit. Und wenn der Spielverlauf ihnen nicht gefiel, konnte es gar passieren, dass das Spielbrett in hohem Bogen aus dem Fenster flog.

Das Antiquariatsgeschäft war gut angelaufen. Reinhold sah seinem Vater jetzt auch äußerlich immer ähnlicher. Wie Richard Moritz, so hatte auch sein Sohn, der als Junge einen auffallend dichten Lockenkopf trug, mit recht frühem Haarausfall zu kämpfen. Mittlerweile war er nahezu kahlköpfig und genoss einiges Ansehen in seinem gesellschaftlichen Umfeld. Beim Amtsgericht Berlin-Mitte sollte er demnächst zum Schöffen ernannt werden, und der Berliner Rotary-Club wollte ihn als Mitglied aufnehmen. Anlass zur Sorge gab es bislang also nicht.

Wie sich der neue Reichskanzler Adolf Hitler nun verhalten würde, blieb noch abzuwarten. »Wird schon nicht so schlimm werden«, murmelte Reinhold, als er sich an jenem Abend zu Lucie ans Kaminfeuer setzte. Dann wandten sich beide wieder ihren Büchern zu, während aus dem Grammophon eine Mozartarie schepperte.

Wenige Wochen nach Hitlers Machtübernahme, am 27. Februar 1933, gab es wieder ein aufsehenerregendes Ereignis, und auch diesmal hatte Reinhold in seiner Wohnung gleichsam einen Logenplatz. Der Reichstag brannte, vom Balkon aus konnte man sehen, wie im Nachthimmel die rotgelben Funken aus der Kuppel sprühten. Es war ein unwirklicher Anblick, der Reinhold zutiefst erschreckte. Noch konnte er sich jedoch nicht vorstellen, dass auch seine Familie in gar nicht so langer Zeit ins Fadenkreuz der Nazis geraten sollte. Und so versuchten die Meyers wie viele andere Bürger zunächst einmal, sich mit dem neuen Regime zu arrangieren. Ausweislich ihrer Jahresabrechnung kauften sie kurz nach der Reichstagswahl und der darauffolgenden »Gleichschaltung« der Länder Anfang März 1933 erst einmal eine Fahne samt Fahnenstange für 9,25 Mark im Kaufhaus Wertheim, das sich zu diesem Zeitpunkt noch in jüdischem Besitz befand. So nah bei der Reichskanzlei und in direkter Nachbarschaft der Gauleitung legten die Nazis vermutlich besonderen Wert auf völkische Beflaggung.

Indes wurde es langsam ungemütlich in Berlin. Bald nach dem Reichstagsbrand folgten die ersten Verhaftungen, auch jüdische Bekannte der Meyers wurden festgenommen. Und als die Nazis am 1. April zum Boykott gegen jüdische Geschäfte aufriefen, stand das Kaufhaus Wertheim am Leipziger Platz im Zentrum des Geschehens. Der rückwärtige Eingang des Gebäudes, das zu Beginn des Jahrhunderts von dem mit Reinholds Vater befreundeten Architekten Alfred Messel umgebaut worden war, lag zur Voßstraße, schräg gegenüber von der Meyerschen Wohnung. SA-Posten standen an allen Eingängen des Komplexes, und wie überall hatten sich auch hier zeitweise dicke Trauben von Neugierigen gebildet. Reinhold und Lucie konnten den Auftrieb also eigentlich nicht übersehen. Und wer weiß, ob nicht auch das Antiquariat im Souterrain von dem Boykott betroffen war – schließlich lag es in direkter Nachbarschaft der NS-Gauleitung, die in ihrem unmittelbaren Umfeld sicher besonders darauf bedacht war, dass kein jüdisches Geschäft übersehen wurde.

Auch die jüdischen Mitarbeiter in den öffentlichen Amtsstuben wie auch in der Universität wurden jetzt vor die Tür gesetzt. Darunter waren Verwandte und Bekannte von Reinhold. Etwa sein Großcousin Robert Remak. Dem Mathematiker, der als bedeutende Kapazität in seinem Fach galt, wurde im April 1933 die Lehrerlaubnis entzogen. Hans Arons, Sohn des Physikers und Sozialdemokraten Leo Arons, der schon im Kaiserreich drangsaliert worden war, arbeitete beim Vorstand des Allgemeinen Deutschen Gewerkschaftsbundes und war wie Reinhold mit einer Nichtjüdin verheiratet. Im Frühjahr 1933 verloren der Gewerkschafter und seine Frau ihre Stellen, kurz darauf wurde Hans Arons im Mai auch noch vorübergehend festgenommen und in das Gefängnis Plötzensee gebracht.

Reinhold selbst wurde bald die Fortführung seines Studiums verwehrt. »Und wenn schon«, wiegelte er Lucie gegenüber ab: »Viel gelernt hat man da sowieso nicht mehr!« Noch bemerkte er nicht, wie es langsam ernst wurde.

Natürlich waren auch Reinhold die antisemitischen Hetzkampagnen nicht entgangen, mit denen die Nazis jetzt durch die Straßen lärmten. Ständig gab es zudem Razzien, die den Bürgern nicht verborgen bleiben konnten. Vor allem auch durch die Voßstraße, wo der Gauleiter Goebbels sein Hauptquartier hatte, marschierten immer häufiger SA-Trupps. Dass Reinhold selbst einmal Opfer dieser ungehobelten Horden werden könnte, schien für ihn gänzlich unvorstellbar. Schließlich war er evangelisch getauft, er praktizierte aktiv seinen christlichen Glauben, und seine Frau Lucie war eine »Arierin«, wie das jetzt hieß. »Ich bin Protestant«, pflegte er zu Lucie zu sagen, »das kann doch nichts Verwerfliches sein.«

Wie auf einer kleinen Insel, umspült von einem wild tosenden Meer, so saßen die Meyers in ihrer schönen Wohnung am Kamin, während rundum die Nazis immer neue Brandherde entzündeten. Mochte das Feuer sich draußen zu einem Flächenbrand entwickeln, drinnen im Salon heckten Lucie und Reinhold lustige Späße miteinander aus, lasen gute Bücher und hörten klassische Musik aus dem Grammophon – sie lebten in einer kleinen, harmonischen Welt für sich.

Als er noch im Volkskunde-Seminar der Universität seinen Studien nachgehen durfte, hatte Reinhold den Offizier Carl Christian von Bezold kennengelernt, der ein später Student war wie er selbst. Bald kam von Bezold regelmäßig zum gemeinsamen Musizieren in die Voßstraße, wo Estellas kostbarer Bechstein-Flügel noch unverrückt am alten Platz im ehemaligen Billardzimmer stand. Irgendwann war auch der Bankangestellte Schirbel zu der Truppe hinzugestoßen, mag sein, dass er in einem der benachbarten Bankhäuser angestellt war und Reinhold durch Zufall kennengelernt hatte. Das Trio spielte die Mozart-Variationen von Beethoven und Kammermusik von Händel und Bach. Lucie hörte ergriffen zu, und Reinhold verbrachte seine freie Zeit jetzt damit, eifrig Cello zu üben für das Spiel der drei Musiker.

Noch ahnten Lucie und ihr Mann nicht, dass ihr fröhlicher kleiner Musikdampfer längst in gefährlichem Fahrwasser schipperte. Denn ausgerechnet die Wohnung, in der die Meyers nun seit Generationen lebten, sollte gewissermaßen eine der ersten Festungen sein, die von den Nazis geschliffen wurde.

Bereits am Abend der Machtübernahme am 30. Januar 1933 hatte Hitler gegenüber einigen Getreuen durchblicken lassen, dass er die Reichskanzlei keineswegs für einen standesgemäßen Arbeitsplatz hielt. Der Gebäudekomplex, der am Wilhelmplatz lag, setzte sich aus zwei höchst unterschiedlichen Bauteilen zusammen: Es gab das Reichskanzlerpalais, das um 1870 umgestaltet worden war und zwei barocke, zur Straße weisende Flügelbauten hatte, sowie einen modernen Zweckbau, der erst Anfang 1931 fertiggestellt worden war und sich hinter dem benachbarten Borsigpalais bis zur Voßstraße hinüberzog.

Hitler empfand sein Arbeitszimmer, das im ersten Stock des Neubaus zur Wilhelmstraße hin lag, als viel zu eng. »Die reinste Zigarrenkiste, so eine würdelose Empfangsstätte«, soll er dem Bericht eines Anwesenden zufolge schon in der Nacht nach dem Fackelzug ausgerufen haben. Einige Monate später wurde Albert Speer beauftragt, das Arbeitszimmer des Diktators umzubauen.

Seit der Machtübernahme sammelten sich häufig Schaulustige am Wilhelmplatz, die dem neuen Reichskanzler zujubeln wollten. Hitler mochte zwar gern dem Volk zuwinken, durch die ständigen Menschentrauben unter seinem Arbeitszimmer fühlte er sich jedoch gestört. So wurden zunächst zwei Umbauten geplant: Das bisherige Dienstzimmer bekam einen Balkon zum Wilhelmplatz, sodass sich der »Führer« den Massen zeigen konnte, sein eigentliches Arbeitszimmer aber wurde nach hinten verlegt, mit Fenstern zum Innenhof und einem Ausblick auf die Ministergärten. Noch im Herbst 1933 begannen die ersten Umbauarbeiten, 1935 war der Balkon fertiggestellt. Zuvor schon, im Sommer 1934, hatte man begonnen, das Borsigpalais an der Ecke zur Voßstraße gründlich umzustrukturieren. Nach der Liquidierung der SA-Führungsspitze unter Ernst Röhm am 30. Juni 1934 wollte Hitler die neue Leitung seiner braunen Horden in kontrollierbarer räumlicher Nähe wissen.

In der Voßstraße Nr. 16, nur ein paar hundert Meter weiter, ging das Leben derweil seinen gewohnten Gang. Schon 1929 hatten Reinhold und Lucie einen kleinen Jungen adoptiert, nachdem ihnen in den ersten Ehejahren kein Kindersegen vergönnt gewesen war. Um auch ja alles richtig zu machen mit dem Wurm, hatte Lucie eigens einen Säuglingspflegekurs absolviert, aber natürlich gab es auch ein Kindermädchen im Haus. Mittlerweile war Sohn Klaus vier Jahre alt, ein stürmischer kleiner Junge, der in der großen Wohnung herumtobte. Lucie hatte sich im Sommer 1933 entschlossen, eine fotografische Ausbildung zu machen, sie lernte Bilder entwickeln und richtete sich ein kleines Labor in der Wohnung ein.

Fotografieren machte ihr großen Spaß und angesichts der neuen politischen Verhältnisse konnte es sicher nichts schaden, ein paar praktische Fertigkeiten zu erwerben.

7

Das Bild des Malers Menzel

Estella Meyer saß in eine Decke gewickelt auf einem der weiß lackierten Gartenstühle und genoss die ersten Sonnenstrahlen im Grün der Landschaft. Gerade hatten die Schwestern den Nachmittagskaffee serviert, Estella nippte an ihrer Tasse und beobachtete gedankenverloren die Tannenzweige, die sich sacht im Wind wiegten in dem weitläufigen Park, der sie umgab. Mit ihren weißen Löckchen und der glatten, leicht gebräunten Haut war die alte Dame noch immer eine Schönheit und zugleich der Liebling des Hauspersonals. Selbst der Klinikchef Dr. Emil Nawratzki kam gern auf einen Kaffee bei der Frau Professor vorbei, schließlich war sie im gesellschaftlichen Leben der Hauptstadt eine bekannte Gastgeberin und Salondame gewesen.

Von dem Getöse, das nun jenseits des an der Berliner Peripherie gelegenen Parks die Gemüter bewegte, hatte die alte Dame keine Ahnung. Und auch im Klinikbetrieb des »Waldhauses« in Nikolassee war nichts spürbar davon. Dabei machte sich Dr. Nawratzki durchaus Sorgen um die Zukunft. Viele seiner jüdischen Medizinerkollegen, die in staatlichen Kliniken arbeiteten, hatten bereits ihren Dienst quittieren müssen. Auch den frei praktizierenden jüdischen Ärzten wurden Schwierigkeiten gemacht. Die Waldhaus-Klinik war Nawratzkis Lebenswerk: Gemeinsam mit einem Teilhaber hatte der Nervenarzt das Gebäude 1904 errichten lassen, etwa zwei Dutzend Beschäftigte arbeiteten hier. Wie lange der Sanatoriumsbetrieb noch unbehelligt weitergehen konnte, aber schien angesichts der wiederkehrenden Drohungen ungewiss. Zudem war die Privatklinik darauf angewiesen, dass die Pflegekosten für ihre zumeist jüdischen Patienten bestritten wurden. Da konnten sich wirtschaftliche Pressionen gegen jüdische Bürger beinahe unmittelbar auf das Unternehmen auswirken.

Bei der Professorenwitwe Estella Meyer musste man sich diesbezüglich wohl keine Sorgen machen. Für die alte Dame, die als sehr vermögend galt, war bereits Ende der zwanziger Jahre ein gerichtlicher Vormund bestellt worden, der ihre finanziellen Verhältnisse regelte. Das gesamte Vermögen lief auf ihren Namen, ihr Sohn Reinhold hatte keinen Zugriff darauf. Zunächst übte sein Großcousin Adolf Meyer, der Chef der E.J. Meyer Bank, die noch immer im Erdgeschoss des Hauses in der Voßstraße Nr. 16 ihr Geldhaus betrieb, ehrenamtlich die Funktion eines Finanzbetreuers aus. Später war der jüdische Anwalt Leo Stern offiziell zum Vormundschaftsvertreter bestellt worden. Stern unterhielt eine leidlich gut gehende Kanzlei in der Kurfürstenstraße und war spezialisiert auf Betreuungsmandate. Als weiterer Vormund fungierte Reinhold Meyer, doch durfte er nicht in finanziellen Fragen entscheiden. Indes hatte das Amtsgericht stets das letzte Wort, und dieser Umstand sollte sich nach der Machtübernahme der Nationalsozialisten noch recht unangenehm für Reinhold auswirken.

Leo Stern war 1933 ein Mann von 57 Jahren, schon etwas schwerhörig, aber umso streitbarer und äußerst hartnäckig. Er führte eine ganze Reihe von Pflegschaften für jüdische Mündel, und er hielt sich zugute, stets äußerst korrekt und penibel zu handeln. Reinhold fühlte sich freilich nicht besonders gut von ihm behandelt. Vermutlich sah Stern in ihm einen verzogenen Großbürgerspross, der kaum Einkünfte durch eigene Arbeit erzielte, dafür aber viel Geld ausgab, das dem Mündel womöglich später einmal fehlen würde. Leo Stern haderte daher um jeden Pfennig mit Reinhold, was diesen zunehmend ärgerte. Mit der Zeit entwickelte der Antiquar ein solch massives Misstrauen gegen den Vormund, dass er schließlich einen eigenen Berater engagierte, um sich in finanziellen Fragen vertreten zu lassen. Diese Aufgabe übernahm der Bücherrevisor und Steuerberater Curt Pelny, ein versierter Geschäftsmann und zugleich eine durchaus schillernde Persönlichkeit.

Schon im äußeren Auftreten schien Pelny, der 1933 noch ein vergleichsweise junger Mann von 36 Jahren war, das glatte Gegenteil des Anwalts Stern mit seinen zerknitterten Anzügen zu sein. Pelny trug perfekt sitzende Kombinationen mit stets passenden Krawatten unterm eleganten Hemdkragen und war zumeist dem Anlass entsprechend tadellos gekleidet – mal im dunklen Jackett, mal im feinen Tweedanzug, und im Urlaub zuweilen sogar in zünftigen Lederhosen, die so glatt und gutsitzend wirkten, dass man fast glauben konnte, auch sie seien gebügelt. Ein linealgerade gezogener Scheitel teilte sein glattes, brünettes Haar, unter der geraden Stirn saß eine randlose Brille. Einzig Pelnys grau-blaue Augen kontrastierten den Eindruck von kühler Perfektion, denn ganz unerwartet strahlten diese Augen so etwas wie menschliche Wärme aus.

Ein zeitgenössisches Foto, aufgenommen 1935 beim Urlaub in Bad Harzburg, zeigt Pelny mit seiner Frau beim Frühstückskaffee auf dem Balkon. Kaffeekannen aus Hotelsilber stehen auf dem Tisch, an dem Pelnys Frau noch im gepunkteten Seidenmantel sitzt. Ihr Gatte, schon im gutsitzenden Tweedanzug, steht neben ihr, den Arm auf ihre Schulter gelegt, blickt er gelassen in die Ferne – ein treusorgender Ehegatte, der sich zugleich weltmännisch gibt und den Überblick nicht verliert.

Pelny hatte einige jüdische Mandanten. Und er pflegte zuweilen einen recht lockeren Umgangston mit ihnen. Da hob der Klient zur Begrüßung den rechten Arm und brüllte dem Steuerberater »Heil Hitler« entgegen, daraufhin raunzte Pelny »Heil Hitler, die Juden sind unser Unglück« zurück, und im nächsten Moment lachten dann beide über die gelungene Persiflage. Für Reinhold und Lucie sollte Pelny zum Helfer in manchen Lebenslagen werden. Das dokumentiert eine Vielzahl von Briefen, die zwischen dem Steuerberater und den Eheleuten hin- und herwechselten. Briefe, aus denen, zumindest was Reinhold betrifft, zuweilen die nackte Verzweiflung spricht.

Viele der eng beschriebenen Karten und hastig bekritzelten Zettel sind bis heute erhalten geblieben – sie gehören zu jenem Konvolut von Unterlagen, die Reinholds Tochter Dorle mehr als ein halbes Jahrhundert später auf ihrem Dachboden wiederentdeckte. Die vergilbten Papiere und halb zerrissenen Durchschriftblätter erzählen von den furchtbaren Notlagen, in welche vor allem ihr Vater Reinhold Meyer im Laufe der NS-Zeit noch geraten sollte. Aber sie geben auch Hinweise darauf, dass Pelny seine Dienste nicht immer so selbstlos leistete, wie es für seinen Mandanten anfangs den Anschein haben mochte.

Seit die Nazis die Macht übernommen hatten, war das Leben in vielerlei Hinsicht zu einem Balanceakt geworden.

Jüdische Mitbürger gerieten immer tiefer in die Klemme, und für sogenannte »Arier«, die mit ihnen in Kontakt standen, konnten die Übergänge zwischen selbstloser Hilfe und persönlicher Vorteilsnahme durchaus fließend sein. Wenn sich die Gelegenheit bot, einen günstigen Teppich aus dem Meyerschen Haushalt zu erstehen, sagte jedenfalls auch Pelny nicht Nein. Beide, Pelny wie Reinhold, teilten bei solch einem Geschäft vermutlich den Eindruck, dass es sich um einen reinen Hilfsdienst für den in Not geratenen Juden handelte – selbst wenn der Teppich wirklich ausnehmend günstig war, wie sich aus den alten Unterlagen ergibt.

Der Buchprüfer achtete auch stets darauf, dass sein Honorar nicht zu niedrig ausfiel, manchmal ließ er sich sogar von mehreren Seiten gleichzeitig für ein Geschäft bezahlen. Doch er suchte selbst später, in den schwierigsten Zeiten für Reinhold, noch mit viel Engagement nach Lösungen, wenn es darum ging, den Lebensunterhalt für den bedrängten Antiquar und seine Familie zu sichern – und dies womöglich auch, obwohl er für sich selbst persönliche Risiken einging.

Pelny war seit 1933 Mitglied der NSDAP und wurde einige Zeit später ins Präsidium des Deutschen Roten Kreuzes berufen. Das sicherte ihm den politischen Bewegungsspielraum, um wirtschaftlich voranzukommen. Mit der Zeit erwarb er eine Reihe von Privatkliniken in Berlin, weshalb er immer wohlhabender wurde. Schon kurz nach Hitlers Machtantritt hatte sich die Führung des Roten Kreuzes mit Unterwürfigkeitsadressen bei der NS-Führung angebiedert. Seit dem Herbst 1933 war mit Herzog Carl Eduard von Sachsen-Coburg und Gotha überdies ein langjähriger Unterstützer der Nazi-Partei an die Spitze des Sanitätsvereins getreten. Streng dirigierte der spätere SA-Obergruppenführer die nach dem Vorbild militärischer Hierarchien organisierte Hilfsorganisation. Im DRK-Präsidium traf Pelny, der zuletzt den Rang eines DRK-Oberst bekleidete, auch auf Ilse Göring, die Cousine des mächtigen Reichsluftfahrtministers Hermann Göring und zeitweilige Gattin des ersten Chefs der Gestapo, Rudolf Diels.

Nicht weit von dem Regierungsviertel hatte Curt Pelny sein Büro in der Dorotheenstraße Nr. 19. Das Haus, das eine hübsche, von zwei Löwenköpfen und einem Bäckerburschen mit Brezelkorb geschmückte Fassade hatte, lag im Windschatten des Bahnhofs Friedrichstraße und beherbergte zahlreiche Verbände und Firmenbüros. In einem der oberen Stockwerke wohnte auch eine Bildhauerin, deren Mann, ein Philosoph und KPD-Aktivist, schon früh verhaftet wurde. Später verschwand auch sie im Gefängnis, ihr Mann wurde von den Nazis umgebracht. Ob diese Vorgänge in den benachbarten Büros überhaupt bemerkt wurden, ist jedoch zweifelhaft. Pelny kam in späteren Jahren häufig in einer DRK-Uniform zur Arbeit, die sehr akkurat geschnitten wirkte: eine mit Tressen besetzte Uniformjacke, dazu breit ausladende Breeches und passende Stiefel. Von seinem stets sehr aufgeräumt wirkenden Schreibtisch aus steuerte der Bücherrevisor bald ein kleines Imperium aus Kliniken und Klienten.

Im Fall des Mandanten Meyer ging es zunächst einmal um Fragen der Liquidität. Um Geldmittel flüssig zu machen, sollte sich Reinhold schweren Herzens von Teilen der Gemäldesammlung trennen. Der Blick fiel auf das teuerste Stück der Kollektion, das Menzel-Gemälde. Wer den ersten Anstoß zum Verkauf des Bildes gab, ist ungewiss. Es könnte Curt Pelny gewesen sein, aber auch der Anwalt Leo Stern. Allerdings dürfte der etwas umständlich und altmodisch wirkende Jurist wohl kaum über die nötigen Kontakte zum Kunstmarkt verfügt haben. Möglich ist auch, dass Reinhold den einen oder anderen jener alten Bekannten des Vaters ansprach, die einst in der Voßstraße ein- und ausgegangen waren. Etwa Ludwig Justi, den bis 1933 amtierenden Direktor der Berliner Nationalgalerie, den die Nazis alsbald fortjagten. An seine Stelle trat Ernst Hanfstaengl. Schließlich gab es auch noch Grete Ring. Die Kunsthistorikerin war mittlerweile Teilhaberin des Kunstsalons Cassirer in der Victoriastraße geworden, nachdem Paul Cassirer auf dramatische Weise ums Leben gekommen war. Am Tag seiner Scheidung von der Schauspielerin Tilla Durieux hatte er sich 1926 erschossen. Seither führte Grete Ring gemeinsam mit ihrem bisherigen Kollegen Walter Feilchenfeldt das Unternehmen weiter.

Grete Ring wie auch Feilchenfeldt waren Juden. Und sie handelten vornehmlich mit Kunstwerken, die den Nazis überhaupt nicht gefielen: einerseits deutschen Expressionisten wie Max Beckmann und Oskar Kokoschka, andererseits Impressionisten wie van Gogh, Cezanne oder Gauguin. Es waren jedenfalls Künstler, deren Werke die Nationalsozialisten öffentlich als »entartet« brandmarkten, woraufhin sie nun allenthalben aus den Museen entfernt wurden. Um solche Gemälde vor der Zerstörung durch die Nazis zu retten, mussten sie schnell in vertrauenswürdige Hände gelangen – etwa bei »arischen« Sammlern, die in der Lage waren, die Bilder notfalls zu verstecken. Eine andere Variante bestand darin, die Kunstwerke möglichst unauffällig ins Ausland zu bringen, etwa im Rahmen von unverdächtigem Umzugsgut oder als nicht näher spezifizierte Zuladung bei einem Kunstversand aus Anlass einer Ausstellung.

Unterdessen entschlossen sich viele Juden zur Emigration aus Deutschland. Sie brauchten Geld für den Neuanfang oder suchten nach einer Möglichkeit, ihre Bilder ohne viel Aufsehen mitzunehmen oder auch vorauszuschicken. So gerieten Werke in Umlauf, die unter normalen Umständen vielleicht nie zum Verkauf angeboten worden wären. Manch einer witterte hier die Möglichkeit, ein Schnäppchen zu machen, das zu anderen Zeiten kaum möglich gewesen wäre. Der Kunstmarkt war in Bewegung geraten, doch man wusste nicht so recht, wohin die Werke bewegt wurden.

Auch der Reichtum der Meyers war seit der Machtübernahme der Nazis in einem anderen Licht zu betrachten, zumindest darin dürften sich der offizielle Vormund Stern wie auch sein von Reinhold berufener Gegenpart Pelny einig gewesen sein. Zwar handelte es sich nominell immer noch um ein beträchtliches Vermögen, doch die Einnahmen, die vor allem aus Mieten und Hypotheken flossen, schienen keineswegs gesichert, für das Rechnungsjahr 1933 zeichnete sich schon ein Einnahmeminus ab. Auch stellte sich die Frage, ob unter den neuen Voraussetzungen sich nicht zwangsläufig auch die wertmäßige Einstufung der Kunstgüter verändern musste. Der jüdische Vermögensverwalter Leo Stern jedenfalls war verunsichert. So notierte der Anwalt in seinem Rechenschaftsbericht für das Jahr 1933, dass der Gesamtwert der Bildersammlung wie auch der verbliebenen Bibliothekbestände durch die politischen Ereignisse »naturgemäß stark herabgesunken« sei – von mehr als 100 000 RM auf etwa 50 000 RM. Dabei war zu diesem Zeitpunkt noch keines der besonders kostbaren Gemälde verkauft. Vermutlich rechnete Stern für die nahe Zukunft aber mit noch stärkeren Wertverlusten, weshalb es sich schon deshalb empfahl, über einen Verkauf des Menzel-Gemäldes nachzudenken.

Was auch immer die konkreten Beweggründe waren, im Spätsommer 1933 verließ das Menzel-Gemälde, das mehr als 50 Jahre lang in dem Haus in der Voßstraße gehangen hatte, zum ersten Mal die Stadt Berlin und ging auf die Reise nach Übersee. Das Metropolitan Museum in New York hatte sich für den »Nachmittag im Tuileriengarten« interessiert. Monatelang blieb das Bild in Amerika, doch konnte es dort »leider nicht zu einem annehmbaren Preis verkauft werden«, notierte Stern hernach. Der Vormund wie auch die Familie wollten mindestens 40 000 RM für das Gemälde bekommen, die Amerikaner aber boten nur 7000 Gold-Dollars, was umgerechnet 29 400 RM waren.

Im Dezember 1933 nahm der Münchner Kunsthändler Fritz Nathan die Dinge in die Hand. Nathan war der Besitzer der »Ludwigs Galerie«, die in der feinen Brienner Straße ihren Sitz hatte. Schon bevor das Bild nach Amerika gesandt worden war, hatte er von den Veräußerungsabsichten der Meyers gehört. Wenn ein solch seltenes Prachtstück wie der »Tuileriengarten« auf den Markt kommen sollte, dann sprach sich das schnell in den interessierten Kreisen herum. Und der Kunsthändler Nathan gehörte zweifelsohne zu den stets sehr gut informierten Leuten. Wie es in seinem Briefkopf hieß, hatte er sich auf »Gemälde und Handzeichnungen erster Meister« spezialisiert.

Am 18. Dezember 1933 schrieb Nathan an den Direktor der Staatlichen Kunstsammlungen in Dresden, Hans Posse, dass das berühmte Gemälde wieder in Deutschland sei. Schon am 20. des Monats meldete sich Posse bei ihm mit der Bemerkung: »Der Fall Menzel interessiert mich natürlich sehr.« Allerdings hatte Nathan keinen Preis genannt, weshalb Posse zunächst genauer wissen wollte, »welche Summe unter den heutigen Verhältnissen für das Bild verlangt wird«. Wenige Wochen später hatte Posse bereits die gesamte Maschinerie seines Hauses angeworfen, der Museumsverein war angeschrieben, desgleichen das für ihn zuständige sächsische Ministerium für Volksbildung. Allen Beteiligten erläuterte Posse, dass es sich um eine außerordentlich gute Gelegenheit handele, das Bild für die Dresdner Sammlung zu erwerben.

Zu diesem Zeitpunkt besaß die Dresdner Galerie bereits zwei Gemälde von Menzel, die 1847 geschaffene »Predigt in der alten Klosterkirche zu Berlin« sowie den »Markt in Verona«, ein herrliches Ölgemälde, das von 1884 datierte. Der 1867 gemalte »Tuileriengarten«, auf der Höhe des künstlerischen Schaffens von Menzel entstanden, sei eine wunderbare Ergänzung dazu, fand Posse. Und er rechnete vor: Für die »Predigt« habe die Galerie 1892 schon 14500 Mark bezahlt, der »Markt in Verona« hatte 1905, als der Künstler soeben gestorben war und die große Menzel-Ausstellung in der Berliner Nationalgalerie stattfand, 110000 Mark gekostet.

Menzel-Bilder kamen sehr selten auf den Markt. »Selbst in den schwersten Krisenzeiten«, so erläuterte Posse in seinem Brief an das Ministerium, seien die Bilder des Meisters daher stets »verhältnismäßig konstant« im Preis. »Unter einigermaßen normalen Verhältnissen des Kunstmarktes« würde der »Tuileriengarten« sicher 60000 bis 70000 Reichsmark kosten, taxierte Posse. Derzeit verlangten die Verkäufer zwar noch 35000 RM, doch er hoffe, es »noch billiger« zu bekommen, für 20000 bis 23000 RM.

Zunächst stellte sich Reinhold stur. Unter 35000 Reichsmark sei nichts zu machen, erklärte er dem Kunsthändler Nathan, der Anfang 1934 nach Berlin gereist war, um das Geschäft perfekt zu machen. Noch vom Palast-Hotel am Potsdamer Platz aus, in welchem der Galerist logierte, schrieb Nathan an Posse: »Er lehnt jede Preisermäßigung ab.« Überdies behaupte Reinhold steif und fest, »noch Weihnachten seitens eines privaten Sammlers ein verbindliches Gebot von 30 000 RM abgelehnt zu haben«.

Anscheinend, so vermutete Nathan, »sind seine Verhältnisse so, dass es ihn nicht zum Verkauf drängt«. Tatsächlich war Reinhold erschrocken über den niedrigen Preis, weshalb er zunächst von den Verkaufsabsichten Abstand nahm. Aber auch ihm war klar, dass das Gemälde baldmöglichst aus der Wohnung in der Voßstraße fortmusste, da es dort kaum mehr sicher war. Denn wie sich bald zeigen sollte, hatte er auch für sich selbst bereits den Eindruck gewonnen, dass das Leben so mittendrin in der Machtzentrale der Nazis, gleichsam im Auge des Sturms, langsam zu gefährlich wurde.

In seinen Briefen an Posse und Pelny machte sich Reinhold 1934 immer wieder um die Versicherung des Bildes Gedanken. Am Ende erklärte er sich dann bereit, diese selbst dann noch weiterzuzahlen, wenn das Bild »Ein Nachmittag im Tuileriengarten«, wie bald verabredet wurde, zunächst als Leihgabe ins Dresdner Albertinum am Elbufer kommen sollte. Reinhold war es augenscheinlich wichtig, das kostbare Gemälde gut untergebracht zu wissen. Der Dresdner Direktor Posse aber hatte behauptet, keine Finanzmittel zur Versicherung von Leihgaben zu haben.

Hans Posse war damals nicht unumstritten: Seit 1910 leitete der mittlerweile 54-jährige Kunsthistoriker die »Königliche Gemäldegalerie« in Dresden. In den letzten Jahren der Weimarer Republik und erst recht danach wurde er jedoch zunehmend kritisiert. Zunächst warf man ihm vor, zu wenig für die Moderne zu tun – Posses Sammlungsinteresse schien jedenfalls nicht über den deutschen Impressionismus hinauszugehen. Als dann die Nazis an die Macht gekommen waren, machte man ihm zum Vorwurf, er stelle zu viele Expressionisten aus.

Der Museumsdirektor ließ die Expressionisten aus der Galerie entfernen und stellte einen Antrag auf Mitgliedschaft in der NSDAP. Doch die Partei verweigerte ihm anfangs die Aufnahme. Indes wandte sich Posse auch an Karl Haberstock, Hitlers persönlichen Kunsthändler, und dieser half offenbar weiter. Jahre später, 1938, wurde Haberstock dann noch einmal tätig, um die Karriere des Kunstexperten zu retten. Damals war das sächsische Ministerium für Volksbildung dabei, Posse endgültig in den Ruhestand zu schicken. Unverhofft besuchte jedoch Adolf Hitler eines Tages die Galerie und verlangte, der inzwischen beurlaubte Posse solle ihn durch die Sammlung führen. Daraufhin wurde der Kunsthistoriker wohl auch dank der Vermittlung von Haberstock wenig später zum Sonderbeauftragten des im österreichischen Linz geplanten »Führermuseums« ernannt.

In der Folge war Hans Posse mitbeteiligt an einem beispiellosen Kunstraub: Aus ganz Europa wurden Werke für das Projekt in Linz zusammengetragen, teils waren sie billig gekauft, teils auch gestohlen. Als Posse im Dezember 1942 starb, hatten seine Helfer bereits 1200 Werke aus verschiedenen Ländern zusammengerafft. Der Kunsthistoriker bekam ein Staatsbegräbnis von Hitler, einen Großteil der Bilder aber fanden die Amerikaner bei Kriegsende in der Nähe des österreichischen Kurbads Bad Aussee – bis heute gibt es rechtliche Auseinandersetzungen um Eigentumsfragen einzelne Objekte betreffend. Andere Werke, die zur Linzer Liste gehörten, sind noch immer verschollen.

Im Frühjahr 1934 gelangte das Menzel-Gemälde nach Dresden. Ein halbes Jahr später, Mitte November, machte der Vormund Stern noch einmal einen Vorstoß, um es doch noch zu verkaufen. Diesmal war man sich recht schnell bei einem Kaufpreis von 25 000 RM handelseinig. Nur die Frage der Provision harrte noch der Klärung. Nathan hatte von Anfang an zehn Prozent der Kaufsumme geltend gemacht, Posse aber wollte auch diesen Betrag drücken. Nathan erklärte daraufhin, dies sei nicht möglich, da er »einem Freund von Herrn Meyer«, der ihn seinerzeit in die Familie eingeführt habe, die Hälfte der zehnprozentigen Provision versprochen habe, da es diesem »finanziell gar nicht gut geht«. Und Nathan war sich sicher, dass der Freund auch die Kaufsumme kennen würde. Wer mag also der Unbekannte gewesen sein, der so nah dran an Reinholds Geschäften war, dass er auch mit Sicherheit den Preis des Menzel-Gemäldes erfuhr? Nicht auszuschließen, dass es Curt Pelny war, der mittlerweile fast alle Finanzangelegenheiten für die Meyers regelte. Aber auch Stern hätte sich einer stillen Provisionszahlung sicher nicht verweigert.

Der Kauf wurde im Februar 1935 vollzogen. Mitte März bedankte sich Reinhold noch einmal in einem Brief an Hans Posse für dessen Bemühungen. »Wenn mir auch die Trennung von dem Bild schwer wurde«, schrieb Reinhold, »so freue ich mich doch, dass das Gemälde an eine so würdige Stelle gekommen ist, wie es ganz meinen Ideen entsprochen hat.« Er hoffe, dass er in absehbarer Zeit einmal nach Dresden kommen könne, um sich das Bild dort anzuschauen.

Doch Reinhold sollte das Gemälde, das ihn von Kindheit an begleitet hatte, niemals wiedersehen.

Zu diesem Zeitpunkt hatte er die Wohnung in der Voßstraße bereits verlassen. Hals über Kopf war er mit seiner Familie im Januar 1935 aus dem Stadtzentrum ins ruhige Villenviertel Dahlem gezogen, wo er früher zur Schule gegangen war. Mag sein, dass er und Lucie es nicht mehr ausgehalten hatten im Berliner Regierungsviertel, dessen Straßen mittlerweile regelrecht überquollen von Hakenkreuzfahnen, Stiefelabsätzen und schwarzen Limousinen. Vielleicht wollten sie aber auch nur dem allgemeinen Verkehrs- und Straßenlärm entfliehen – oder aber beides zusammen gab den Ausschlag.

Im Laufe des Jahres 1934 hatten die Nazis immer mehr Partei-, Polizei- und Sicherheitsdienststellen in den Straßen rund um die Regierungszentrale konzentriert. Nicht weit von der NS-Gauleitung, die sich ja in direkter Nachbarschaft der Meyers befand, war die neue SA-Führung in den Gebäudekomplex Voßstraße Ecke Wilhelmstraße eingezogen; zwei Parallelstraßen weiter südlich von der Voßstraße hatte der Reichsführer SS, Heinrich Himmler, seinen neuen Dienstsitz bezogen, direkt daneben war die Gestapo-Zentrale. Es gab inoffizielle Sammellager und Folterkeller von SA- und SS-Trupps, etwa in der unteren Friedrichstraße, in denen unliebsame Bürger und vor allem auch Juden drangsaliert wurden. Unterdessen hatte Hitler nach dem Tod des alten Reichspräsidenten Hindenburg Anfang August 1934 auch noch dessen Amt sowie den Oberbefehl über die Wehrmacht übertragen bekommen. Damit war er jetzt Reichskanzler, Staatsoberhaupt und Führer der NSDAP – die Machtübernahme des »Führers« war allumfassend.

»Mich zermürben die dauernden Heil-Hitler-Rufe, das Zusammenklappen der Hacken und die Aufmärsche der SA-Braunhemden oder der schwarzgekleideten SS-Abteilungen«, notierte der US-Korrespondent William L. Shirer am 2. September 1934 in seinem Tagebuch. Unterwegs auf den Straßen müsse man ständig in Hauseingänge oder Geschäfte flüchten, »um der Alternative auszuweichen, entweder die Fahnen vorüberziehender SA- oder SS-Bataillone grüßen zu müssen oder eventuell dafür Schläge zu beziehen, dass man dies nicht tut«.

Für den harmoniebedürftigen Reinhold war das kein sicheres Pflaster mehr. Aus Angst, von den Nazi-Trupps angepöbelt zu werden, traute er sich kaum mehr, sein Antiquariatsgeschäft im Souterrain zu öffnen. Die Bücher, die er anzubieten hatte, interessierten ja nun auch kaum noch jemanden, da selbst Goethe manchem NS-Demagogen als potentieller Staatsfeind galt. Reinhold sah keine Zukunft mehr für seinen Laden. Immer öfter zog er sich jetzt in der Wohnung zurück, um stundenlang Cello zu spielen. Ende des Jahres 1934 entdeckte er bei einem Spaziergang mit Lucie dann das Haus in Dahlem. Der Vorort mit seinen schmalen Pflasterstraßen, den kleinen Villen im Stil der englischen Landhäuser und den grünen Vorgärten hatte sich noch einen gewissen dörflichen Charme bewahrt.

Vermutlich hatte Reinhold seiner Liebsten bei dem Spaziergang in Dahlem die Pfade zeigen wollen, auf denen er Jahre zuvor als Pennäler des Arndt-Gymnasiums gewandelt war. Von dem Internat der Schule, das in einem Wäldchen an der Königin-Luise-Straße lag, schlenderten die Jungen damals gern zu einer Höheren Mädchenschule hinüber, die nicht weit entfernt an einem großen quadratischen Platz gelegen war. Die Gertrauden-Schule war etwa zur selben Zeit wie das Arndt-Gymnasium entstanden, das Schulgebäude hatte einen ähnlich großen Uhrturm wie die Jungenschule, und auch das pädagogische Konzept war vergleichbar. Vor allem aber zogen die Schülerinnen des Lehrinstituts, die zumeist Töchter aus begüterten Berliner Familien waren, die Eleven des Jungen-Internats magnetisch an. Gelegenheiten, sich kennenzulernen, gab es genug – die beiden Schulen richteten gemeinsam die Tanzstunde aus.

Manche Schüler pflegten stundenlang vor dem Schulgebäude auf dem quadratischen Platz mit den Buchsbaumeinfassungen zu sitzen, nur um einen Blick der Angebeteten zu erhaschen. Ob auch Reinhold eine Flamme in der Mädchenschule hatte, ist nicht überliefert. Doch vermutlich führte er Lucie bei dem Spaziergang im Spätherbst 1934 nicht ganz zufällig zu dem Vorplatz der Mädchenschule – ebendort entdeckten die beiden dann ihr neues Traumhaus. Der ländliche Vorort Dahlem war etwas Vertrautes für Reinhold, und er weckte in ihm vermutlich ein Gefühl von Geborgenheit, nach der sich die Eheleute Meyer in dieser durcheinandergeratenen Zeit nur sehnen konnten. Die erste Anzahlung für das Haus, 18 000 Reichsmark, konnte Reinhold wahrscheinlich noch aus eigenen Ersparnissen bestreiten. Im Frühjahr 1935 wurde eine weitere Barsumme von 15 000 RM fällig, der Vormund Leo Stern bezahlte sie aus dem Verkauf des Menzel-Gemäldes.

Der restliche Teil des Erlöses, rund 9000 RM, wurde wenig später für den Einbau einer Zentralheizung im Haus Voßstraße Nr. 16 verwandt. Die Investition war notwendig, um das Gebäude besser vermieten zu können. Bereits wenig später aber sollte sich die Ausgabe als völlig sinnlos erweisen. Denn mittlerweile trug sich Hitler mit dem Gedanken, eine repräsentative »Residenz« für sich in der Voßsstraße errichten zu lassen. Den großen Plänen hatten die Gründerzeitbauten auf der Nordseite der Straße zu weichen. Aus der Sicht des Diktators, der von seinem Arbeitszimmer stets die Gartenseite der Häuserzeile im Blick hatte, waren es sowieso »durchweg hässliche höchst unübersichtliche Bauten und entstellende Hinterfassaden«, wie er bei einer Besprechung im Juli 1934 bemerkte. Ab 1935 begannen die Emissäre der Reichskanzlei, Zug um Zug die Gebäude an der Voßstraße aufzukaufen. Schon zuvor aber hatten den herrschenden Nationalsozialisten nahestehende Makler angefangen, mit allerlei Drohungen und Pressionen die Hausbesitzer zum Verkauf zu drängen.

Wie es schien, war Reinhold also gerade noch rechtzeitig fortgezogen.

8

Platz für Hitlers Reichskanzlei

Das Haus wirkte verwunschen wie aus einem Bilderbuch. Vor dem Eingang standen Buchsbaumhecken, lila Glyzinien kletterten die grau-beige Fassade hinauf. Die Hausnummer war in einen steinernen Stichbogen gemeißelt, der das dunkelgrün gestrichene Eingangsportal umgab. Links daneben schaute ein Erkerfenster unter einer Kupferhaube hervor, die schon ein wenig Grünspan angesetzt hatte. Das rote Ziegeldach wurde von zwei ineinander verschachtelten Fachwerkgiebeln gehalten, über denen eine winzige Gaube mit braunen Fachwerkbalken thronte.

Drinnen war es genauso gemütlich, wie die Außenansicht versprach. Ein großer, goldgerahmter Spiegel hing im Flur, vom Esszimmer ging es durch einen offenen Türrahmen in den Wohnraum mit seinem honigfarbenen Parkett. Ein breites Sprossenfenster öffnete den Blick zum Garten, in dem sich eine zierliche Birke im Wind wiegte. Zu den Schlafräumen im ersten und zweiten Stockwerk führte ein imposantes Holztreppenhaus mit geschwungenem Geländer hinauf.

Lucie hatte die kleine Villa gleich ins Herz geschlossen und sich mit Elan um die Einrichtung gekümmert. Ein Problem war nur, alles unterzubekommen. Denn so schön und großzügig das neue Heim mit seinen zehn Zimmern auch war, es bot weit weniger Platz als die bisherige Wohnung im Regierungsviertel. Auch hatte wohl der gestrenge Vormund Leo Stern darauf gepocht, dass Reinhold nicht einfach Dinge mitnehmen dürfe, die formell noch der Mutter und damit zum Pflegschaftsvermögen gehörten, das seit der Machtübernahme der Nazis nun weit stärker vom Amtsgericht kontrolliert wurde als zuvor. Schweren Herzens ließ Reinhold deshalb einen Teil des Mobiliars in einem überdachten Innenhof des Hauses in der Voßstraße zurück, der Jahrzehnte vorher als Remise für die Kutschen seiner Vorväter gedient hatte. So stapelten sich in diesem Raum bald die repräsentativen Reste jenes großbürgerlichen Lebens, in welchem Reinhold aufgewachsen war. Jetzt handelte es sich um Erinnerungsstücke aus einer Welt, die im Begriff war unterzugehen.

Das venezianische Marmorfries, das einst den Kamin umgeben hatte, lehnte fertig zum Abtransport an der Wand. Die Perserteppiche lagen eingerollt in einer Ecke. Die wuchtigen Lederstühle im Luther-Stil, auf denen der Literaturprofessor einst mit seinen Gästen parliert hatte, standen nutzlos nebeneinander. Größere und kleinere Tische waren übereinander gestapelt wie auch die 25 Esszimmerstühle aus schwarz gebeiztem Eichenholz mit Lederbezug, die früher in dem großen Salon standen, in welchem Reinholds Eltern ihre legendären Abendgesellschaften gegeben hatten. Zudem wurden einige Familienbilder in dem Kutschenraum untergestellt, die Lenbachs und die Lepsius-Gemälde und auch die Klinger-Büste, die Reinhold als Knaben darstellte.

Es waren lauter kostbare Familienstücke. In der Remise schienen sie vorerst sicher verwahrt, denn noch war das

Haus in der Voßstraße Nr. 16 im Besitz der Meyers geblieben. Einige Sachen von besonderem Wert, etwa Teile des Familiensilbers sowie eine Kiste mit den Tagebüchern von Richard Moritz Meyer und dessen Zettelkasten, hatte Reinhold bei der E.J. Meyer Bank untergebracht, deren Geschäft in der Voßstraße bislang noch weitergeführt wurde. Vier Stühle mit rotem Samtbezug und ein goldenes Tischchen standen jetzt leihweise im Empfangszimmer des Geldinstituts. Zwei antike Teppiche verkaufte Reinhold an seinen Finanzberater Curt Pelny. Doch das alte Familienbild mit Reinholds Großvater, dem Tuchfabrikanten Goldschmidt, nahmen die Meyers nach Dahlem mit, es bekam einen Ehrenplatz über der großen Anrichte im Esszimmer. Und auch auf der späteren Odyssee, welche Reinhold und Lucie noch kreuz und quer durch Berlin führen sollte, hatten sie das alte Familiengemälde stets mit im Gepäck. So wie auch das zweite Bild, das den Unternehmer Goldschmidt als jungen Mann zeigte, alle Umzüge begleitete – bis beide Bilder kurz nach Ende des Krieges dann doch noch verschwanden.

Im Frühjahr 1935 fuhr Reinhold noch häufig in die Innenstadt, um sein Antiquariat abzuwickeln; als Jude war er genötigt, den Börsenverein des Deutschen Buchhandels, dessen Mitglied er gewesen war, zu verlassen. Der Pförtner des Hauses in der Voßstraße, ein gewisser Herr Kreklau, der seit vielen Jahren in Diensten der Meyers stand und Reinhold sicher bestens kannte, begegnete ihm nun jedoch ausnehmend unfreundlich. Zwar wurde Kreklau noch mit monatlich etwa 160 RM aus dem Meyerschen Pflegschaftsvermögen bezahlt, wie die Abrechnungen belegen. Mittlerweile war der Pförtner jedoch der SS beigetreten. Seither fühlte er sich Hitlers »Schutzstaffel« anscheinend stärker verbunden als seinem langjährigen Arbeitgeber. Als Reinhold wenig später noch einmal vorbeikam, um etwas aus dem Möbellager in der Remise herauszuholen, verwehrte Kreklau ihm den Zutritt. »Hüten Sie sich, hier noch einmal aufzutauchen«, drohte der Portier, »ich werde Sie sonst festnehmen lassen.« Reinhold wusste nur zu gut, dass er diese Drohung ernstzunehmen hatte. Kurz zuvor waren sein Großonkel Adolf Meyer, der Chef der E.J. Meyer Bank, und dessen Teilhaber Leonhard Horwitz vorübergehend in Gestapo-Haft gekommen. Als sie wieder auf freiem Fuß waren, schwiegen sie beide eisern darüber, was sie erlebt hatten. Für Adolf Meyer aber stand seither fest, dass er das Land verlassen wollte, sobald ihm dies möglich sein würde.

Indes blieb Reinhold fortan lieber in Dahlem. Schließlich ereigneten sich dort jetzt auch viel erfreulichere Dinge. Nicht lange nach dem Einzug hatten die Meyers Nachwuchs bekommen. Ein quirliges kleines Mädchen, beweglich wie ein Gummiball, mit großen graugrünen Augen, das bald überall hinzukrabbeln versuchte, alles in den Mund steckte und mit unbezähmbarem Forschergeist die Welt erkunden wollte. Natürlich sollte das Kind christlich getauft werden wie schon Reinhold vor vielen Jahren. An Lucies Geburtstag, im Mai 1935, fand die Zeremonie im engeren Freundes- und Familienkreis in der St.-Annen-Kirche statt, die nicht weit entfernt von dem Haus der Meyers in Dahlem lag. Das kleine, ländliche Gotteshaus, das aus dem 13. Jahrhundert stammte, war zu großen Teilen aus Feldsteinen gebaut; einst hatte es wohl den Landarbeitern der nahegelegenen Domäne Dahlem als Gebetshaus gedient. Später war hier der Villenvorort entstanden.

Als die kleine Dorle am 7. Mai 1935 getauft wurde, wirkten drei Pfarrer in der Kirchengemeinde. Einer davon war

Martin Niemöller. Schon im Herbst 1933 hatte der Lutheraner, der aus dem westfälischen Lippstadt stammte, zusammen mit anderen den Pfarrernotbund gegründet, in welchem sich jene Pastoren zusammenschlossen, die sich der Gleichschaltung der Kirchengremien durch die Nationalsozialisten widersetzten. Schon kurz nach der Machtübernahme der Nazis hatte in der evangelischen Kirche ein erbitterter Kampf begonnen. Eine den Nationalsozialisten nahestehende Gruppierung, die sich »Deutsche Christen« nannte, war bei den Kirchenwahlen als Gewinner hervorgegangen und stellte nun den Reichsbischof. Auf einem Kirchentreffen, das später als »braune Synode« in die Geschichte eingehen sollte, trugen die Gottesmänner statt ihrer Talare die Uniformen der SA.

Die braunen Pastoren setzten in vorauseilendem Gehorsam allerorten ihre Amtskollegen unter Druck. Und das bekamen auch die Kirchenmänner in Dahlem zu spüren. So wurde von den Pfarrern verlangt, christlich getaufte Juden wie Reinhold Meyer aus ihren Gemeinden auszuschließen, mindestens aber ihre Personalien in einen Fragebogen einzutragen. Niemöller lehnte das ab und forderte auch seine Kollegen vom Pfarrernotbund auf, derlei Anfragen nicht zu beantworten. Daraufhin wollte man Niemöller aus dem Pfarramt entfernen. Doch rund 600 Gemeindemitglieder in Dahlem protestierten, und so konnte er die Pfarrstelle behalten, vorerst jedenfalls. 1934 gründete sich die Bekennende Kirche in einer Synode in Barmen bei Wuppertal, an der 128 Pfarrer aus allen Teilen des Reichs teilnahmen. Zu der Vereinigung gehörten anfangs auch dem Nationalismus zuneigende Pfarrer, allerdings waren sich alle einig in der Ablehnung der Rassenverfolgung. Fortan wurden in Dahlem eigene Ausweise für die Mitglieder der Bekennenden Gemeinde ausgegeben. Sie führten ein lebhaftes Kirchenleben mit Katechismusstunden, Morgenwachen und Fürbittgottesdiensten für verhaftete Pfarrer und Laien, auch Reinhold und Lucie traten der Bekennenden Gemeinde bei.

Schon die Taufe der kleinen Dorle, die nach der Rassenideologie der Nazis als »Mischling ersten Grades« firmierte, war im Mai 1935 bereits für sich beinahe ein mutiger Akt. Zu jener Zeit tobte deutschlandweit eine antisemitische Kampagne, die der Nürnberger NS-Gauleiter Julius Streicher in seinem Wochenblatt »Der Stürmer« maßgeblich mit angefacht hatte. Seit Ende 1934 zog er in hysterischen Hetzkampagnen gegen die Juden zu Felde. Immer neue Gräuelgeschichten wurden verbreitet, in denen es Streichers persönlichen Vorlieben entsprechend zumeist um Sex ging. So ließ er im »Stürmer« die angebliche Gier jüdischer Männer nach »deutschen Frauen« in allen nur erdenklichen Variationen schildern, und er entfaltete in seinen Reden abenteuerlichste Theorien über eine Art rassischer Blutvergiftung. Selbst Frauen, die nur einmal mit einem Juden im Bett gewesen seien, würden später Kinder mit »typisch jüdischem Aussehen« gebären, behauptete Streicher in seinen Großversammlungen – weil ihr Blut für immer infiziert sei.

Mehr und mehr bliesen im Frühjahr 1935 auch andere NS-Größen ins selbe Horn. Goebbels verlangte, die Juden seien »wie Flöhe und Wanzen zu tilgen«, Streicher forderte die Todesstrafe für »Rassenschänder«. Die unflätigen Hetzkampagnen zeitigten Wirkung. Bald flammten wieder spontane Boykottaktionen gegen jüdische Geschäftsleute auf, landauf, landab begannen Standesbeamte, von sich aus Trauungen zwischen Juden und »Ariern« zu verweigern. So aufgeheizt war die Stimmung im Sommer 1935, dass sich Hitler während des NS-Parteitages in Nürnberg im September kurzfristig entschloss, von den eigens hinzugerufenen Reichstagsabgeordneten die später so genannten »Rassengesetze« verabschieden zu lassen.

Es handelte sich um zwei Gesetzeswerke, die willfährige Beamte des NS-Innenministeriums auf Hitlers Wunsch noch in der Nacht vor dem 15. September, dem Tag der Verabschiedung, zusammengestrickt hatten. Zum einen das »Gesetz zum Schutze des deutschen Blutes und der deutschen Ehre«, demzufolge Ehen und sexuelle Kontakte zwischen Juden und Nichtjuden verboten waren und mit Gefängnisstrafen von bis zu 15 Jahren belegt werden konnten. Zum anderen das »Reichsbürgergesetz«, ein Text, der nur aus drei Paragrafen bestand, damit jedoch eine Art »Grundgesetz« für das »Tausendjährige Reich« werden sollte und später die pseudorechtliche Grundlage bildete für die planmäßige Verfolgung und Vernichtung des jüdischen Lebens in Deutschland. Welche Gemeinheiten sich die NS-Machthaber in den Folgejahren auch ausdachten, sie wurden formalrechtlich stets über Ausführungsverordnungen exekutiert, die sich auf das Reichsbürgergesetz bezogen: Von den Berufsverboten für jüdische Anwälte und Ärzte über die Einziehung jüdischer Vermögen bis hin zur systematischen Massenvernichtung der Menschen.

In der Feldsteinkirche zu Dahlem konnte das am 7. Mai 1935 noch niemand wissen. Rote Backsteinpfeiler rahmten das Kirchenschiff mit seinem weiß gekalkten Deckengewölbe, unter kunstgeschmiedeten Kronleuchtern versammelte sich die kleine Taufgesellschaft. Sogar Reinholds Mutter Estella war für den Festtag aus der Waldhausklinik geholt worden, jetzt saß sie in Begleitung einer Krankenschwester auf der Kirchenbank. Auguste Birkenhagen, die alte Nonna, die mittlerweile schon etwas klapprig war, trat als eine von vier

Patinnen zu dem geschnitzten Taufständer vor. »Aber Du Herr, sei Du mit mir um meines Namens willen«, sprach der Pfarrer den Taufspruch, »Deine Gnade ist mein Trost, errette mich.« In Lucies Armen aber zappelte die kleine Dorle unruhig hin und her, Stillhalten war ihre Sache nicht.

Nach der Taufzeremonie gab es eine kleine Feier im Meyerschen Wohnzimmer: Reinhold spielte zusammen mit Schirbel und Onkel Carl die Mozart-Variation von Beethoven, dann wurde ein von Lucie gebackener Hefekuchen serviert. Dazu gab es Konfekt und Köstlichkeiten, die Estella beim Delikatesslieferanten Kempinski hatte bestellen lassen. Das jüdische Wein- und Feinkosthaus, das am Kurfürstendamm wie auch am Potsdamer Platz Restaurants und Geschäfte unterhielt, hatte bereits mächtig unter der judenfeindlichen Hetze zu leiden. Später sollte Kempinski »arisiert« und vom Konkurrenten Borchardt geschluckt werden, der seinerseits zu der Berliner Restaurantkette Aschinger gehörte. Estella ahnte vermutlich von alledem nichts, sie hatte nur wie immer das Allerfeinste ordern wollen – und auch das Borchardt war ihr noch aus früheren Zeiten ein Begriff.

Dorothea Elisabeth Käthe lautete der Taufname. Aber das Kind war ja viel zu klein für diese großen Namen, wie Reinhold fand, weshalb sie bald den Kosenamen Dorle weghatte. Lucie kümmerte sich hingebungsvoll um ihre kleine Tochter, sie wickelte die Windeln und cremte den Popo, ja, sie strickte sogar kleine Strümpfchen, obwohl das wirklich nicht ihre Art war. Und sie fotografierte das Kind in allen Lebenslagen: Dorle im Kinderwagen, Dorle auf dem Treppchen zum Garten, Dorle auf dem großen Platz vor dem Wohnhaus in Dahlem. Dorle im Gegenlicht vor der Glasscheibe, während sie auf der Fensterbank im Esszimmer stand.

Wie ein Scherenschnitt vor einer weißen Wand so hebt sich auf dem Foto der kleine Körper des Mädchens gegen die helle Fensterscheibe ab, dahinter sind die Bäume und Büsche zu erkennen, die damals den Vorplatz des Hauses zierten. Neugierig tastet das Fingerchen nach der Blüte einer Geranie, die drinnen auf dem Fensterbrett steht, das stupsnasige Kinderprofil scheint staunend zu der Blume gewandt. Auf dem Foto ist von der kleinen Dorle eigentlich kaum mehr als eine Silhouette zu erkennen, doch gerade das macht das Bild interessant. Viele andere Aufnahmen sind von dem Mädchen überliefert, Lucie hatte ganz offenbar ein Modell gefunden, an dem sie ihre Fotografenkünste schulen konnte.

Noch lebten die Meyers relativ unbeschwert. Zur Sommerfrische reiste die Familie wie in jedem Jahr nach Oberstdorf, wo Reinhold seiner zweiten Leidenschaft neben dem Cellospielen nachging: Er machte ausgiebige Klettertouren. Kaum irgendwo sonst sah man ihn so ausgelassen fröhlich wie in jenen Momenten, wenn er an einer Steilwand entlangkraxelte. Von seinen Eltern war er gewohnt, dass man mit großem Hofstaat auf Reisen ging – genauso setzte er es fort. So war nicht nur das Kindermädchen dabei, wenn die Meyers nach Oberstdorf fuhren, auch Reinholds Leibarzt Professor Otto Kalischer musste mit.

Vermutlich hatte der kleingewachsene Mann mit dem kahlgeschorenen Kopf, der stets elegante Tweedanzüge mit Weste trug, schon Reinholds Mutter Estella behandelt. Seine Liquidationen waren beachtlich. Ausweislich der Jahresabrechnungen, die erhalten geblieben sind, zahlte Reinhold bis zu 300 Reichsmark für eine Behandlungssequenz, was heute etwa einer Summe von 1100 Euro entsprechen würde. Freilich konnte Kalischer gar nicht anders, als Privatrechnungen auszustellen. Einst war er ein bekannter Neurologe in Berlin gewesen, der Professor hatte sich auf Forschungen am Großhirn spezialisiert. Wie den meisten jüdischen Ärzten, so hatten die Nazis dem Mediziner jedoch schon vor Jahren die Kassenzulassung entzogen. Sicher lud Reinhold seinen Leibarzt auch weitgehend zu den Urlaubsreisen ein, dabei mussten selbst die Meyers langsam darauf achten, das Geld zusammenzuhalten.

Estellas Vormund Leo Stern waren die Honorare des Mediziners ein Dorn im Auge. Es gefiel dem Vormund überhaupt nicht, mit welcher Sorglosigkeit Reinhold in finanziellen Dingen agierte. Und er fragte mehr als einmal nach, wofür der Professor eigentlich soviel Geld kassierte, schließlich wirkten Reinhold und Lucie auf ihn keineswegs besonders kränklich. Doch Reinhold hatte keine Lust, dem, wie er meinte, »Pfennigfuchser« Rechenschaft über seine persönliche Lebensweise abzulegen. In seinen Briefen an Curt Pelny äußerte er sich immer despektierlicher über den Vormund: »Na, das ist doch mal wieder niedlich«, pflegte er sich über Sterns vermeintliche Erbsenzählerei zu mokieren. Dabei fehlte es dem Rechtsanwalt vermutlich nur an den nötigen diplomatischen Fähigkeiten, sein Bemühen, das Geld zusammenzuhalten, auch verständlich zu erklären. Leo Stern selbst war keineswegs unempfindlich für Reinholds Sticheleien: »Es betrübt mich, von Ihnen immer wieder verkannt zu werden«, schrieb er ihm einmal erzürnt in seiner krakeligen Handschrift. Die Zeichen der Zeit hatte allerdings auch Stern nicht erkannt – als Doktor der Jurisprudenz glaubte er noch immer an den Rechtsstaat, selbst als dieser längst untergegangen war.

Im Regierungsviertel wurde inzwischen immer eifriger an dem Neubau der Reichskanzlei geplant. Hitler persönlich hatte 1935 eine Skizze gefertigt, demnach sollte das neue Gebäude parallel zur Voßstraße verlaufen. Damals begannen Vertreter der Reichsregierung bereits, die betroffenen Grundstücke zu akquirieren, wobei sie sich verschiedener Vermittler bedienten. Den Verkauf des Meyerschen Hauses fädelte das Maklerbüro Wilhelm Droste & Co ein. Wie der Steuerberater Curt Pelny nach dem Krieg erklärte, hatte der Makler, der in der Friedrichstraße ein Büro betrieb, zuvor offenbar nicht gelinde Pressionen auf Reinhold ausgeübt; er habe dem Antiquar im Falle einer Weigerung mit dem Gefängnis gedroht, behauptete der Buchprüfer. Freilich ist in den alten Akten, die sich viele Jahrzehnte später auf dem Dachboden von Reinholds Tochter Dorle wiederfanden, auch ein Briefwechsel zwischen Curt Pelny und dem Maklerbüro dokumentiert. Darin findet sich ein Schreiben, in welchem Droste dem Bücherrevisor eine deftige Provision für die Vermittlung des Verkaufsauftrages zusagte. Ganz ohne Gegenleistung dürfte der Makler die Zuwendung, die den Akten zufolge später tatsächlich auch an Reinholds Wirtschaftsberater Pelny gezahlt wurde, wohl nicht versprochen haben.

Am 15. Juli 1936 unterzeichneten Reinhold Meyer und der Anwalt Leo Stern den Kaufvertrag im Landesfinanzamt am Kurfürstendamm, ein Oberregierungsrat Waldemar Weissermehl, Beamter des Fiskus, nahm die Beurkundung vor. Der Kaufpreis lag mit 480 000 RM bereits weit unter dem amtlichen Einheitswert, der Jahre zuvor auf etwa 600 000 RM taxiert worden war – vom Marktwert ganz zu schweigen. Das Meyersche Grundstück war eines der größten in der Straße, trotzdem zahlten die Einkäufer der Reichskanzlei für einige benachbarte Häuser weit darüberliegende Preise. So war das Haus Voßstraße Nr. 2, das einer Grundbesitz-Verwaltungsgesellschaft gehörte, im Oktober 1935 für 950 000 RM verkauft worden; das Haus Nr. 3, in dem viele Jahre lang die Bayerische Gesandtschaft residierte, kostete im Juni 1936 sogar 1,5 Millionen RM. Gegenüber privaten Verkäufern wie den Meyers gelang es den Vertretern des Reiches offenbar besonders, den Preis herunterzudrücken. Der überwiegende Teil der Häuser in der Voßstraße, die bald abgerissen werden sollten, gehörte jedoch mittlerweile der Wertheim-Grundstücksgesellschaft. Diese Firma befand sich zwar ebenfalls in jüdischen Händen, doch ließ sich das Unternehmen vermutlich nicht so leicht einschüchtern wie ein Einzelbesitzer.

Zug um Zug kauften die Emissäre der Reichsregierung bald die komplette Nordseite der Straße auf, insgesamt wurden 13,5 Millionen Reichsmark für die 18 Grundstücke bezahlt. Vorerst durften die Mieter noch in den Häusern bleiben. So arbeitete das Bankhaus E.J. Meyer bis September 1937 in der Voßstraße. Auch das Anwaltsbüro Stegmann, das seit Ende der zwanziger Jahre eine Kanzlei im Hause unterhielt und nach Reinholds Auszug einen Teil der Bibliotheksräume seines Vaters, des Literaturprofessors Richard Moritz Meyer, hinzugemietet hatte, verharrte zunächst in seinen Räumen. Für ein Gemälde von Paul Meyerheim, das einen Wanderzirkus darstellte und zunächst als Leihgabe in der Bibliothek hängen geblieben war, bezahlte der Rechtsanwalt jetzt 600 RM an die Vormundschaft. Einige der alten Bücher von Richard Moritz Meyer übernahm er ebenfalls. Als der Vormund Stern im Mai 1937 vorbeikam, um das Geschäft mit dem Anwalt Stegmann klarzumachen, inspizierte er bei dieser Gelegenheit auch die abgestellten Möbel und Kunstgegenstände in der Remise. Zwar konnte Leo

Stern im Einzelnen nicht feststellen, was alles darin stand, weil »dieser Raum keine genügende Beleuchtung bot«, wie er hernach an Reinhold schrieb. Doch es schien ihm, als ob noch alles vollzählig sei.

Sehr intensiv dürfte sich Stern damals allerdings nicht für die Besitztümer in der Remise interessiert haben, mochten sie auch noch so wertvoll sein. Es gab Wichtigeres, das den Vormund beschäftigte. Zwischen den Pflegschaftsvertretern und der E.J. Meyer Bank war es nach dem Hausverkauf zum handfesten Streit gekommen, und dieser schien sich nur noch gerichtlich regeln zu lassen. Jahrelang hatte Adolf Meyer ehrenamtlich als Vormund von Reinholds Mutter Estella gewirkt und nicht einmal eine Aufwandsentschädigung dafür in Anspruch genommen. Dabei sei die Tätigkeit recht aufwändig gewesen, erläuterte er jetzt in einem Brief an Leo Stern, weil »ich manches Mal geschlichtet habe zwischen Reinhold und seiner Mutter«. Auch das Barvermögen von Estella habe er gut angelegt bei der E.J. Meyer Bank.

Vor einiger Zeit hatte Stern jedoch die Konten gewechselt und die Vormundschaftsgelder bei einem »arischen« Bankinstitut deponiert, was möglicherweise auf Anraten von Curt Pelny geschehen war. Schon darüber ärgerte sich Adolf Meyer, denn seither konnte er nicht einmal Bankgebühren geltend machen. Dabei waren die Geschäfte des Bankiers, wie bei anderen jüdischen Geldinstituten auch, seit der NS-Machtübernahme stetig schlechter geworden. Zu verschenken hatte jedenfalls auch er nichts mehr in diesen Zeiten.

Nach dem Verkauf des Hauses in der Voßstraße wurde die Auseinandersetzung nun ernster. Anfang 1935 hatte Adolf Meyer noch einen Teil der Kosten für den Heizungseinbau übernommen, gegen die Zusicherung, dass die Miete für eine bestimmte Zeit herabgesetzt würde. Durch den Verkauf der Voßstraße aber war dieser Zeitraum nun drastisch abgekürzt. Adolf Meyer sah sich deshalb um einen Teil seiner Einlagen für die Heizung betrogen.

Auch um die Frage, wem eigentlich Provision zustand für den Verkauf des Hauses in der Voßstraße, hatte sich ein lebhafter Streit entwickelt. Offiziell war mit der Verkaufsvermittlung die Maklerfirma Wilhelm Droste & Co befasst, inoffiziell aber erwartete sich wohl mancher Beteiligte eine Geldsumme – ob es der Buchprüfer Curt Pelny war, der Anwalt Leo Stern oder der Bankier Adolf Meyer. Dies zumal, da sich bald lukrative Anschlussgeschäfte entwickelten, denn für den Erlös aus der Voßstraße sollten neue Grundstücke angeschafft werden. Wochenlang gingen Pelny und Stern auf Häuserbesichtigung, dann entschieden sie sich zum Kauf von drei Gebäuden: einem Mietshaus in der Spichernstraße in Wilmersdorf sowie zwei Wohn- und Geschäftsobjekten in der Dahlmannstraße und am Savignyplatz in Charlottenburg.

Für eine Barsumme von insgesamt etwa 365 000 RM wurden die Gebäude gekauft, wie sich aus dem Rechenschaftsbericht für das Jahr 1937 ergibt. Überdies waren 80 000 RM nötig, um einen Kredit abzulösen, der noch das Gebäude in der Voßstraße belastete. Hinzu kamen Nebenkosten der Häuserkäufe für Makler, Notargebühren und die Übernahme von Grundschulden, die auf den neu erworbenen Häusern lagen. Damit war der Erlös weitgehend aufgebraucht. Leo Stern genehmigte für sich und Curt Pelny jeweils eine Aufwandsentschädigung für die Hauskäufe. Unterdessen hatte der Bücherrevisor mit der Maklerfirma unter der Hand noch eine Sondervereinbarung ausgemacht. Demnach sollte er jeweils ein Prozent der Ankaufsumme für die Gebäude als Provision bekommen. Diese bezog sich freilich auf die Gesamtsumme inklusive Hypotheken. Eine genaue Summe geht aus den Akten nicht hervor, es muss sich jedoch um mindestens 6000 Reichsmark gehandelt haben.

Allein im Falle des Hauses am Savignyplatz betrug die Provision für Curt Pelny 2160 RM. Indes hatte Stern, der als Vormund über das Pflegschaftsvermögen verfügte, jedoch die Zahlung an den Makler gekürzt. Daraufhin wollte dieser auch seine Überweisung an Pelny reduzieren, weshalb er zunächst nur 1660 RM an Reinholds Wirtschaftsberater weitergab. Da war er allerdings an den Falschen geraten. Der Bücherrevisor scheute sich nicht, seine unter der Hand verabredete Zusatzprovision bei dem Makler gerichtlich einzuklagen. Zugleich ging er zum Frontalangriff gegen den jüdischen Vormund Leo Stern über. Der Mann sei untragbar, stichelte er bei Reinhold, und er schwärzte auch den Bankier Adolf Meyer bei seinem Neffen an. Reinhold vertraute Pelny blind. In einem Brief an den Steuerberater beeilte sich der Antiquar, bezüglich »Herrn Dr. Stern« zu erklären, »dass dieser nicht mehr mein Vertrauen genießt«. Er hatte auch nichts dagegen, dass sein Bankiersonkel Meyer aus der Pflegschaft herausgedrängt wurde.

Statt Meyer wurde bald der Rechtsanwalt und Notar Georg Dirksen zum Gegenvormund bestellt. Immerhin bekam der Bankier für seine Auslagen bei der Heizungsinstallation in 1935 noch rund 2500 RM erstattet. Darüber hinaus setzte er durch, dass nun endlich auch ein älterer Kredit abbezahlt wurde, den er vor Jahren der Pflegschaft in Höhe von 16 000 RM gewährt hatte. Die monatlichen Raten sollten nur 500 statt zuvor vereinbarter 1400 RM betragen, auch hier war der Bankier noch einmal entgegengekommen.

Dabei brauchte Adolf Meyer mittlerweile vermutlich auch jeden Pfennig. Der Bankier hatte in der Französischen Straße 47 neue Räume für das Comptoir angemietet und musste den Umzug finanzieren. In dem Haus, dessen Erdgeschoss das Restaurant Borchardt belegte, hatte er einige Räumlichkeiten in einem der oberen Stockwerke bekommen, die Italienische Handelskammer und das Institut für Wohnungs- und Siedlungswesen zählten zu den Nachbarn. Lange blieb das Geldhaus allerdings nicht in der Französischen Straße, denn 1938 wurde die Bank »arisiert«. Der Berliner Bankier Kurt Erdmann-Richter, bis dahin Besitzer der Hardy Bank, übernahm die Geschäfte. Adolf Meyer emigrierte im April 1939 zunächst nach Amsterdam, im Mai 1941 flüchtete er dann in die USA.

Das Haus der Meyers in der Voßstraße Nr. 16 wurde im Januar 1938 abgerissen. Zu dieser Zeit war die Neugestaltung der Gesamtanlage längst im Gange. Denn bereits im Frühjahr 1937 hatten die Bauarbeiten eines zur neuen Reichskanzlei gehörigen Wohn- und Garagengebäudes an der heutigen Friedrich-Ebert-Straße begonnen – damals hieß sie Herman-Göring-Straße. Der komplette Prunkbau der Neuen Reichskanzlei wurde im Januar 1939 eingeweiht, ganz so, wie Hitler es sich vorgestellt hatte. Schon zuvor hatte der Diktator die Order ausgegeben, dass der Neujahrsempfang des seit der Annexion Österreichs vergrößerten Reiches im Januar 1939 unbedingt in dem neuen Prachtbau abzuhalten sei.

Ein bombastisches Gebäudeensemble war entstanden. Von der Wilhelmstraße bis zur heutigen Friedrich-Ebert-Straße erstreckten sich die von Hitlers Hofarchitekten Albert Speer entworfenen Bauwerke. Der Grundriss des 421 Meter langen Hauptgebäudes war eine einzige Demonstration der Macht. Der Gast, der die Ehre hatte, bis zum Diktator vorstoßen zu dürfen, musste zuvor eine 300 Meter lange Raumfolge durchqueren, die bald den Spitznamen »Diplomatenlaufbahn« bekam. Es ging durch eine 146 Meter lange Marmorgalerie mit glatt gewienertem Boden, überdies gehörten zwei Ehrenhöfe zu dem Prachtpalast, die mit überlebensgroßen Skulpturen von Arno Breker ausgeschmückt waren.

In Hitlers Arbeitszimmer, das allein 400 Quadratmeter maß und einen schönen Blick in die einstigen Ministergärten bot, waren die Wände mit roséfarbenem Marmor ausgekleidet. Ein riesiger Schreibtisch beherrschte den Raum, über dem Kamin hing ein Gemälde, das den ersten Reichskanzler Otto von Bismarck darstellte. Der gesamte Gebäudekomplex war mit einem Labyrinth aus Bunkern unterfüttert. Etwa an der Stelle, wo früher die Gartenterrasse der Meyers gewesen war, trafen sich jetzt die Regierungsmitglieder zur Sitzung im sogenannten Reichskabinettsaal.

Von den Familienerbstücken, die Reinhold Meyer 1935 in der Remise der Voßstraße abgestellt hatte, aber fehlte bald jede Spur. Der große Überseekoffer mit den Silbersachen, den der Antiquar in der E.J. Meyer Bank deponiert hatte, war vom Fahrer des Bankhauses noch kurz vor dem Umzug des Geldinstituts in die Französische Straße zur Nonna transportiert worden, die nach ihrem bewegten Leben in Italien jetzt in einer kleinen Wohnung in Pankow von der Wohlfahrtspflege lebte. Zwei chinesische Vasen wie auch größere Bestände an Porzellan landeten ebenfalls bei Auguste Birkenhagen, Lucies inzwischen recht ältlicher Tante. Einige Familiengemälde, so etwa das Lenbach-Bild von Reinholds Bruder Konrad und verschiedene Portraits von Richard Moritz und Estella Meyer, hatte der Fahrer der Meyer-Bank auch noch aus der Remise geholt und in einem Keller des Hauses am Savignyplatz untergestellt. Von dort sollten sie allerdings ebenfalls verschwinden, wenn auch etwas später.

Die restlichen Wertstücke waren in der Remise verblieben. Das venezianische Kaminfries, wertvolle Spiegel, Möbelstücke und Kristalllüster, ein Großteil der Gemälde und Skulpturen aus Richard Moritz Meyers Kunstsammlung sowie die Klinger-Büste aus Marmor, die den jungen Reinhold darstellte – all diese Kostbarkeiten, Insignien eines großbürgerlichen Vermögens, das sich über Jahrhunderte entwickelt hatte, waren für Reinhold und seine Familie bald auf Nimmerwiedersehen verloren. Doch in Nazikreisen wusste man offenbar sehr wohl, um was für Werte es sich da handelte. Und es gab genügend Leute, die sich für die erwarteten Erlöse die Hände schmutzig machten. Während die Ausplünderung der Juden im großen, offiziellen Maßstab Zug um Zug erst noch durch immer neue Gesetze und Verordnungen systematisiert wurde, war sie im Kleinen längst gang und gäbe, wie die zielgerichtete Ausräuberung der Remise zeigt.

Schon im Mai 1938, nur wenige Monate nach dem Abriss des Hauses in der Voßstraße, tauchte die Marmorbüste von Max Klinger im Kunsthandel auf. Da sprach ein Dresdner namens Adrian Lucas Müller beim Leipziger Museum der bildenden Künste vor und bot die Skulptur zum Kauf an. Die Museumsleitung lehnte das Geschäft ab. Doch wie war der Kunsthändler überhaupt in den Besitz der Klinger-

Büste gelangt? In Dresdner Kunstkreisen hatte Müller einen Ruf als linientreuer NS-Anhänger. Sein Vater, der Kunstprofessor Richard Müller, protegierte ihn, wo er konnte. Seit vielen Jahren war Richard Müller an der Dresdner Akademie der Künste als Hochschullehrer im Fach Zeichentechnik tätig und auch als Maler hatte er eine gewisse Reputation in der Elbestadt. Zu seinen Schülern gehörte der Künstler George Grosz, der vor den Nazis aus Deutschland emigrieren musste, aber Müller gleichwohl die Treue hielt und nach dem Krieg sogar Päckchen aus Amerika schickte.

Indes hatte sich der Universitätsprofessor nach dem Machtantritt der Nationalsozialisten umgehend zu ihnen bekannt. Er trat 1933 in die NSDAP ein, im selben Jahr wurde der damals 59-jährige Müller zum Rektor der Dresdner Akademie ernannt. Noch im Frühjahr 1933 vollzog er die Entlassung des Dresdner Expressionisten Otto Dix aus dessen Professur an der Kunstakademie. Selbst Monate später klagte Müller, der selbst Werke von Impressionisten wie van Gogh für »einen Scheißdreck« hielt, noch über den »vergiftenden Einfluss«, den der Universitätslehrer Dix seiner Ansicht nach auf den Malernachwuchs ausgeübt habe. Im Herbst desselben Jahres lieferte Richard Müller das publizistische Sperrfeuer für eine Ausstellung über »entartete Kunst«, die im Dresdner Rathaus stattfand. Zugleich tat er alles, um mit Hilfe der neuen NS-Machthaber einen guten Posten für seinen Sohn Adrian Lucas zu ergattern.

Das begann schon 1933, als der Direktor der Dresdner Gemäldegalerie Hans Posse vorübergehend in Schwierigkeiten geriet. Der Leiter der »Gaufachgruppe der Bildenden Künste« in der NSDAP, ein Dresdner Kunstmaler namens Walter Gasch, hatte Posse vorgeworfen, er fördere die »entartete« Kunst. Tatsächlich hatte Posse im Erdgeschoss des Semperbaus 1932 eine »Moderne Galerie« eröffnet, mit Werken von Munch, Corinth, Kokoschka und anderen. Gasch beschimpfte ihn daher als Freund »bolschewistisch-jüdischer Kunst«. Im Frühjahr 1933 gab es Durchsuchungen in der Gemäldegalerie wie auch in Posses Privatwohnung nach angeblich verschwundenen Gemälden – der Direktor musste sich also in höchster Bedrängnis fühlen. Posse versuchte in die NSDAP einzutreten, wurde aber zunächst nicht aufgenommen.

In dieser Situation nun brachte der Akademie-Rektor Müller seinen Sohn für den Posten von Posse ins Gespräch, einen jungen Mann von damals 28 Jahren, der vermutlich nicht einmal ein abgeschlossenes Kunstgeschichtsstudium vorweisen konnte. Adrian Lucas Müller war der Sohn aus Richard Müllers Ehe mit der amerikanischen Konzertsängerin Lillian Sanderson. Die Frau war ein gefeierter Star jener Jahre, sie sang für den Zaren und war mit Komponisten wie Richard Strauss befreundet. Ihr Sohn freilich schien nicht ganz die Talente und den Fleiß der Eltern geerbt zu haben. Bislang schlug er sich wohl mit Kunstkritiken und Abhandlungen über prominente Künstler wie Wilhelm Busch durch, zudem betrieb er einen Kunstverlag. Aber es gelang ihm offensichtlich nicht, sich auf eigene Füße zu stellen. So lebte er bei den Eltern im Dresdner Stadtteil Loschwitz, einem von Kunstschaffenden bevorzugten malerischen Wohnquartier hoch über der Elbe. Richard Müller hatte hier vor Jahren ein Haus gekauft, das der in Dresden hochverehrte Maler Ludwig Richter einst für die Sommerfrische genutzt hatte.

Aus dem Direktorenposten in der Gemäldegalerie wurde für Müller junior nichts, denn im Sommer 1934 hatte

Adrian Lucas sich und seinen Vater mit einem Festvortrag über den Maler Ludwig Richter in der Dresdner Kunstakademie nachhaltig blamiert. Überdies war es zwischenzeitlich auch Hans Posse gelungen, sich mit den NS-Größen in Sachsen zu arrangieren: Durch Vermittlung des Kunsthändlers Karl Haberstock, der Hitler privat in Kunstfragen beriet, war er endlich in die NSDAP aufgenommen worden, das Weitere regelte sich dann. Hingegen wurde der Akademie-Rektor Müller 1935 seines Postens enthoben, selbst persönliche Bittschreiben an den »Führer« halfen da nichts. In einem bitterbösen Brief an den Zeichenkünstler warf ihm der sächsische Kunstminister vor allem auch seine wiederholten Versuche vor, den missratenen Sohn Adrian Lucas in staatliche Stellen zu hieven. Müller senior war in Ungnade gefallen, und sogar eine schwülstige Bildsequenz über den »NS-Märtyrer« Horst Wessel, die er später zeichnete, sollte ihn nicht mehr in der Kreis der Günstlinge des »Führers« zurückbefördern.

Adrian Lucas Müller aber war nun gezwungen, sich selbst über Wasser zu halten, und er fand anscheinend auch eine sehr einträgliche Quelle: vermutlich in den Nachlässen begüterter Juden, wie man sich in Dresden bald erzählte. Auf welchen Wegen er an die jüdischen Besitztümer kam, blieb sein Geheimnis. Vermutlich hatte sich der skrupellose Kunsthändler bald ein Netz aus niederen Nazi-Schergen aufgebaut, die ihn über gute Gelegenheiten informierten, wie sie Anfang 1938 etwa in der Berliner Remise der Meyers zu finden waren. Bei den Kontakten zu Museen und Kunstsammlern, denen man die Werke verkaufen konnte, dürfte Müllers Vater behilflich gewesen sein.

Als das Leipziger Museum den Ankauf der Klinger-Büste abgelehnt hatte, brauchte man in der Loschwitzer Nachbarschaft denn auch nicht lange nach einem Interessenten zu suchen. Ein paar Straßen entfernt wohnte der Dresdner Mediziner Paul Rudolph Geipel in einer bombastischen Villa. Vor der Fassade, die im Stil eines florentinischen Renaissancepalasts gebaut war, gluckerte ein Springbrunnen, von der Terrasse aus bot sich ein herrlicher Blick über das Elbtal. In den lichtdurchfluteten Innenräumen aber standen kostbare Skulpturen. Der Pathologe, Jahrgang 1869, war viele Jahre lang leitender Arzt in einem Dresdner Krankenhaus gewesen und hatte schon früh begonnen, Kunst zu sammeln. Er nannte Werke von Rodin und Meunier, Gaul und Klinger sein Eigen. Freilich griff der alte Herr noch immer gerne zu, wenn sich eine günstige Gelegenheit bot. Und so wurde 1938 auch die Klinger-Büste, die Adrian Lucas Müller anzubieten hatte, seiner Sammlung einverleibt. Reinhold aber wusste nichts davon.

Es gab viele Profiteure im Dunstkreis der Nazis. Mancher Kunsthändler erlebte einen spürbaren Aufschwung durch den Handel mit Bildern oder Antiquitäten, die aus jüdischen Haushaltsauflösungen stammten. Aber auch gewöhnliche Bürger, Nachbarn, Arbeitskollegen und Bekannte von jüdischen Mitbewohnern, ergriffen jetzt die Gelegenheit, günstig an ein wertvolles Möbelstück, einen kostbaren Teppich oder ein exquisites Kunstwerk heranzukommen. Vieles geschah im Einvernehmen mit den in Not geratenen Juden, weshalb die Profiteure sich häufig auch noch als Helfer empfanden. Reinholds ständiger Berater Curt Pelny beispielsweise hatte offenbar eine Schwäche für schöne Perserteppiche. Mit der Zeit ließ er sich Brücken und antike Webstücke im Wert von vielen Tausend Reichsmark von

Reinhold übereignen, wie dieser später in einer Aufstellung für die Wiedergutmachungsstelle erklärte. Der Wert der Teppiche sei mit Pelnys Beratungsdiensten für die Meyers verrechnet worden, heißt es dort.

Vermutlich war Reinhold noch froh, seine Familienerbstücke gut untergebracht zu wissen. Und er brauchte Geld. So bemühte sich Pelny im Frühjahr 1936 offenbar in Reinholds Auftrag, einen Käufer für das Gemälde von Lovis Corinth zu finden, das Reinholds Vater 1912 bei der Kunsthandlung Cassirer gekauft hatte. Ausweislich einer Postkarte, die erhalten geblieben ist, überließ Pelny das Ölbild, ein Selbstbildnis im Ritterharnisch, der Gemälde-Galerie Carl Nicolai zur Ansicht, die damals am Lützowplatz in Berlin residierte. Nicolai bestätigte am 9. April 1936 sowohl den Erhalt des Corinth-Bildes als auch den eines Werkes von Paula Modersohn-Becker, das ebenfalls Reinholds Vater gehört hatte. Die Karte, unterzeichnet »mit deutschem Gruß«, sollte der letzte Hinweis auf das weitere Schicksal der beiden Gemälde sein. Ob Reinhold Meyer je Geld für die Bilder bekam, ja, welchen Weg die Gemälde überhaupt gingen, blieb viele Jahrzehnte lang im Dunkeln – er selbst hat die Auflösung nie erfahren.

Unterdessen fiel es dem jungen Vater immer schwerer, das Leben für sich und seine Familie zu organisieren. Mag sein, dass es ihm im Vergleich zu anderen Juden in Berlin noch relativ gut ging. Doch der verwöhnte Spross aus reichem, großbürgerlichen Hause war es einfach nicht gewohnt, mit finanziellen Engpässen umzugehen und sich auf immer neue Lebenssituationen einzustellen. Im Dezember 1936 hatte er wieder einmal das Problem, überzählige Möbelstücke und Wertgegenstände in Verwahrung zu bringen. Nun galt es, das schöne Haus in Dahlem zu räumen, um in ein weit kleineres

Gehäuse zu ziehen. Den Umzug hatte das Vormundschaftsgericht angeordnet, das schon seit einiger Zeit streng die Ausgaben der Pflegschaftsverwaltung kontrollierte.

Nach Meinung der Beamten waren die laufenden Kosten für das Haus nicht zu rechtfertigen, überhaupt fanden sie, dass Reinhold zuviel Geld aus dem Pflegschaftsvermögen bezog. Seit er das Antiquariat hatte schließen müssen, wurden ihm 1000 RM im Monat ausgezahlt – viel zuviel, wie die Beamten fanden. Entsprechend erachteten sie auch die Ausgaben für das Haus in Dahlem, die er aus seinen Bezügen bestritt, als zu hoch. Aus ihrer Sicht hatte Reinhold eigentlich gar keinen Anspruch auf Zuwendungen aus dem großen Pflegschaftstopf. Denn schließlich, so argumentierten sie in einem Schriftsatz, sei Reinholds Annahme, dass er als einziger Sohn von Estella später sowieso das gesamte Vermögen erben würde, in Wahrheit »völlig abwegig«.

Wie Recht die Richter doch haben sollten! Trotz des immensen Reichtums seines Vaters bekam Reinhold tatsächlich nie ein nennenswertes Erbe ausgezahlt. Aber das stellte sich erst mit der Zeit heraus. Zunächst einmal verfügten die Juristen in einem Schreiben vom Juli 1936, »dass die Villa in Dahlem aufgegeben wird«. Und so geschah es. Die schöne Zeit in dem verwunschenen Haus mit den Glyzinien und dem verschachtelten Fachwerkgiebel schien allzu schnell vergangen zu sein. Am Ende blieben nur ein paar Fotos als Erinnerungen. Reinhold verkaufte das Haus auf Geheiß des Vormunds Leo Stern im Herbst 1936 formell an die Pflegschaft. Zugleich suchte er nach einer neuen Bleibe für sich und seine Familie – die Odyssee, welche die Meyers bald kreuz und quer durch Berlin führen sollte, hatte begonnen.

Ende Dezember 1936 zog die Familie nach Frohnau, einem grünen Vorort am nördlichen Rand von Berlin. In einer ruhigen Seitenstraße, nicht weit vom S-Bahnhof, lag die neue Wohnung im ersten Stock eines Mietshauses. Als schönstes Zimmer darin schätzten die Meyers eine umbaute Veranda. Dorle war beim Umzug etwas über zwei Jahre alt, bald bekam sie ein rotes Dreirädchen geschenkt. An dieses Gerät, es hatte einen rosagestrichenen Sitz mit einer weißen Schlangenlinie darauf, knüpfte sich die erste bewusste Erinnerung des kleinen, lebhaften Mädchens: Immer wieder versuchte Dorle mit dem roten Dreirädchen eine Holzschwelle zu überqueren, die zur Veranda führte. Irgendwo dort an der Außenwand, die aus Dorles Perspektive unendlich fern schien, stand eine Zimmerlinde, deren grüne, von der Sonne beschienenen Blätter die Kleine unbedingt betasten wollte. Doch die Blätter waren unerreichbar, weil Dorle es mit ihren kurzen Beinchen nicht schaffte, das Dreirad über die Schwelle zu hieven. So musste ihr großer Bruder Klaus helfen: Geduldig schob er seine Schwester auf ihren drängenden Wunsch hin immer wieder aufs Neue über die Schwelle, und so hatten beide Kinder ihren Spaß.

Noch eine Szene war es, die sich tief in die Empfindungswelt des kleinen Mädchens eingraben sollte. Eines Abends, es gab Fisch zu essen in Frohnau, verschluckte sich Dorles Vater. Eine Gräte war ihm im Hals steckengeblieben, und für seine kleine Tochter sah die Sache sehr bedrohlich aus. Auch Lucie sorgte sich. Aufgeregt rief sie die Privatnummer eines Zahnarztes an, kurz darauf rannte die Mutter, ihre Tochter im Kinderwagen schiebend, mit dem Vater zur Praxis des Mediziners, die am Zeltinger Platz beim S-Bahnhof lag. Die Gräte wurde herausgezogen und Reinhold konnte wieder durchatmen, doch Dorle hatte furchtbare Angst um ihn gehabt. Von diesem Tag an ließ die Kleine ihren Vater nicht mehr aus den Augen. Reinhold mochte aus ihrer Perspektive äußerlich noch so groß sein, sie hielt ihn in Wahrheit für ein äußerst zerbrechliches Wesen, um das man sich immer wieder Sorgen machen musste. Und so beschloss Dorle im Stillen, ihren Vater vor allen Gefahren zu schützen, die sie sich damals vorstellen konnte.

Das Haus in Dahlem hatte zehn Zimmer auf drei Etagen gehabt. Die Wohnung in Frohnau aber erstreckte sich nur über ein Stockwerk mit einer Handvoll Räumen. Beim Umzug waren deshalb wieder einmal eine Menge Möbelstücke überzählig, und auch von den vielen Gemälden, die noch in Reinholds Besitz waren, ließ sich einiges nicht in der neuen Wohnung unterbringen. Reinhold schaffte viele Sachen in zwei Kellerräume des Hauses am Savignyplatz, das im Herbst 1936 gekauft worden war. Später stellte man dort noch einige Familienbilder hinzu, die der Fahrer der Meyer-Bank kurz vor dem Abriss der Voßstraße aus der Remise hinüber gebracht hatte. Auch die gute Tante Auguste Birkenhagen bekam noch ein paar Möbel ab, etwa einen kostbaren Schreibsekretär sowie das Empire-Vertiko, über welchem in dem Haus in der Voßstraße stets das Menzel-Bild gehangen hatte. Hinzu kamen ein paar Brücken und allerlei Krimskrams, sodass die kleine Wohnung der Tante in Pankow schon beinahe überquellen musste.

Was sollte Reinhold auch anderes machen mit den Dingen? Die Villa in Dahlem war bald an einen bekannten Schweizer Theologieprofessor vermietet. Alfred Bertholet, so hieß er, drohte umgehend mit Mietminderung, als er hörte, dass Reinhold eventuell einige Möbel im Keller stehen lassen wollte. Der Theologe gab sich überhaupt recht selbstbewusst gegenüber seinem neuen Vermieter: Müll und Wassergebühren wollte er nicht bezahlen, vor dem Einzug verlangte er eine umfangreiche Renovierung, selbst das Dach sollte repariert werden.

Längst hatte sich das allgemeine, antisemitisch gefärbte Bewusstsein auch in der privaten Geschäftswelt eingenistet, weshalb man jüdischen Gesprächspartnern – ob sie nun Vermieter oder Geschäftsleute waren – zunehmend resolut gegenübertrat. Reinhold war nicht der Typ, sich dagegen durchzusetzen. Zum praktischen Leben hatte er einfach kein Talent. Aber auch Leo Stern wirkte zunehmend eingeschüchtert von den Verhältnissen. So sorgte erst der Steuerberater Curt Pelny dafür, dass der Theologieprofessor seine Müllgebühren bezahlte. Indes waren die auf Bertholets Wunsch angeordneten Renovierungen so zahlreich und gründlich, dass ihre Kosten die Mieteinnahmen des Jahres 1937 bei weitem überstiegen.

Die Bertholets aber fühlten sich offensichtlich wohl in der kleinen Villa mit der geschwungenen Holztreppe und dem honigfarbenen Parkett. In zahllosen Briefen, die trotz diverser Besitzerwechsel des Hauses noch heute in einem Weidenkorb auf dem Dachboden lagern, berichtete Salome Bertholet, die ihr Mann liebevoll »Sally« nannte, ihren Freunden und Verwandten von dem Leben in Dahlem. Während Alfred Bertholet seine Vorlesungen für die Universität vorbereitete, führte Sally ein häusliches Kassenbuch, das ebenfalls den Krieg auf dem Spitzboden überdauern sollte. Ob für Theater- oder Konzertbesuche, Kino oder Friseurtermine, in das schwarze, kartonierte Büchlein wurden alle Ausgaben fein säuberlich eingetragen: So erfährt man, wann es Artischocken gab oder wann ein Stück Fleisch, wann Wildgulasch aufgetischt wurde oder sich die Hausdame »Spezereien« wie Schokolade leistete. Selbst der Beitrag für die nationalsozialistische NSV, die Nationalsozialistische Volkswohlfahrt wurde stets vermerkt – er betrug eine Reichsmark im Monat.

Meyers hatten unterdessen in Frohnau die örtliche Gemeinde der Bekennenden Kirche gesucht und gefunden. Dort lernten sie den Studiendirektor Johann Hinrich Lühmann kennen, der ein vom vielen Pflanzenbewuchs an der Fassade innen ganz verdüstertes Haus in der Markgrafenstraße bewohnte. Der bereits etwas ältere Lehrer sah genauso aus wie sein Haus: Ein dicker Bart verdeckte sein Gesicht, meist saß er rauchend am Tisch und las, während er sich langsam mit der Hand den Bart strich.

Als Dorle mit ihren Eltern zum ersten Mal bei den Lühmanns zu Besuch kam, rümpfte das Kind die Nase. Es roch dort stark nach Silberputzmitteln und schlecht gelüfteten Zimmern, wie das Mädchen fand. Doch das Kind sollte den etwas muffigen Geruch noch zu schätzen lernen, denn im Hause der Lühmanns konnten Dorle und ihre Mutter stets auf Hilfe hoffen, wann immer es brenzlig wurde.

9

Ein Koffer voller Silber

Die Erde wackelte. Menschen, Autos und Häuser flogen vorbei. Dorle saß juchzend in ihrem Kindersportwagen – so machte es ihr Spaß, ausgefahren zu werden. Doch ihrer Mutter war gar nicht nach Freude zu Mute. Weinend schob Lucie den Kinderwagen in rasendem Tempo über den Bürgersteig, sie wollte so schnell wie möglich das Krankenhaus erreichen. Dort lag die Nonna nach einem Schlaganfall.

Für Lucie war die alte, bucklige Tante mit dem weißen Haarknoten im Nacken die einzige Verwandte, an die sie sich nach dem Tod ihrer Eltern vor vielen Jahren noch hatte halten können – ihre Ersatzmutter. Der Gedanke, dass Auguste Birkenhagen jetzt sterben könnte, ließ sie schier verzweifeln. Dorle hingegen, die mittlerweile etwas über drei Jahre alt war, hatte keine Ahnung, was die ganze Aufregung um die Nonna bedeuten sollte. Sie genoss die rasenden Kinderwagen-Fahrten zum Krankenhaus Dominikus-Stift im Norden von Frohnau, wo Auguste Birkenhagen nun mit wachsbleichem Gesicht reglos in ihrem Krankenbett lag.

Die Nonna selbst war der Kleinen hingegen nicht besonders sympathisch. Wenn die Eltern sie besucht hatten, was häufig vorkam, war es oft so spät geworden, dass die Tochter bei der alten Tante zum Schlafen gelegt wurde. Und das war für Dorle überhaupt kein Vergnügen gewesen. Die Wohnung der Nonna hatte einen langen düsteren Flur, schon davor war der Kleinen bange. Das Schlimmste aber war ihr Bett: Riesengroß und eiskalt – einfach zum Fürchten. Dorle wurde hineingelegt und fühlte sich wie erschlagen von dem riesigen Bettenberg, unter dem sie verschwand. Einschlafen zu müssen bei der alten Tante Auguste bedeutete für sie die reinste Tortur.

Dann starb die Nonna am 6. Januar 1938, und man musste schon beinahe Angst haben, dass Lucie in ihrem Tränenmeer ertrinken würde. Niemals zuvor hatte Dorle ihre Mutter so traurig gesehen. Der Verlust ihrer Tante führte Lucie anscheinend die ganze Einsamkeit ihrer Kindheit wieder vor Augen. Und da war noch etwas, worüber sich die stets praktisch denkende Frau Gedanken machte: Was sollte mit all den Sachen geschehen, die sie und Reinhold bei der Nonna abgestellt hatten? Das Silber und das Meissener Porzellan, das edle Empire-Vertiko und die chinesischen Vasen. Würde man ihnen später glauben, dass all diese Dinge nur leihweise in die Obhut der Auguste Birkenhagen gelangt waren und in Wahrheit den Meyers gehörten? Die Nonna hatte ihre letzten Jahre mit Zuwendungen der öffentlichen Wohlfahrtspflege verbracht – wenn jetzt ein Beamter nach ihrem Tod die Wohnung inspizierte, würde er sich wohl wundern, was die feinen Möbel in der kärglichen Behausung zu suchen hatten.

Reinhold hatte keine Idee, was man tun könnte. Wann immer es praktisch wurde, ließ der stets etwas versponnen wirkende Familienvater seine Frau entscheiden. Denn sie war eine handfeste, kreuzehrliche und sehr religiöse Person, die beherzt zupacken konnte, wenn dies nötig schien. In der Welt der Ämter aber fühlte sich Lucie nicht weniger fremd als Reinhold, und so hätten die beiden Eheleute sich mit ihren Ungeschicklichkeiten beinahe in ernsthafte Schwierigkeiten gebracht, als es um die Nachlassregelungen der geliebten Tante ging.

Lucie und Reinhold hatten beschlossen, nach Pankow zu fahren und die Wohnung der Nonna noch einmal aufzusuchen, um einzelne Dinge wie etwa den Koffer mit den Silbersachen gleich mitzunehmen, noch bevor irgendwelche Missverständnisse entstehen konnten. Der Silberkoffer, ein gewaltiger Kasten aus einem mit feinem Leder überzogenen Holzgestell, den sich Reinholds Vater einst bei der Nobelfirma Mädler hatte fertigen lassen, war jedoch viel zu sperrig, um ihn aus dem Haus zu schleppen. Daraufhin animierte Lucie ihren Mann, das Schloss des Koffers zu öffnen und wenigstens einen Teil des Inhalts mitzunehmen. Reinhold fand das zwar nicht richtig, er fragte sich, was wohl sein würde, wenn sie dabei beobachtet würden. Doch, wie immer in praktischen Dingen, wusste er Lucie nichts Rechtes entgegenzuhalten. So rafften sie ein paar Gegenstände aus dem Koffer zusammen – Leuchter, eine Silberschale, vielleicht noch ein Tablett – und eilten damit nach Hause. Dort bekam Reinhold jedoch endgültig kalte Füße, er bat Curt Pelny um Rat. Der Bücherrevisor geriet in helle Aufregung und schlug vor, sie sollten umgehend die Dinge wieder an ihren Platz zurückbringen, sonst würde ihnen in diesen Zeiten womöglich noch ein Diebstahl angehängt.

Die Meyers trabten zurück in die Wohnung der Nonna. Aufmerksame Nachbarn der verstorbenen Auguste Birkenhagen beobachteten die hektischen Besuche der Eheleute jedoch, sie meldeten alles den Behörden. Nun wurden die Dinge komplizierter. Der Nachlassverwalter fand den geöffneten Koffer und verdächtigte die Meyers, Wertgegenstände entwendet zu haben, die aus seiner Sicht zum Besitz der Verblichenen gehörten. In der Folge verlangte er immer wieder neue eidesstattliche Versicherungen, Eigentumsnachweise und genaue Listen für diejenigen Dinge, welche die Meyers als ihr Eigentum beanspruchten. Pelny besorgte einen Anwalt für Reinhold, der sich in der Folge fast ein Dreivierteljahr lang in zahllosen Schriftsätzen bemühte, die bei der Nonna untergestellten Familienstücke wieder für ihn zurückzubekommen.

Schließlich ließ auch der Anwalt in einem Brief an die Behörde leicht genervt durchblicken, dass »die recht geschäftsungewandten Eheleute« selbst für simple Dinge wie die Beschaffung von Zeugenaussagen, die ihre Eigentümerschaft hätten belegen können, »offenbar nicht geeignet sind«. Schon die Erklärung, welchen Weg der Silberkoffer gegangen war, bevor er in der Wohnung der Nonna landete, bereitete Reinhold und Lucie große Mühen. Dabei war alles ganz einfach: Nach ihrem Auszug aus der Voßstraße war der Überseekoffer zunächst im Depot der E.J. Meyer Bank verwahrt worden. Als diese das Haus räumen musste, gelangte er vorübergehend ins Büro des Vormunds Leo Stern, um schließlich im Spätherbst 1937 vom Fahrer der Meyer-Bank nach Pankow gebracht zu werden. Im August 1938, acht Monate nach dem Tod der alten Tante, hatte Reinholds Anwalt endlich den Pflegschaftsvertreter überzeugt: Gegen Zahlung von 100 RM erklärte dieser sich bereit, die bei der Nonna abgestellten Besitztümer der Meyers herauszugeben.

Mittlerweile hatten sich neue Probleme für die Eheleute aufgetan. Ihr Hauswirt in Frohnau lehnte es ab, den Mietvertrag zu verlängern – er wollte in seinem Haus keine Juden mehr dulden. Reinhold fürchtete, dass es ihm mit anderen Vermietern genauso ergehen könnte, so kam er auf den Gedanken ein »kleines Grundstück« zu kaufen, wie sein Berater Pelny im Juli 1938 in einem Brief an den Vormund Stern vorschlug. Für einen Mann, der aus begütertem Hause kam wie Reinhold, war die Idee einerseits verständlich: Wenn man als Jude schon kein Haus mehr mieten konnte, warum es dann nicht kaufen? Andererseits war das Vorhaben natürlich völlig illusorisch, denn schon das Geld dafür zusammen zu bekommen, schien unmöglich. Erst vor wenigen Monaten hatte das Pflegschaftsgericht verlangt, die Villa in Dahlem aufzugeben. Was im Himmel sollte die Richter nun überzeugen, ein neues Haus für Reinhold zu finanzieren?

Doch es war schon verwegen genug, dass der Antiquar im Sommer 1938 überhaupt an Hauskauf dachte. Seit Anfang des Jahres hatte sich die Situation für die Juden in Deutschland merklich verschärft. Im Frühjahr 1938 waren die Nazis in Österreich einmarschiert, nun führten sie dort rigorose »Säuberungen« durch und gingen äußerst brutal gegen österreichische Juden vor. Unterdessen hagelte es im nunmehr »großdeutschen Reich« immer neue Gesetze und Verordnungen, mit denen jüdische Mitbürger drangsaliert wurden. So ließ man jüdische Schüler nicht mehr zur Abiturprüfung zu, Juden mussten ihr Vermögen anmelden und in Restaurants oder Freibädern, Parks und selbst in ganzen Kurorten war ihnen der Zutritt neuerdings verboten oder nur unter Auflagen gestattet. Künftig konnte Reinhold also nicht einmal mehr mit seiner Familie zum Klettern nach Oberstdorf reisen.

Für solche Freuden hatte er auch längst kein Geld mehr. Seinen Leibarzt, mit dem er so oft ins Allgäu gereist war, aber beschäftigte er noch. Otto Kalischer musste im Juli 1938 allerdings erfahren, dass ihm, wie auch allen anderen jüdischen Ärzten, zum 30. September des Jahres die Approbation entzogen wurde. Lediglich als »Krankenbehandler« sollte ihm noch die Betreuung von jüdischen Patienten erlaubt sein. Kalischer entschied sich, die Praxis ganz aufzugeben, was der Vormund Leo Stern wenig später beinahe frohlockend in einem Brief an Reinhold feststellte: »Für die Zukunft«, so Stern, würden ja wohl »die Liquidationen des Herrn Professors fortfallen«. Leo Sterns Freude währte nur kurz, denn auch er sollte bald unter das Berufsverbot für jüdische Rechtsanwälte fallen, das im Spätherbst 1938 wirksam wurde.

Zahllose Freunde und Verwandte Reinholds überlegten sich jetzt, das Land zu verlassen. Die Tochter des jüdischen Bankiers Bleichröder, Henriette Stenger, einst Nachbarin der Meyers in der Voßstraße, die dann mit der Nonna nach Italien gegangen war und diese auch im Alter mit einer kleinen monatlichen Summe unterstützt hatte, war schon 1934 mit ihrem Sohn Konrad in die Schweiz gegangen. Dessen Bruder Rudolf, zu dem Lucie freundschaftliche Verbindung hielt, sollte mit Frau und Kindern gegen Ende der dreißiger Jahre nach Kanada auswandern. Hans Arons, der Sohn des Physikers Leo Arons – Estellas sozialdemokratischem Cousin – arbeitete seit seinem Rauswurf aus der Gewerkschaft in der Gärtnerei seines »arischen« Schwiegervaters. Auch er dachte daran, Deutschland zu verlassen.

Selbst die Frankfurter Verwandtschaft saß auf gepackten Koffern. So etwa Ottilie Edinger, die Tochter der Frauenrechtlerin Anna Edinger, die eine Großcousine von Reinhold war. Die Enkelin des Frankfurter Bankiers und Kunstsammlers Goldschmidt, die in der Verwandtschaft Tilly genannt wurde, war eine bekannte Neuropaläontologin und auf das Sezieren von Gehirnen spezialisiert. Lange Zeit verschloss die Forscherin die Augen vor der politischen Entwicklung, im Sommer 1938 aber begann auch sie an Auswanderung zu denken. Als der Wissenschaftlerin dann nach der sogenannten »Reichskristallnacht« im November 1938 der Zutritt in ihrem Institut verwehrt wurde, handelte sie umgehend und reiste über London nach Amerika aus.

Wohin man schaute, überall trugen sich jüdische Bürger mit Ausreisegedanken. Und da wollte Reinhold im Sommer 1938 noch ein Haus kaufen? Seine Idee lässt sich vielleicht nur erklären mit dem Selbstverständnis, in dem er aufgewachsen war. Reinhold fühlte sich nicht als Jude. Er war Christ und sogar ein recht religiöser Mensch. In seiner Jackentasche hatte er stets das Losungsbüchlein der Herrenhuter Bruderschaft, das er bei Gelegenheit hervorzog, um Bibelverse zu zitieren. Mochte auch für seine Mutter in alter Anhänglichkeit noch immer der monatliche Beitrag an die jüdische Gemeinde überwiesen werden, für Reinhold waren die Synagogen fremde Häuser. Ein-, zweimal hatte ihn der Vater in seiner Kindheit mit in ein jüdisches Gotteshaus geschleppt. Doch dies war wohl eher aus Gründen der Allgemeinbildung geschehen, nicht zu Glaubenszwecken.

Mit der christlichen Taufe seiner Söhne im Jahr 1905 hatte Richard Moritz Meyer einen radikalen Schritt getan, den ihm seinerzeit viele seiner jüdischen Freunde und Verwandten übel nahmen. Mancher zog sich zurück, andere kritisierten ihn heftig. Richard Moritz Meyer hatte das alles in Kauf genommen, weil er davon überzeugt war, dass er seine Söhne mit der Taufe gleichsam von den Folgen jenes latenten Antisemitismus in Deutschland befreit hatte, der ihm selbst das Fortkommen im Leben schwer gemacht hatte. Eine fatale Fehleinschätzung, wie sich jetzt herausstellte. Doch sein Sohn glaubte fest an die Überzeugungen des Vaters. Durch Reinholds Frömmigkeit hatte sich dieses Denken noch vertieft: »Wer nur den lieben Gott lässt walten«, summte er zuweilen sein Lieblingslied aus dem evangelischen Gesangbuch – »den wird er wunderbar erhalten in aller Not und Traurigkeit.« So mag ihm sein Glaube vielleicht auch den Blick für die heraufziehenden Gefahren verstellt haben.

Als im September 1935 die sogenannten »Rassengesetze« veröffentlicht worden waren, hatte er sich zwar die Artikel darüber ausgeschnitten, die vergilbten Zeitungsschnipsel sind bis heute erhalten geblieben. Freilich wollte Reinhold mithilfe der Berichte seiner Frau vermutlich nur erklären, dass sie beide bestimmt nicht betroffen wären von den neuen Bestimmungen, die unter anderem ein Verbot von Eheschließungen zwischen Juden und Nichtjuden vorsahen. Doch dergleichen brauchte man Lucie nicht zu erzählen, ihr Herz wusste das Rechte sowieso. Und so machten sich beide stets neuen Mut. »Ach, das wird schon nicht so schlimm werden«, hörte die aufmerksame Dorle immer wieder ihre Eltern erklären.

Ausgerechnet die Kleine hatte von einem gewissen Alter an wohl instinktiv die Gefahr erspürt, die ihren Vater bedrohte. Wie Klickerkugeln sammelte sie die Wortfetzen der Erwachsenen auf und entwickelte einen siebten Sinn vor allem für jene Gespräche, die nicht für ihre Ohren bestimmt waren. Hernach grübelte sie stundenlang über den Satzgebilden, die sie bei den Großen aufgeschnappt hatte, um ihre Bedeutung zu ergründen. Sie merkte sich Namen, Gesichter und Häuserecken wie Bildkärtchen in einem Memory-Spiel, und sie beobachtete mit detektivischem Scharfsinn, wie sich Fremde ihrem Vater gegenüber verhielten.

In der Außenwelt gab es etwas Bedrohliches, doch im Binnenleben mit ihren Eltern fühlte sich die Kleine wohlbehütet und geborgen. Da sang die Mutter Kirchenlieder mit ihrer kleinen Tochter auf dem Arm, während sie auf dem Klavier dazu klimperte; der Vater spielte Cello, gab ihr lustige Rätsel auf oder beantwortete geduldig ihre Fragen. Waren sie unterwegs, trug er sie häufig auf seinen Schultern, und wenn sie dann müde wurde, legte sie ihren Kopf an seine warme Glatze – so schlief sie viel lieber ein als in dem kalten, einsamen Bett der Nonna. Auch Dorles großer Bruder Klaus kümmerte sich rührend um seine kleine Schwester. Schützend legte er den Arm um sie, wenn irgendjemand etwas von ihr wollte. Scheinbar fern der Zeit lebte die Familie immer noch wie auf einer kleinen Insel, während draußen auf dem Meer die Wellen hochschlugen.

Mag sein, dass die Idee, ein Grundstück zu kaufen, auch mit diesem fröhlichen Familienleben zusammenhing. Lucies Traum war es schon immer gewesen, ein Landhaus zu bewohnen. Daraus, dass der Berater Pelny das Vorhaben unterstützte und sogar Leo Stern im Sommer 1938 ernsthaft über einen Hauskauf für Reinhold nachdachte, lässt sich freilich erkennen, wie wenig selbst geschäftlich versiertere Leute als Reinhold die damalige Lage einzuschätzen wussten. So überwog offenbar auch bei Leo Stern das Gefühl, dass man vielleicht nur überwintern müsse und sich die Verhältnisse dann schon bessern würden. Dabei stand die sogenannte »Reichskristallnacht« erst noch bevor. Und diese Gewaltorgie wurde seit Monaten mit einer breiten Hetzkampagne ideologisch vorbereitet: »Synagogen sind Räuberhöhlen«, hatte die jetzt in riesigen Auflagen verbreitete NS-Postille »Der Stürmer« getitelt.

Vielleicht war aber auch der unverhoffte Geldsegen ein Anlass für die Überlegungen bezüglich eines Hauskaufs gewesen. Auf den Konten der E.J. Meyer Bank hatten sich plötzlich größere Beträge gefunden, mit denen niemand mehr gerechnet hatte. Es ging um einige Zehntausend Reichsmark, die zu zwei Wohltätigkeitsstiftungen gehörten. Reinholds Großvater Friedrich Meyer, ein Mitbegründer der Deutschen Bank, hatte sie vor Jahrzehnten eingerichtet. Ihr Sinn war es, bedürftigen jüdischen Bürgern in Berlin zu helfen sowie auch Verwandten der Meyers, die in Not geraten waren. Über die Jahre waren die Stiftungen völlig in Vergessenheit geraten, kürzlich hatte der Bankier Adolf Meyer jedoch die alten Papiere durchforstet. Nach den Statuten waren die Zuwendungen über die Stadt auszuzahlen. Die herrschende NS-Verwaltung aber wollte von Geldern für jüdische Bedürftige nichts wissen. Mithin hätte man eine unkomplizierte, pragmatische Lösung finden müssen, um die Finanzmittel – es waren immerhin an die 37 000 RM – auch ohne staatliche Stellen zu mobilisieren. Doch das war Leo Sterns Sache nicht.

Der rechtschaffene Vormund sah keinen anderen Weg, als die Beträge dem Pflegschaftsvermögen zuzuordnen. Noch ehe jemand dies verhindern konnte, hatte er das Geld an die »Seehandlung« überwiesen, wie er Reinhold mitteilte – unter diesem Begriff firmierte die Preußische Staatsbank, bei der inzwischen die Konten der Pflegschaft geführt wurden. Und so landeten auch die Beträge der Wohlfahrtsstiftungen im Kontrollbereich der Amtsrichter der Vormundschaftsabteilung, die ihnen schon das Haus »Im Gehege«, wo die Villa in Dahlem lag, verwehrt hatten.

Reinhold kochte vor Wut, vor allem auch, weil er sich so hilflos fühlte. Wie konnte der Vormund eigenmächtig Geld auf die Pflegschaftskonten ziehen, das mit seiner Tätigkeit überhaupt nicht im Zusammenhang stand? Curt Pelny schrieb wieder einmal scharfe Briefe an Leo Stern, doch es nützte alles nichts, an die Beträge war nicht mehr heranzukommen. Korrekt bis ins Mark hatte Leo Stern die Wohltätigkeitsstiftungen auch schon offiziell bei den Behörden angemeldet, man würde also womöglich nie mehr darauf zurückgreifen können.

Die Idee des Landhauses wurde still begraben. Als Reinhold im Spätsommer 1938 die Wohnung in Frohnau zu räumen hatte, bewilligte das Gericht ihm nicht einmal die Umzugs- und Renovierungskosten. Es war sein Unglück, dass er vom Wohl und Wehe der Vormundschaftsvertreter abhing. Das gesamte Vermögen gehörte ja seiner als gemütskrank erklärten Mutter, die unter öffentlicher Pflegschaft stand. In den ersten Jahren nach der Machtübernahme hatte man Reinhold daraus noch eine monatliche Zahlung in Höhe von 1000 Reichsmark gewährt, hinzu kamen die Einnahmen aus dem Antiquariat. Das war vergleichsweise fürstlich gewesen. Mittlerweile wurden die monatlichen Zahlungen jedoch ständig mehr gekürzt, manchmal blieben sie ganz aus.

Reinhold konnte immer nur als Bittsteller auftreten, und das war erniedrigend. Andere Möglichkeiten, seinen Unterhalt zu bestreiten, aber sah er nicht mehr. Das Antiquariat war geschlossen, eine Anstellung als Buchhändler zu finden, schien völlig unmöglich. Er fand es auch nicht einsehbar, warum er ständig um Zuwendungen betteln musste, obwohl es sich bei den Geldmitteln, über die man sich stritt, letztlich um sein künftiges Erbe handelte. »Wir müssen eine Vereinfachung des Vermögensapparates anstreben«, hatte Reinhold schon im Sommer 1936 Curt Pelny gebeten. Stattdessen war nun das Gegenteil eingetreten: Ein fremder Amtsrichter entschied darüber, wie Reinhold zu leben hatte, und das, obwohl das mütterliche Vermögen »ja schließlich Privateigentum ist«, wie er einmal aufgebracht feststellte.

Dann erfüllte sich doch noch der Traum vom kleinen Landhaus, wenn auch ganz anders, als zuvor geplant. Bei seinen Streifzügen auf der Suche nach einer neuen Bleibe war Reinhold in Hohen-Neuendorf, einer Gemeinde, die eine S-Bahn-Station weiter nördlich von Frohnau lag, auf einen halbfertigen Bungalow gestoßen. Das Haus gehörte Lisa Kiefer, einer gebürtigen Russin, der augenscheinlich das Geld ausgegangen war. Ursprünglich hatte sie zwei Stockwerke geplant, sich dann jedoch, weil ihr die Mittel knapp wurden, entschlossen, nur ein Erdgeschoss mit einem halben Stockwerk darüber zu bauen, darauf waren riesige Planken als Dachabdeckung gelegt. Darunter gab es drei kleine Zimmer und eine offene Veranda, zu dem winzigen Badezimmer führte eine halbe Treppe hinauf. Die Russin vermietete Reinhold das Haus unter der Bedingung, dass er die Veranda auf eigene Kosten als zusätzliches Zimmer ausbaute.

Lucie war begeistert. Klein war das Haus, aber es gab einen riesigen Garten. Der sah zwar aus wie die reinste Wüstenei, doch sie würde die Erde schon urbar machen. Wie Reinhold den Ausbau der Veranda finanzierte, ist aus den alten Akten nicht ersichtlich. An die 5000 RM waren dafür notwendig. Wurde vielleicht ein Bild verkauft oder ein anderer Wertgegenstand? Mag sein, dass Onkel Carl geholfen hat. Dem Klavierspieler und Offizier, der einen Blick für wertvolles Porzellan hatte, waren schon in Frohnau drei griechische Vasen samt passenden Schalen aufgefallen, die bei den Meyers auf der Anrichte im Wohnzimmer standen. Es handelte sich um antike Stücke aus Terracotta, schwarz und rot glasiert mit Darstellungen von spielenden und flötenden Frauen, nach Reinholds späterer Schätzung waren sie allein an die 5000 Reichsmark wert. Carl Christian von Bezold vermittelte den Verkauf an ein Berliner Museum, das vermutlich nur einen Bruchteil dieser Summe bezahlte – für Reinhold war es ein Freundesdienst.

Möglich, dass Reinhold auch ein paar der wertvollen alten Bücher verkaufte, die er aus den Beständen der väterlichen Bibliothek zurückbehalten hatte. Allerdings brachten die historischen Bände jetzt längst nicht so viel Geld wie früher, denn es gab ja viele Menschen in Not, ehemals reiche jüdische Bildungsbürger, die nun gezwungen waren, wertvolle Besitztümer wie Bibliotheken, Klaviere, Antiquitäten und edles Porzellan zu verkaufen. Gegenstände, die früher zu ihren Haushalten gehörten, wie die Likörgläser in der Vitrine des Salons.

Noch ein paar andere Kostbarkeiten wechselten vermutlich für den Ausbau der Veranda in dem »Russenhäuschen« in Hohen-Neuendorf den Besitzer. Beispielsweise ein Goldkollier, das Reinholds Mutter Estella einst getragen hatte. Es war mit Achat- und Smaragdsteinen geschmückt, die in Brillantringe eingesetzt waren, sein Wert lag allein bei etwa 5000 RM. Bis zum Auszug aus dem Gebäude in der Voßstraße waren die Juwelen und der alte Familienschmuck, sorgfältig in einem größeren Paket verpackt, im Depot der E. J. Meyer Bank verwahrt worden. Doch nun gab es keinen Safe mehr, um die Stücke sicher wegzuschließen, und die Not schien groß – dass sie später noch viel größer werden würde, konnte Reinhold ja nicht wissen.

Die Eheleute stürzten sich darauf, das kleine Häuschen an der Ruhwaldstraße in Hohen-Neuendorf einzurichten. Gardinen wurden genäht, Möbel gerückt, und natürlich bekam das große Familienbild mit Großvater Goldschmidt und der Kattunfabrik einen schönen Platz. Auch die Gegenstände, die Lucie und Reinhold aus der Wohnung der Nonna zurückbekommen hatten, mussten untergebracht werden: der Schreibsekretär und die von der alten Tante zurückgeholten chinesischen Vasen, die Empire-Kommode und der große Überseekoffer mit den Silbersachen. Und sogar eine Waschmaschine wurde angeschafft. Sie bestand aus einem Wasserbottich, unter dem man Feuer machen konnte, darin hing eine Trommel, in welche die Wäsche eingefüllt wurde. Mit einer außen angebrachten Kurbel wurde die Trommel gedreht, sodass sich die Wäsche darin bewegte. Natürlich stand Dorle am liebsten an der Kurbel und ließ sich von ihrem Bruder Klaus beim Drehen assistieren.

Für Dorle brachen herrliche Zeiten an. Schnell hatte sie eine Freundin aus dem Nachbarhaus kennengelernt, sie hieß Marion. Die beiden Mädchen wühlten den ganzen Tag im Sandkasten herum, backten unendliche Mengen von Sandkuchen oder spielten Poststelle – Dorle stempelte für ihr Leben gern. Während des Winters ließ sie es sich dafür sogar gefallen, dass Lucie ihr morgens die schrecklich kratzigen Wollstrümpfe anzog, die bis zu den Oberschenkeln reichten. Nur wenn die Mutter ihr die Haare kämmen wollte, fing Dorle vorsichtshalber zu schreien an. Lucie hatte es immer ziemlich eilig, das ziepte und zog, wenn sie mit dem Kamm durch Dorles Haare fuhr. Hingegen konnte ihr Vater das mit viel mehr Feingefühl erledigen, wie Dorle fand. Und so zeterte die Kleine solange, bis Reinhold das Haarekämmen übernahm.

Bald nach dem Einzug hatten die Eltern begonnen, den Garten umzugraben. Reinhold aß für sein Leben gerne Spargel, deshalb war es sein größter Wunsch, das köstliche Gemüse anzubauen. Wie bei allen Dingen, die er neu anging, suchte er zunächst einmal nach einem Buch, mit dessen Hilfe er sein Vorhaben gründlich studieren konnte. Unterdessen radelte Lucie zur nächstbesten Gärtnerei, um sich die Einzelheiten direkt erklären zu lassen. Der Gärtner riet ihr, lieber mit einfacheren Gemüsekulturen anzufangen, Gurken vielleicht oder Mohrrüben. Doch Reinhold blieb dabei: Es mussten zwei Spargelbeete angelegt werden. Wer dann am Ende besser über die Kunst der Spargelkulturen informiert war, ließ sich schwer ausmachen – in der Theorie mit Sicherheit Reinhold.

Die Meyers ließen bald keinen Stein mehr auf dem anderen in der Gartenwüstenei; sie buddelten tiefe Gräben in die Erde, legten kleine Pflänzchen hinein und schichteten Wälle auf. Für Dorle waren es lauter Berge und Täler, eine Miniaturlandschaft, in der es sich vortrefflich spielen ließ. Zu ihrer Verwunderung aber war der Vater diesmal gar nicht so nachgiebig wie sonst. Er verordnete ein striktes Spielverbot im Spargelbeet.

Abends im Bett zählte Dorle die Pünktchen auf der grünen Seidengardine im Schlafzimmer oder lauschte, wenn ihr

Vater Cello übte. Noch schöner war es natürlich, wenn Onkel Carl und Schirbel zu Besuch kamen und das komplette Trio Schumann und Beethoven spielte. Am allerliebsten aber waren Dorle die Sonntage. Dann saß sie, noch im Schlafanzug, auf der Holztreppe, die vom Erdgeschoss des Hauses zu dem niedrigen Zwischengeschoss führte, in dem das winzige Bad untergebracht war. Unten hörte sie die Mutter, wie sie in der Küche mit Tellern und Töpfen hantierte, um das Frühstück zu bereiten. Oben im Bad pinselte sich der Vater derweil die Backen mit Rasierschaum ein. In der Mitte, ein paar Stufen über Dorles Kopf, aber stand das Grammophon, das am Sonntagmorgen immer ganz laut gestellt wurde. Während sich die Schellackplatte drehte, verkündete Zarah Leander, »ich weiß, es wird einmal ein Wunder geschehen«. Sobald der Rythmus langsamer wurde, schrie die Mutter aus der Küche: »Reinhold, die Musike!«. Dann kam der Vater aus dem Badezimmer gerannt, um das Grammophon wieder anzukurbeln. Dorle aber saß in der Mitte zwischen beiden auf den Treppenstufen und lauschte vergnügt den sonntäglichen Geräuschen.

Später am Tag ging es dann manchmal zur Großmutter. Mit der S-Bahn von Hohen-Neuendorf nach Nikolassee zu fahren, war beinahe eine Tagesreise. Zu viert machten sie sich auf den Weg, Dorle und ihr Bruder Klaus sowie die Eltern. Und da saß die Großmutter mit ihren weißen Löckchen auf dem Bett, eine richtige Dame, wie Dorle fand. Schwestern in sauberen, weißen Kleidern servierten den Kaffee. Dazu gab es Torten vom früheren Feinkostlieferanten Kempinski, der nun »arisiert« war und zu dem Wein- und Delikatessenhaus F.W. Borchardt in der Französischen Straße gehörte. Manchmal wurde Dorle neben Estella aufs Bett gesetzt, und die Großmutter rollte ihr ein paar Klickerkugeln entgegen.

Dorle hatte große Ehrfurcht vor der alten Dame, saß kerzengerade auf der Matratze und schob nur ganz vorsichtig die Kugeln zurück.

Auf dem Heimweg streifte die Familie dann noch ein bisschen durch die Wiesen und Wälder beim Wannsee, und Lucie fotografierte ihre Lieben. Wenn Reinhold später in der S-Bahn etwas schweigsam wurde, weil er sich Gedanken um seine Mutter machte, wartete Lucie zumeist mit einer guten Idee auf, wie der Rest des Nachmittags zu verbringen sei. Und so machte die Familie manchmal im Café Kranzler Station. Da saßen sie dann beim Abendessen zusammen und die Kinder schleckten Eis, später im Dunkeln fuhren sie vergnügt heim. Seit die Verhältnisse immer beschwerlicher geworden waren, lebten die Meyers von einem Tag auf den anderen, und sie genossen stets den Augenblick. Das mag sie verletzbarer gemacht haben für die ständig neuen Schikanen der Nazis – aber es war auch ein Schlüssel für ihr familiäres Glück.

So dauerte es eine Weile, bis Reinhold und Lucie sich darüber klar wurden, dass eine neue NS-Verordnung geeignet war, ihr Familienleben nun wirklich empfindlich zu stören. Ende September 1938 kam die Bestimmung heraus, derzufolge jüdische Eltern keine »arischen« Adoptivkinder mehr großziehen sollten. Das traf auf Dorles älteren Bruder Klaus zu, der ein »rein arisches« Kind war, aber mit den Meyers jüdisch-nichtjüdische Adoptiveltern hatte. In solchen Fällen waren die Behörden nun aufgefordert, den Eltern das Kind zu entziehen. Reinhold las die Nachricht in der Zeitung, doch er mochte sie anfangs nicht recht glauben: Sicher betreffe die Bestimmung nur Eltern, die jetzt ein Kind adoptieren wollten, nicht aber sogenannte »Altfälle«, wie ihr Klaus es einer war. Und so beruhigte er seine Lucie wieder einmal mit der Bemerkung: »So schlimm wird es schon nicht werden.«

Klaus war mittlerweile ein Junge von neun Jahren, 1929 hatten Lucie und Reinhold ihn adoptiert. Im Haus in der Voßstraße hatte der Junge ein großes Kinderzimmer mit Blick in die Ministergärten gehabt; es gab Mengen von Spielzeug, ein Kindermädchen kümmerte sich eigens um ihn. Eingeschult wurde er in Dahlem, wohin die Eltern Ende 1934 gezogen waren. In Hohen-Neuendorf besuchte er dann bereits die dritte Schule in drei Jahren. So konnte man natürlich keine Freunde finden. Schnell hatte sich in der Schule in Hohen-Neuendorf auch herumgesprochen, dass Klaus aus einer nicht ganz »rassereinen« Familie stammte, wie man sich unter der Hand erzählte. Manche Klassenkameraden hänselten ihn, andere zogen sich von ihm zurück. Und so fuhr der Junge nach der Schule oft allein mit dem Fahrrad auf der holperigen Pflasterstraße herum, an der das »Russenhäuschen« der Meyers lag.

Auch für Klaus aber erfüllte sich in Hohen-Neuendorf ein lang gehegter Traum: Reinhold baute ein Baumhaus mit ihm. Der Garten des Hauses lag an einem Bahndamm, hinter dem die S-Bahn etwas tiefer gelegt entlangsauste. Am Rande des Damms stand eine alte Trauerweide, in welcher die beiden eine Plattform aus alten Brettern befestigten. Klaus liebte sein Baumhaus über alles, stundenlang saß er in der Trauerweide, spielte für sich allein oder las ein Buch und ließ sich alle halbe Stunde in den Baumwipfeln durchschütteln, wenn unten die S-Bahn vorbeibrauste. Es war der einzige Ort, an dem er nicht einmal seine kleine Schwester duldete. Dorle war es streng verboten, sich dem Baumhaus auch nur anzunähern.

Eines Nachmittags kam Reinhold aufgeregt nach Hause. In der Stadt sei der Teufel los, durch die Straßen zögen randalierende Horden. Curt Pelny habe ihm geraten, er solle am besten schnell nach Hause gehen: »Da liegt noch was in der Luft«, seien die Worte des Buchprüfers gewesen. Lucie rief die Lühmanns in Frohnau an, auch sie hatten mitbekommen, dass etwas Ungutes im Gange war. Der Studiendirektor hatte schon ein bisschen herumtelefoniert, in Kirchenkreisen fürchtete man noch schlimmere Ausschreitungen für den Abend, womöglich stehe eine Verhaftungswelle bevor, berichtete er. Der Rektor schlug vor, Reinhold solle sicherheitshalber zu ihnen kommen über Nacht. Reinhold zögerte. »Das wird schon nicht so schlimm werden«, bemühte er wieder einmal seine Standardrede. Doch Lucie blieb hartnäckig: Es komme gar nicht in Frage, dass er in dieser Situation allein losmarschiere – »wir fahren alle zusammen nach Frohnau!« entschied sie.

Erna Lühmann öffnete die Tür. Sie hatte bereits ein Bett auf einer Pritsche im Keller bereitet, dort konnte Reinhold schlafen. Die Lehrersgattin ließ sich nicht anmerken, dass sie eigentlich nicht begeistert von der Übernachtungseinladung war. Im Stillen fürchtete sie, dass ihre Gastfreundschaft noch teuer bezahlt werden müsste. Ihr Mann aber hatte es nun einmal so entschieden. Zu Beginn der Nazizeit war Johann Hinrich Lühmann noch Direktor der Rheingauschule in Berlin gewesen, doch er hatte sich trotz Aufforderung geweigert, eine NS-Flagge an dem Gebäude zu hissen. Daraufhin war er an ein unbedeutenderes Lyzeum versetzt worden. Im Hause Lühmann trafen sich zuweilen Pfarrer der Bekennenden Kirche, denen die Nazis bereits die Amtsausübung untersagt oder eingeschränkt hatten. Etwa Otto Dibelius und Kurt Scharf. Erna Lühmann lebte in ständiger

Sorge, dass die inoffiziellen Versammlungen den Behörden auffallen könnten.

Lucie und die Kinder fuhren an diesem Abend schnell wieder zurück, um nicht zu spät zu Hause zu sein. Der gut erzogene Reinhold aber hatte den Lühmanns sogar ein Gastgeschenk mitgebracht: ein in helles Schweinsleder gebundenes Buch aus dem 17. Jahrhundert, es war eines der wertvollen Stücke, die er aus der Bibliothek seines Vaters zurückbehalten hatte.

In jener Nacht, es war der 9. November 1938, brannten im ganzen Reich die Synagogen. Wohnungseinrichtungen wurden kurz und klein geschlagen, wehrlose Männer aus ihren Betten gezerrt. Nahezu 100 Menschen kamen nach offiziellen Angaben in ganz Deutschland ums Leben, etwa 30 000 Juden wurden festgenommen und in die Konzentrationslager Dachau, Buchenwald und Sachsenhausen gebracht. Wie viele Menschen in der Nacht Todesangst durchlitten, wie viele sich aus Verzweiflung das Leben nahmen, ist nicht bekannt. Die Verhafteten blieben teils für Monate in den Konzentrationslagern, wo sie gefoltert und gequält wurden. Andere kamen nie zurück.

Zum Jahresende 1938 legte der Vormund Leo Stern sein Amt nieder. Das geschah nicht ganz freiwillig. Nach den Ärgernissen um die wiederentdeckten Wohltätigkeitsstiftungen hatten ihn Reinhold und vor allem auch Curt Pelny immer hartnäckiger zum Rückzug gedrängt. Nunmehr konnte der Buchprüfer in den Status eines offiziellen, bezahlten Vormunds einrücken. Schon im Sommer 1936 war der Bankier Adolf Meyer als zweiter Vormund von Estella Meyer zurückgetreten, für ihn hatte das Gericht den Juristen Georg

Dirksen berufen, einen Anwalt und Notar, der dem Nationalsozialistischen Rechtswahrerbund, der Standesorganisation der NS-Juristen, angehörte. Als Stern nun im Dezember 1938 zurücktrat, wurde Dirksen dessen Nachfolger als Hauptvormund, während Pelny die Position eines Gegenvormunds erklomm.

Reinhold hielt Stern für einen »falschen Fuffziger«. Aber vermutlich war der jüdische Anwalt nur ein übergenauer und etwas unflexibler Charakter gewesen. Zu seinem Rückzug im Dezember 1938 hatte ihn nicht allein das Trommelfeuer von Pelny und Reinhold bewogen, sondern auch die neue Rechtslage. Schon 1933, kurz nach der Machtübernahme der Nazis, war ihm das Notariat entzogen worden. Einige Jahre später hatte der Anwalt seine Kanzlei, die zunächst in der Kurfürstenstraße firmierte und später in die Bayreuther Straße umzog, ganz aufgegeben. Stattdessen arbeitete er nur noch von seiner Wohnung in der Xantener Straße aus. Seit dem 1. Dezember 1938 gab es dann praktisch keine jüdischen Rechtsanwälte in Deutschland mehr, die Berufsbezeichnung war ihnen untersagt. Selbst gestandene Advokaten, Doktoren der Jurisprudenz und Frontkämpfer aus dem Ersten Weltkrieg, wie Leo Stern einer war, durften jetzt allenfalls als »Rechtskonsulenten« jüdische Klienten beraten.

Stern entschied sich, nur noch Vormundschaftsfälle zu vertreten und nannte sich fortan »Pfleger«. Als solcher praktizierte er noch bis Anfang 1943. Da Juden zu diesem Zeitpunkt längst keine Schreibmaschine mehr besitzen durften, verfasste Stern seine Schriftsätze später mit der Hand. In langen, krakelig geschriebenen Erklärungen, die bis heute erhalten geblieben sind, mühte sich Leo Stern in den Folgejahren bei seinen verbliebenen Pflegschaftsfällen, selbst kleinste Honorare beim Vormundschaftsgericht anzumahnen, um daraus seinen Lebensunterhalt zu bestreiten. Er war jetzt selbst in die Rolle des Bittstellers geraten, die Reinhold stets ihm gegenüber hatte einnehmen müssen.

Wie Reinhold Meyer so war auch Leo Stern mit einer »Arierin« verheiratet. Käthe Stern, geborene Kortschidorff, war ihm zuliebe sogar vor vielen Jahren zum Judentum übergetreten. Während der Anwalt im Herbst 1938 mit Reinhold und seinem Wirtschaftsberater über Pflegschaftsfragen stritt, spielten sich in seinem Privatleben vermutlich dramatische Szenen ab. Im Sommer 1938 sagte sich Sterns Ehefrau Käthe von der jüdischen Gemeinde los, kurz darauf trat sie noch einmal offiziell aus dem Judentum aus. Doch ihre verzweifelte Rettungsaktion für sich und ihren Mann kam wohl zu spät. Juden, die mit Nichtjüdinnen verheiratet waren, blieben zumeist noch bis kurz vor Kriegsende von der Deportation verschont. Käthe Stern aber galt im Amtsdeutsch der Nazis vermutlich als »Geltungsjüdin«, da sie zum jüdischen Glauben übergetreten war. Und so rettete sie mit ihrer Abkehr vom Judentum wohl nur noch ihre eigene Haut. Leo Stern sollte am 3. Februar 1943 nach Auschwitz deportiert werden. Am 13. Februar, morgens gegen 8.30 Uhr kam er in der Gaskammer um. Bis zum Schluss hatte er sich in seinen Schriftsätzen mit den Behörden über alle möglichen Einzelheiten auseinandergesetzt – fortwährend im Glauben, er habe es mit einem Rechtsstaat zu tun.

Auch das Pflegschaftsmandat für Estella Meyer führte der Anwalt Stern 1938 penibel zu Ende. Um eine ordentliche Übergabe an seinen Nachfolger zu gewährleisten, forderte er Reinhold auf, eine detaillierte Liste der Gegenstände aus dem Eigentum der Pflegschaft zu erstellen, die sich in seinem Haushalt befanden. Und der Jurist erwartete präzise Angaben: Mehrfach musste Reinhold seine Auflistung korrigieren, in seiner engen, krakeligen Handschrift hatte Stern etwa verlangt, dass der Antiquar »die wertvollen Bilder noch im Einzelnen einfügen« solle und auch mitteilen müsse, »ob noch Leihgegenstände Ihrer Frau Mutter in Ihrem Gewahrsam sind«. Stern wollte einfach nicht wahrhaben, dass es keinen Sinn mehr machte, dem Vormundschaftsgericht allzu genau Auskunft zu geben, da dies letztendlich nur gegen Reinhold verwandt werden würde.

Im Übrigen hatte Reinhold durchaus detailliert selbst Kleinigkeiten aufgeführt: Silbertabletts und Kaviarmesserchen, Spargelzangen und Fischbestecke, venezianische Sektgläser und Weinkaraffen, Eisbecher und Kaffeetassen aus der Königlichen Porzellanmanufaktur. Eine Aufstellung, die sich wie das Esszimmer-Inventar eines Bankiershaushalts las, eben um einen solchen handelte es sich ja auch, immerhin war Reinhold der Enkel eines der Mitbegründer der Deutschen Bank. Schon allein in der Art, wie er jetzt die Liste aufzustellen hatte, steckte eine Demütigung für ihn. Entsprechend der neuen Bestimmungen, musste er die Auflistung im Februar 1939 als »Reinhold Israel Meyer« unterzeichnen. Es schmerzte ihn besonders, dass er, der überzeugte Christ, diesen neuerdings vorgeschriebenen Beinamen Israel benutzen musste.

Anscheinend hatte Stern darauf bestanden, dass sämtliche noch formell im Besitz der Pflegschaft befindlichen Gemälde aufgeführt wurden, ob sie sich nun in Reinholds Gewahrsam befanden oder nicht. So sind die beiden von Hopfgarten gemalten Familienbilder der Goldschmidts aufgelistet, die in Hohen-Neuendorf über der Anrichte hingen. Aber auch die holländische Waldlandschaft von Max Liebermann, das Lenbach-Portrait von Reinholds Bruder Konrad, die alte Bäuerin von Paula Modersohn-Becker, das Seegemälde von Ulrich Hübner und ein Pastell von Theodor Hosemann, das ein Kind im Wagen darstellte. Wo diese Bilder sich befanden, war nicht vermerkt – Reinhold hatte vermutlich auch keine Kenntnis mehr darüber. Allerdings fehlte auf der Liste auch manches Bild, das in früheren Papieren noch aufgeführt worden war: Sollten diese Gemälde schon verkauft oder verloren gewesen sein?

Was war von der Bildersammlung des Literaturprofessors Richard Moritz Meyer noch übrig geblieben? Die Werke von Wilhelm Trübner und Walter Leistikow, Franz Skarbina und Anselm Feuerbach – waren sie alle schon verschwunden? Keiner weiß es. Viele der Familienbilder, ob von dem Ehepaar Reinhold und Sabine Lepsius gemalt, von Gustav Richter oder von Ludwig Passini, wähnte Reinhold sicher verwahrt im Keller des Hauses am Savignyplatz. Doch wo befanden sich die teuren Stücke der ganz großen Maler? Etwa das Gemälde von Ferdinand Hodler, ein bläulich grün schimmerndes Landschaftspanorama mit matt belaubten Apfelbäumen am Genfer See. Oder das Pastell von Menzel, »Mädchen am Sofa« genannt. Mindestens dieses Bild muss sich damals, im Frühjahr 1939, noch im Besitz der Meyerschen Pflegschaft befunden haben. Denn ein Jahr später, im Februar 1940, erwähnte es Reinhold noch einmal in einem Brief an Curt Pelny – da war es dann tatsächlich soeben verkauft worden.

So zahlreich die vergilbten Mappen und zerfledderten Papiere sind, die aus jenen Jahren noch erhalten sind, über den Verbleib der Bilder geben sie auffallend wenig Auskunft.

Mag sein, dass über die bedeutenderen Gemälde immer nur gesprochen und nie geschrieben wurde. Wenn es denn so gewesen sein sollte, gab es sicher Gründe dafür. Beispielsweise findet sich für das Gemälde von Corinth »Selbstbildnis im Harnisch« in den alten Akten lediglich die im Jahr 1936 abgesandte Karte, auf welcher die Berliner Galerie Nicolai gegenüber Curt Pelny den Empfang des Bildes bestätigte. Auf Reinholds Liste vom Februar 1939 ist das Kunstwerk nicht mehr vermerkt. Erst heute, beinahe 80 Jahre später lässt sich rekonstruieren, welchen Weg das Gemälde ging: Der Diplomat Herbert von Dirksen hatte es in der Zwischenzeit gekauft.

Der Rittergutsbesitzer und Karrierediplomat war seit 1933 Botschafter in Tokio gewesen und ging 1938 in derselben Funktion nach London, als Nachfolger des zum Außenminister beförderten Joachim von Ribbentrop. Aber natürlich hielt sich von Dirksen auch öfters in Berlin auf, wobei er vermutlich das Bild erstand. Das Gemälde reiste mit ihm nach London, wo es zeitweilig in der Residenz der Botschaft hing, wie sich anhand des Nachlasses des Diplomaten nachweisen lässt. Denn nachdem von Dirksen bei Kriegsausbruch von London zurückberufen wurde, fertigte er eine Liste seiner noch in der britischen Hauptstadt verbliebenen Besitztümer an – darin ist auch das Corinth-Gemälde aufgeführt.

Wer den Verkauf des wertvollen Ölbildes eingefädelt hatte, ist ungewiss. Es könnte die Galerie Carl Nicolai gewesen sein, ein anderer Kunsthändler oder Reinholds Berater Curt Pelny. Ein Geheimnis bleibt auch, wohin der Verkaufserlös geflossen sein mag. Reinhold jedenfalls wusste ausweislich seiner späteren Einlassungen nichts von der Veräußerung an den Diplomaten und er hat auch keinen Pfennig für das

Bild bekommen, das heute etwa eine halbe Million Euro wert wäre.

Die Galerie Carl Nicolai sollte später, in den vierziger Jahren, noch erfolgreich Bilder für Hitlers »Führermuseum« vermitteln. Unterdessen waren die vormals führenden jüdischen Kunsthandlungen längst aus Berlin verschwunden. Grete Ring vom Salon Cassirer, früher ein gern gesehener Gast bei den Meyers, wanderte 1935 zunächst nach Amsterdam aus, drei Jahre später ging sie nach London. Ihr Teilhaber Walter Feilchenfeldt ließ sich in der Schweiz nieder. Alfred Flechtheim, ein früherer Geschäftsfreund von Paul Cassirer, war nach London gegangen. Justin Thannhauser, der in der Berliner Bellevuestraße eine Galerie unterhielt, emigrierte 1937 nach Paris und später über die Schweiz nach New York. Reinhold Meyer waren diese Kunstsalons teilweise schon aus Kindertagen wohlbekannt. Möglich, dass sich mit ihnen zu Beginn der NS-Zeit auch noch der eine oder andere inoffizielle Verkauf hatte bewerkstelligen lassen. Mittlerweile aber, Anfang 1939, waren diese Kunsthändler im Ausland. Und so dürfte Reinhold in der deutschen Galerieszene wohl kaum mehr einen Vertrauten gehabt haben.

Die systematische Ausplünderung der Juden durch die Nazis hatte zu Beginn des Jahres 1939 gerade erst richtig begonnen. Am 21. Februar des Jahres, Reinholds korrigierte Liste war soeben an den Vormund Stern abgesandt worden, wurde in einer neuen Verordnung von den Juden verlangt, dass sie nunmehr alle Gold- und Silbergegenstände, Perlen und Edelsteine abzugeben hätten. Reinhold handelte, wie immer, pflichtbewusst und zugleich ein wenig unpraktisch. Er rief ein Taxi und fuhr mit dem großen Mädlerkoffer, den er erst im August 1938 aus der Wohnung der verstorbenen Nonna freibekommen hatte, zum Pfandleihhaus in der Jägerstraße, wo alle Dinge abgegeben werden sollten.

Reinhold hatte so viele Kostbarkeiten für sich und seine Mutter abzugeben, dass er zweimal mit dem Taxi in die Innenstadt fuhr. Die Zugehfrau Siegmund, die den Meyers schon in der Voßstraße zu Diensten gewesen war, begleitete ihn. Zuvor hatten beide zusammen die vielen Einzelstücke sorgfältig in Zeitungspapier eingewickelt und dann in den Koffer gepackt: silberne Haarbürsten und Saucieren, Messer, Gabeln und Serviettenringe, Kuchenplatten und einen silbernen Bar-Mizwa-Becher, der vermutlich noch von Richard Moritz Meyer stammte. Dazu zwei mit Brillantsplittern belegte Diademe von Reinholds Großeltern, dem Bankier Friedrich Meyer und seiner Frau Elika, überdies ein großes Kollier mit 30 erbsengroßen Brillanten von Estella, das allein geschätzte 10 000 Reichsmark wert war. Außerdem eine Halskette aus 16 Süßwasserperlen, die mit 16 passenden Brillantschleifen verbunden waren, sowie mit Edelsteinen besetzte Haarkämme, Uhrketten und Armreifen.

Attribute eines großbürgerlichen Lebens, Erbstücke von Generationen wurden so dahingegeben. Im Nachhinein konnte Reinhold fast froh sein, dass er das Goldkollier mit den Smaragden schon zuvor versetzt hatte, denn auf dem Pfandleihhaus bekam er fast nichts dafür bezahlt. Das Silber wurde nach Gewicht vergütet, einer noch erhaltenen Quittung zufolge berechnete man Reinhold für 13,5 Kilogramm Silber genau 302,50 RM. Dies betraf nur einen Teil seiner Ablieferung, der Antiquar erinnerte sich später, allein etwa 40 Kilogramm Silberwaren zum Pfandleihhaus gebracht zu haben. Die edlen Kolliers wurden nach Gewicht, Karat und der jeweiligen Laune des Prüfbeamten taxiert. Was auch immer quittiert wurde, erhalten hat Reinhold vermutlich keinen Pfennig, denn formell gehörten die Kostbarkeiten ja seiner Mutter. So flossen die Beträge, wenn überhaupt, dem Vormundschaftsvermögen zu.

Aufmerksam hatte die kleine Dorle beim Packen zugeschaut, die Glitzerdinge gefielen ihr. Ausgerechnet ihr älterer Bruder Klaus, der sonst immer der große Beschützer war, aber weinte nun plötzlich hemmungslos. Klaus konnte nicht verstehen, dass all diese Kostbarkeiten nun weggegeben werden sollten. Noch ahnte der damals neunjährige Junge nicht, dass er selbst bald vom Rest der Familie getrennt werden würde.

10

Sehnsuchtsziel Brasilien

Das Fräulein hatte einen Dutt und war sehr freundlich. Dorle durfte alle Stempel ausprobieren, die auf dem Schreibtisch verfügbar waren, runde und eckige, große und kleine. Mit baumelnden Beinen saß sie auf einem hochgedrehten Bürostuhl, die Arme weit über die Tischplatte gebeugt. »Paff«, machte es, wenn sie den Stempel aufs Papier knallte, »Paff« und wieder »Paff«. Dorle war in ihrem Element. Doch ganz nebenbei spitzte sie auch die Ohren, was die Erwachsenen wohl zu besprechen hatten. Es ging um etwas Unangenehmes, soviel schien ihr klar, sie konnte es ihrem Vater am Gesicht ablesen. War nicht gerade auch der Name ihres Bruders Klaus gefallen?

»Not in present of the child«, sagte Dorles Vater jetzt, und plötzlich sprachen alle einen Ton leiser. Was sollte das nun wieder? Dorle schaute kurz von ihren Stempeln auf. Anfangs hatte sie keine Ahnung, was die Bemerkung des Vaters bedeutete, doch der Satz fiel immer wieder, auch bei anderen Gelegenheiten. So bemerkte Dorle im Laufe der Zeit, dass die Gespräche danach meist besonders interessant wurden. »Not in present of the child« war also eine Art Signal. Wenn ein Erwachsener diesen Satz fallen ließ, musste man ganz genau hinhören, weil dann die geheimen Dinge zur Sprache kamen.

Das Büro mit den vielen Stempeln lag in einem Patrizierhaus an der Stechbahn, ganz in der Nähe des Berliner Stadtschlosses. Im Februar 1939 waren die Räume im zweiten Stock eröffnet worden. Reinhold und Lucie müssen dort bald darauf zum ersten Mal vorgesprochen haben, sie kamen immer wieder, und auch Dorle war zumeist dabei. Ein typisches Berliner Zimmer diente als Empfangs- und Warteraum, dahinter war ein Korridor mit fünf Türen, und hinter einer dieser Türen saß Fräulein Meusel, die Dame mit dem Dutt.

Marga Meusel kam von der Sozialfürsorge. Seit 1932 hatte sie einige Jahre lang das Bezirkswohlfahrtsamt der Inneren Mission in Zehlendorf geleitet. Dabei war ihr die schwierige Lage der sogenannten »evangelischen Nichtarier« aufgefallen, protestantisch getauften Juden eben, wie Reinhold Meyer einer war. Schon früh hatte Marga Meusel, die der Bekennenden Kirche angehörte, ihre Glaubensgenossen darauf aufmerksam gemacht, dass speziell die christlichen Juden jetzt besonderer Hilfe bedurften. Schließlich saßen die Leute zwischen Baum und Borke: Die jüdischen Gemeinden wollten von den getauften Christen nichts wissen, und auch sie selbst hatten zumeist keinerlei Beziehung mehr zu jüdischen Institutionen. Indes ordneten die Nazis »nichtarische« Protestanten nach ihrer vermeintlichen »Rasse« als Juden ein, folglich drohte ihnen soziale Verelendung und auch Gefahr. »Was ich in dieser Richtung zu sehen bekomme, ist erschütternd«, schrieb Marga Meusel 1935 an einen Vorgesetzten, »auf der einen Seite die Not, auf der anderen in evangelischen Kreisen, sogar in Kreisen der Bekennenden Kirche, die allergrößte Verständnislosigkeit«.

Der Kaulsdorfer Pfarrer Heinrich Grüber, der nebenbei die niederländische Gemeinde in Berlin betreute, in der es viele christliche Juden gab, war ähnlicher Auffassung. Jahre zuvor, im Herbst 1936, hatte er bereits eine Seelsorge- und Auswanderungsstelle für christliche Juden in der Oranienburger Straße eingerichtet, die bald unter dem Namen »Büro Grüber« firmierte. Der Zulauf war so stark gewesen, dass man später in ein größeres Büro umzog, ebenjenes an der Stechbahn.

Anfangs waren Reinhold und Lucie vor allem aus Sorge um Klaus ins Büro Grüber gekommen. Sie fürchteten, dass der Junge, der nach den Nazigesetzen als »Arier« galt, ihnen von einer staatlichen Stelle weggenommen werden könnte. Der alte Schuldirektor Lühmann aus Frohnau, der mit vielen Pfarrern aus der Bekennenden Kirche in Kontakt stand, hatte ihnen empfohlen, sich an das Büro Grüber zu wenden. So gelangten sie an Fräulein Meusel. Diese legte den Fall wahrscheinlich zunächst Fritz W. Arnold vor, einem angesehenen Anwalt, der im Beirat des Büros saß. Arnold, wie Reinhold Jude und mit einer »Arierin« verheiratet, wurde bald ein wichtiger juristischer Berater für die Meyers. Was den Adoptivsohn Klaus betraf, konnte der Anwalt allerdings keine Entwarnung geben: Nach einem Rundschreiben des Reichsinnenministeriums vom September 1938 waren die Behörden tatsächlich gehalten, die Aufhebung des Adoptionsvertrages zu beantragen, wenn ein Elternteil Jude war. Zu entscheiden hatte darüber letztlich das Vormundschaftsgericht.

Die Herren Amtsrichter kannte Reinhold nun weidlich durch die ständigen Querelen um seine finanzielle Unterstützung. Von ihnen konnte man seiner Ansicht nach nur das

Schlimmste befürchten. Mithin war es vermutlich nur noch eine Frage der Zeit, dass sie Klaus abholen würden. Doch was sollten Reinhold und Lucie tun? Sie liebten den Jungen wie einen leiblichen Sohn und konnten ihn doch nicht einfach den Nazis überlassen. Immer wieder sprachen die Eheleute im Büro Grüber vor, sie baten Grübers rechte Hand, den einfühlsamen Pfarrer Werner Sylten, um seelsorgerlichen Rat und unterhielten sich mit Fräulein Meusel über mögliche Auswege. Schließlich reifte die Erkenntnis, dass es in diesem Dilemma nur eine Lösung gab: die Auswanderung.

Mittlerweile war es außerordentlich schwierig geworden, Zufluchtsorte in der Welt zu finden, die deutsche Juden willkommen hießen. Viele Länder hatten Zuwanderungsquoten festgelegt, die nicht überschritten werden durften. Andere entwickelten extrem restriktive Einwanderungsbedingungen, etwa die USA, die für jeden Neuankömmling einen finanziellen Bürgen im Land verlangten. Das aber war kaum zu bewerkstelligen, da Verwandte in Amerika, die man bat, ein »affidavit« abzugeben, wie die beglaubigten Erklärungen genannt wurden, meist selbst Einwanderer waren und deshalb bei weitem nicht über die notwendigen Mittel verfügten. Wieder andere Staaten nahmen nur ausgebildete Spezialisten auf, etwa Zahnärzte oder Hochbauingenieure.

Im Büro Grüber hatte man daher begonnen, eigene Projekte in Übersee zu entwickeln, die gemeinsam mit christlichen Gemeinschaften vor Ort realisiert werden sollten. Eines der ehrgeizigsten Vorhaben war die Gründung einer Siedlung bei Sao Paulo in Brasilien. In der Region gab es eine bestimmte, stark cellulosehaltige Baumart, deshalb war die Idee geboren worden, eine Papierfabrik im Urwald zu gründen. Zu diesem Zweck mussten größere Flächen gerodet werden, die auch landwirtschaftlich genutzt werden sollten. Nach späteren Berichten von Pfarrer Grüber war selbst Papst Pius XI. in das Projekt eingebunden, über einen örtlichen Kardinal ließ er offenbar einen Kontakt zum damaligen brasilianischen Staatspräsidenten herstellen.

Das Kapital für die Fabrik wollte man über Aktien beschaffen, die von Finanziers in aller Welt gezeichnet werden sollten. Ausländische Kapitalgeber wurden gebeten, die Finanzmittel für den Aufbau vor Ort zu liefern. Hingegen erwartete man von einigen großen deutschen Geschäftsleuten, dass sie für die Reise- und Einwanderungskosten der Siedler aufkamen. Ein gewaltiges Vorhaben. Reinhold und Lucie brauchte man nicht lange davon zu überzeugen. Sie machten sich sofort an die Planung: Klaus sollte schon einmal voraus nach England geschickt werden, sodass er in Sicherheit war. Einige Wochen später wollten ihn Lucie, Reinhold und Dorle dann in Großbritannien abholen und gemeinsam mit dem Jungen nach Brasilien auswandern.

Natürlich musste die beabsichtigte Übersiedlung gut vorbereitet werden. Es war klar, dass der Antiquar und Schöngeist Reinhold nicht zum Papierarbeiter taugte, deshalb schlug Fräulein Meusel vor, er solle sich lieber in der Landwirtschaft weiterbilden. Ein bisschen Gartenarbeit hatte Reinhold ja mittlerweile kennengelernt, ansonsten verstand er jedoch nicht allzu viel vom Landleben. Das sollte sich nun ändern: Mit Elan und Tatkraft stürzten sich die Meyers in die Arbeit, und so war der Garten des Hauses in Hohen-Neuendorf bald das reinste Trainingslager. Zunächst wurde gesägt und gemauert, das war »Männerarbeit«. Hinten beim Bahndamm stand eine kleine Abstellhütte, Reinhold baute sie mit Unterstützung von Klaus zu einem Hühnerstall aus. Das Handwerkern machte dem Jungen großen Spaß, er betrachtete den Vater als Vorbild, weshalb er wohl gar nicht bemerkte, dass dieser eigentlich kein begnadeter Handwerker war.

Bald wurden dutzendweise Legehennen angeschafft, und so wandelte sich das Areal Zug um Zug in eine Geflügelfarm. Die Hennen spazierten kreuz und quer durch den Garten und legten ihre Eier in alle möglichen versteckten Ecken, Dorle hatte täglich ihre Freude daran. In der Küche des Hauses gab es einen Luftabzug zum Garten, der aus einem mit Löchern durchbrochenen Stück Metall bestand, das etwa in Beinhöhe hinter einem Topfregal saß. Die Löcher betrachtete das Mädchen als Puppenfenster. Sie hatte ihren Lieblingsplatz zwischen den Töpfen im Regal gefunden, von wo aus sie durch die Luftfensterchen beobachtete, wie die Hühner im Garten herumpickten. Ein spannendes Schauspiel, das Dorle stundenlang fesseln konnte. Hingegen fand sie die Schildkröte, die man ebenfalls angeschafft hatte, ziemlich langweilig.

Klaus fütterte das Panzertierchen, das sich gemächlich in einem mit Brettern abgetrennten Karree des Gartens bewegte, geduldig mit Salatblättern. Für Dorle hingegen war die Schildkröte viel zu langsam – sie mochte vor allem Tiere, die sich schnell bewegten. Die Spatzen zum Beispiel, die im Wilden Wein herumpickten, der an der rückwärtigen Hauswand hinaufkletterte, das waren ihre Freunde. Schnell und geräuschvoll flatterten sie an der Hauswand herum, Dorle stellte sich vor, dass es sich um eine Spatzenfamilie handelte, die im Weinlaub ihr kleines Zuhause hatte, so wie sie und ihre Eltern in dem Bungalow.

Mit Vergnügen sammelte das Kind auch die noch warmen Eier der Hühner aus den Nestern und legte sie in ein Körbchen, das mit einem rosafarbenen Streifen verziert war. Aufopfernd kümmerte sich der Vater um den Hühnerstall. Immer wieder weißelte er die Wände und legte ein paar Gipseier in die kunstvoll aus Stroh gewundenen Nester, um die Hühner zum Eierlegen zu animieren. Die Gipseier hatten es Dorle besonders angetan. Sie waren so schön rund und fest und konnten einfach nicht kaputt gehen. Noch spannender fand die Kleine allerdings die Zuckereier, die sie sich manchmal zubereiten durfte. Zunächst wurde das Eiweiß mit viel Zucker steif geschlagen, dann hob man vorsichtig das Eigelb darunter – eine ungeheure Köstlichkeit, die Dorle immer wieder gern schnabulierte.

Zur Landwirtschaft gehörten nicht nur Hühner, Reinhold stellte sich auch darauf ein, dass er melken lernen musste. Nun konnte er sich zwar keine Kuh in den Garten in Hohen-Neuendorf stellen, doch zumindest eine Melkerjacke musste her. Sonderbarerweise gab es solche Jacken damals in großen Mengen im noblen KaDeWe zu kaufen, dem Kaufhaus des Westens. Es musste also noch andere Menschen in Berlin gegeben haben, die plötzlich auf Melker umsatteln wollten. Überdies schafften die Meyers unzerbrechliches Kochgeschirr für den Umzug in den Urwald an, Edelstahlteller von WMF mit zwei Henkeln aus Metall. Zug um Zug verkauften sie dafür das kostbare Zwiebelmuster-Service aus Meissener Porzellan sowie die KPM-Tassen mit dem Meyerschen Monogramm – lauter Geschirr, das zweifellos nicht urwaldtauglich war.

So waren die Vorbereitungen zur Auswanderung in vollem Gange. Doch dann verzögerte sich das Projekt. Was tun mit Klaus, der durch die neuen Adoptionsbestimmungen immer stärker gefährdet schien? Reinhold und Lucie entschlossen sich, den Jungen zu verstecken. Dazu musste er aber zunächst hinaus aus Berlin, wie das Ehepaar fand. Rudolf Stenger, einer der beiden Söhne der Bleichröder-Tochter Henriette, lebte mittlerweile in einem kleinen Haus am Bodensee, Lucie hatte noch immer Kontakt zu ihm. Reinhold fand, dass dies der richtige Unterschlupf für ihren Klaus sei. Doch zuvor musste Geld für die Reise aufgetrieben werden. Den neuen Vormund seiner Mutter Estella um Hilfe zu bitten, schien dem Familienvater völlig zwecklos, deshalb entschloss er sich, etwas Schmuck zu versetzen.

Zwar hatte Reinhold, rechtschaffen wie er war, bei der Silbersammlung im Frühjahr 1939 die wertvollsten Juwelen mit abgegeben. Ein paar kleinere Stücke, die nicht weiter auffielen, aber waren doch zurückgeblieben. Lucie hatte darauf bestanden, eine Reserve für Notzeiten anzulegen. Die wurde jetzt angegangen.

Das Haus des Schmuckhändlers lag in Berlin am Monbijouplatz Nr. 4. Von der Eingangstreppe konnte man in der Ferne die Kuppel der großen Synagoge sehen, die etwas weiter westlich an der Oranienburger Straße stand und die Reichspogromnacht im November 1938 dank des beherzten Einsatzes eines Berliner Polizisten vergleichsweise unbeschadet überstanden hatte. Eine elegant geschwungene Eisenstange diente als Treppengeländer zu dem Wohnhaus, in dem der Schmuckhändler wohnte. Dorle, die wie immer an der Hand ihrer Eltern dabei war, streifte im Vorbeigehen mit ihrem Finger den eiskalten, glatten Handlauf, während sie die grauen Granitstufen hinaufkletterte. Das Gefühl des kalten Eisens an der Haut sollte ihr ein Leben lang Gänsehaut bereiten, so spannend fand sie, was wenig später drinnen in dem Haus geschah.

Sie schlichen durch ein großes Treppenhaus mit schwarzweißen Fliesen und braunen Säulen an den Seiten, hinten links war die Tür, die sie suchten. Kurz darauf breitete der Vater eilig ein paar Schmuckstücke auf dem Bürotisch aus. Ein älterer Herr mit Lupe beugte sich über die Preziosen, man wurde sich schnell handelseinig. Der Schmuckhändler war ein Mann von über 60 Jahren und eigentlich Rechtsanwalt von Beruf. Als Jude war er seit Herbst 1938 genau wie Leo Stern von dem Berufsverbot der Nazis betroffen, daraufhin hatte er in seiner Kanzlei anscheinend ein illegales Schmuckgeschäft eröffnet. Seine Frau war »Arierin« wie Lucie, ein Schwiegersohn in spe arbeitete angeblich bei der SS, wie Dorles Eltern sich erzählten. Mag sein, dass dies keine schlechten Voraussetzungen waren, um im Schwarzmarkthandel jener Tage zu reüssieren. Jedenfalls überlebte der Anwalt die Nazizeit in Berlin, er starb 1952.

Im späten Frühjahr 1939 fuhr Klaus mit dem Zug nach Konstanz. Er war jetzt knapp zehn Jahre alt, ein ernster Junge, der wenig Freunde hatte und sich gern an seinen Vater anlehnte. Nun ging er zum ersten Mal allein auf Reisen, und das war nur der Anfang, denn es sollte noch viel weiter weggehen von zu Hause: Mit Hilfe der Mitarbeiter im Büro Grüber suchten die Meyers nach einer Adresse in England, wo Klaus bis zur endgültigen Ausreise der Familie unterkommen könnte. Es fand sich ein Reverend in der mittelenglischen Kleinstadt Bilston in Staffordshire, der auf den ersten Briefkontakt hin einen sympathischen Eindruck machte. Lucie schwärmte allen Freunden von dem reizenden englischen Pastor vor. Und so sollte Klaus im Sommer 1939 nach London fliegen.

Es waren noch einige Besuche am Monbijouplatz nötig, bis Reinhold das Geld für das Flugticket zusammenhatte. Außerdem musste er Klaus noch eine nennenswerte Barsumme mit auf den Weg geben, die der Reverend im Voraus für seine Dienste verlangt hatte. Und so wird Reinhold vermutlich auch noch einige der historischen Bücher aus der Bibliothek seines Vaters verkauft haben. Endlich war es soweit: Reinhold, Lucie und Dorle brachten Klaus, der kurz zuvor aus Konstanz zurückgekommen war, zum Flughafen Tempelhof. In seinen Koffer hatte ihm Lucie allerlei nützliche Dinge gepackt, mit denen er bis zu ihrer Ankunft durchkommen würde. Geplant war, dass der Rest der Familie ihm etwa vier Wochen später nachreisen würde. Kurz vor dem Flugsteig blickte sich Klaus noch einmal nach seinen Lieben um. Das war das letzte Bild von ihrem Bruder, das Dorle über viele Jahre in Erinnerung behalten sollte.

Im ersten Brief aus London schrieb Klaus, dass er seinen Wintermantel im Flugzeug habe liegen lassen, ein schöner, dicker Mantel im grauen Fischgrätmuster. »Macht nichts«, sagte Lucie, »bis der Mantel gebraucht wird, sind wir längst in Brasilien.« Sie und Reinhold hatten begonnen, Portugiesisch-Unterricht zu nehmen. Als musikalischem Menschen fiel es dem Antiquar leicht, Sprachen zu lernen, er sprach bereits fließend Englisch und Französisch. Lucie tat sich da schwerer. Tagsüber wartete Reinhold stundenlang bei den verschiedenen Stellen, die für die Ausreiseformalitäten abgeklappert werden mussten. Neben dem Büro Grüber waren dies das brasilianische Konsulat und diverse deutsche Behörden. Die Meyers brauchten Reisepässe, überdies mussten vor der Abreise vielfältige Gebühren, Steuern und Devisen entrichtet werden. Dann kam ein Brief von Klaus: Er fühle sich überhaupt nicht wohl in England, alles sei dreckig und der Reverend unfreundlich. »Wird schon werden«, beruhigte Reinhold sich und seine Familie, »wir reisen ja bald alle zusammen weiter.« Er hatte nun doch noch einmal begonnen, mit dem neuen, parteigetreuen Hauptvormund seiner Mutter über Geld zu verhandeln. Sein Ziel war es, eine Abfindung für seine Erbansprüche auszuhandeln, sodass er wenigstens ein kleines Startkapital für Brasilien hatte.

Curt Pelny unterstützte ihn in seinen Bemühungen, auch der Hauptvormund Rechtsanwalt Georg Dirksen schien der Abfindungsidee positiv gegenüberzustehen. Allerdings gab es Querelen mit dem zuständigen Amtsrichter, der selbst die mittlerweile sehr viel geringeren, teilweise auch unregelmäßig fließenden Zuwendungen für Reinhold noch für übertrieben hielt. 300 RM monatlich hatte der Antiquar zuletzt erhalten, davon musste er allein 160 RM an Miete für das »Russenhäuschen« zahlen. Von dem Rest konnte die Familie nicht leben und nicht sterben. Aber auch die Verhandlungen über die erhoffte Abfindung gerieten ins Stocken, Reinhold fürchtete, dass er womöglich ohne finanzielles Polster würde reisen müssen. Und so fasste er sich Anfang August 1939 ein Herz und setzte Pelny in einem langen Brief seine Situation auseinander.

Von morgens bis abends schufte er im Garten, erläuterte Reinhold dem Bücherrevisor: Als Selbstversorger betreue er 30 Hühner und Enten und bearbeite rund 100 qm Gemüsebeete. Gern sei er mit dem Herrn Amtsrichter »zu einem Lokaltermin bereit«, sodass dieser sich davon überzeugen könne, was er derzeit leiste. Und das, obwohl er es am Herzen habe und ihm auch die Leber Probleme bereite; Lucie sei ebenfalls »gesundheitlich nicht auf der Höhe«. Natürlich könne er versuchen, eine Arbeitsstelle zu finden – in der augenblicklichen Lage aber würde er als Jude allenfalls »100 RM monatlich verdienen«. Allein das Fahrgeld, die Abnutzung von Schuhen und Kleidung und die Umstände würden dies wohl »nicht recht rentieren«.

In dieser Situation, meinte Reinhold, sei Auswanderung die einzige Möglichkeit, um zu überleben. Niemand könne aber erahnen, »wie schwer gerade uns überhaupt das Fortgehen ist«. Er empfinde es als sehr schmerzlich, »dass ich meine hilflose Mutter zurücklassen muss«. Aber er sehe keine andere Perspektive mehr. Wenigstens die Zeit bis zur Emigration müsse es jedoch möglich sein, »dass man sich hier über Wasser halten kann«.

Immer wieder hatte Reinhold Listen anfertigen müssen über Möbel, Gemälde und sonstige Gegenstände, die seiner Mutter gehörten. Sie befanden sich formell in seiner Verwahrung, auch wenn sie teils an Orten lagerten, die Reinhold selbst nicht kannte. Vermutlich hatte einer der Vormundschaftsvertreter, vielleicht Curt Pelny, die Besitztümer in seine Obhut genommen. Reinhold erklärte nun dem Bücherrevisor, dass es nötig sei, »die Gegenstände der Liste allmählich zu verkaufen«, vor allem die »Teppiche, Bilder und anderes«. Er bitte um baldige Nachricht, schloss der Familienvater seinen Brief an den Steuerberater, und er erkenne dankbar an, »dass Sie mir immer mit Rat und Tat getreulich beistanden«. Nun aber brauche er dringend Pelnys Unterstützung: »Helfen Sie mir bitte wieder«, flehte er den Bücherrevisor an, »weil ich mich einfach nicht mehr durchfinde.«

Als Curt Pelny den Brief in die Hände bekam, kursierten in gut informierten Berliner Kreisen längst Gerüchte über einen bevorstehenden Kriegsbeginn. Sicher hatte auch der Steuerberater davon gehört, schließlich saß er im Präsidium des Roten Kreuzes, ja, er war sogar ein enger Vertrauter des DRK-Präsidenten Herzog Carl Eduard von Sachsen-Coburg Gotha, der als linientreuer NS-Vertreter galt. Reinhold aber hatte keine Ahnung von den gefährlichen Entwicklungen. Er war vollauf damit beschäftigt, die letzten Vorbereitungen für die geplante Auswanderung zu treffen. Gegen Ende August hatte er sogar die Schiffsbillets für Brasilien bekommen, die ein Vermögen kosteten. Noch einmal fuhr er mit Dorle und Lucie zur Waldhausklinik in Nikolassee, um seine Mutter zu besuchen – er wollte sich mit seiner Familie von Estella Meyer verabschieden. Wieder saß man im piccobello aufgeräumten Krankenzimmer, wieder servierten die weißgekleideten Schwestern Kaffee und Kuchen. Reinhold erzählte seiner Mutter von dem Siedlungsprojekt in Brasilien, von der Papierfabrik und der Landwirtschaft. Doch Estella schien nicht recht zu begreifen, worauf er hinauswollte. Sollte er seiner Mutter wirklich erklären, dass sie sich womöglich nie wiedersehen würden? Reinhold zog es vor, die Dinge im Unklaren zu belassen, seine Mutter würde es doch nicht verstehen. In gedrückter Stimmung verließ er das Krankenzimmer. Als sie in der S-Bahn nach Hause fuhren, sprach er kein Wort.

Dann plötzlich, am 1. September 1939, kam die Schreckensnachricht: Der Krieg hatte begonnen. Reinhold und Lucie hörten die Meldung im Radio, auch beim Bäcker und überall sonst sprach man davon. Zunächst war nur vom deutschen Einmarsch in Polen die Rede, der laut NS-Propaganda angeblich als Vergeltung auf einen polnischen Übergriff hin begonnen hatte. Reinhold klammerte sich an einen letzten Hoffnungsschimmer: »Hauptsache, die Engländer machen nicht mit!«, beruhigte er seine Familie beim Abendbrot. Kurz darauf trat Frankreich in die bewaffnete Auseinandersetzung mit ein, dann erklärte England den Deutschen den Krieg. Selbst Reinhold mochte da nicht mehr glauben, dass es schon nicht so schlimm werden würde.

Aufgeregt stürmte der Familienvater in den Keller des Bungalows, um Lucie zu informieren. Die Hausfrau war gerade damit beschäftigt, eine der letzten Wäscheladungen für Brasilien zu waschen. Dorle freute sich, dass sie beim Drehen der Kurbel an der Waschmaschine helfen durfte. Als Reinhold die Nachricht überbrachte, schien Lucie zu erstarren. Kurz darauf sah Dorle, wie ihre sonst so starke Mutter sich an den Küchentisch setzte und hemmungslos zu weinen begann. Alle Pläne, für die sie nun seit Monaten ihre Kräfte zusammengenommen hatte – sie schienen in diesem Moment zu zerrinnen.

Es kam häufiger vor, dass Lucie auf Behörden und von Nachbarn darauf angesprochen wurde, warum sie sich nicht scheiden lasse »von dem Juden«, dann wäre doch alles viel einfacher für sie und ihre Tochter. Lucie hörte nicht auf dieses Geschwätz. Stattdessen hatte sie sich eine kleine Einnahmequelle gesucht, um selbst ein wenig dazu beizutragen, dass sie überleben konnten. Ein Nachbar hatte sie in einem Fotogeschäft der Innenstadt eingeführt, für das sie nun Laborarbeiten ausführte. Die Nachfrage war stark gestiegen, Lucie hatte ein weiteres Geschäft als Kunden gewonnen und eigens ein Gewerbe angemeldet. In ihrer winzigen Kammer, rechts vom Eingang, die als Fotolabor eingerichtet war, hatte sie nun einiges zu tun. Dorle stand ihr dort oft zur Seite und staunte, wenn auf den anfangs weißen Papierblättern im Entwicklerbad plötzlich Bilder auftauchten.

Mit den Fotoarbeiten verdiente Lucie etwa 80 RM in der Woche, allerdings musste sie dafür noch das Material bezahlen, ob Entwickler, Fotopapier oder Fixierlösung. In der engen, niedrigen Fotokammer stiegen ihr die Dämpfe direkt in die Nase, überdies musste sie gebückt arbeiten. Lucie zog sich ein Magenleiden zu, das sie ohne Klagen ertrug: Schließlich würde mit der Auswanderung nach Brasilien bald alles überstanden sein. Doch nun rückte die Erlösung plötzlich in weite Ferne! Was sollte aus Klaus in England werden? Lucie hätte schier verzweifeln können. Sie sorgte sich um den Jungen, der nun vorerst allein in der Fremde bleiben musste. Gott sei Dank gab es den Reverend, Lucie schrieb ihm einen langen Brief. Doch es kam keine Antwort, durch den Krieg war der Postweg abgeschnitten.

Einige Zeit später suchte Reinhold das Büro von Curt Pelny auf. Mittlerweile ging der Steuerberater nur noch in seiner Rotkreuz-Uniform zum Dienst. Das sah zünftig aus, passend zur Zeit, und es gab auch ein Hakenkreuz daran. Entsprechend respekteinflößend wirkte Pelny auf seinen Gesprächspartner, doch zugleich konnte er sich zugute halten, dass er immerhin keine NS-Uniform trug. Reinhold sah den Bücherrevisor hinter seinem langen, glattpolierten Schreibtisch sitzen, der ihm an diesem Tag noch größer vorkam als sonst. Alles war penibel aufgeräumt, nirgendwo schien eine unbearbeitete Akte herumzuliegen. Pelny schaute durch seine randlosen Brillengläser und wirkte sachlich wie immer, doch Reinhold kam er langsam unheimlich vor.

»Was willst du?«, suchte diesmal Lucie ihren Mann zu beruhigen: »Er ist eben ein Erfolgsmensch!« Und sie hatte Recht, das sah auch Reinhold ein: Pelny war vermutlich ein Karrierist, er gehörte zu jenen Menschen, die ihren Vorteil suchten und fanden – aber er war kein Rassist, und das allein war für die Meyers entscheidend. Auch wenn sie durchaus bemerkten, dass Pelny offensichtlich auf der Gewinnerstraße marschierte: Während die Meyers immer weniger Geld zur Verfügung hatten, schien es dem Steuerberater wirtschaftlich laufend besser zu gehen. Auf seinem Dienststempel firmierte er auch nicht mehr als »Bücherrevisor«, er nannte sich jetzt »Verwaltungsdirektor«. Die Zeiten kamen ihm offensichtlich zupass.

Die Auswanderungspläne der Familie waren mit Ausbruch des Krieges zerplatzt. Reinhold betrachtete es daher als sinnlos, weiter über eine Abfindung auf die Vermögensansprüche zu verhandeln, die ja mit einem Verzicht auf das Erbe verbunden gewesen wäre. In dem Gespräch mit Pelny aber wurde sicher die Frage erörtert, wie der Antiquar an Finanzmittel kommen könnte, um seine Familie durch den Winter zu bringen. Seit Dezember 1939 war Reinhold von der Stadtverwaltung in Hohen-Neuendorf zur Arbeit auf dem Friedhof verpflichtet worden. Zusammen mit anderen Juden musste er Schnee schippen für einen minimalen Lohn.

Mag sein, dass sich Pelny bei dem Treffen mit Reinhold persönlich für den Ankauf bestimmter Kunstwerke interessiert zeigte, vielleicht ging es aber auch nur darum, die Bilder möglichst gut an Dritte zu verkaufen. Ein paar Wochen nach dem Treffen, am 24. Februar 1940, nahm Reinhold in einem Brief an Pelny jedenfalls konkret auf die Gemälde Bezug. Es tue ihm leid, entschuldigte er sich bei dem Steuerberater, dass dieser »betreffs der Bilder« nichts mehr von ihm gehört habe. Leider aber sei »inzwischen der Menzel schon verkauft«, berichtete Reinhold dann unumwunden. Indes sei ein Bild des Malers Karl Hagemeister, das offenbar der gleiche Interessent begutachtet hatte, »von dem Kunsthändler fortgeschickt worden«. Wenn es zurück in der Galerie sei, könne sich Pelny das Gemälde gern anschauen, es solle 350 RM kosten.

Das Pastell von Adolph Menzel, das ein kleines Mädchen mit Zöpfen darstellte, war ein Vielfaches von dem Bild wert, das der deutsche Spätromantiker Hagemeister gemalt hatte. Heute dürfte das 19 cm mal 23 cm kleine Werk, das vermutlich schon im 19. Jahrhundert in den Familienbesitz der Meyers gelangte und im Werkverzeichnis von Menzel als Bild Nummer 208 rubriziert, viele Hunderttausend Euro wert sein. Nachdem Reinhold das Bild im Februar 1940 in seinem Brief an Pelny erwähnte, verlor sich jedoch seine Spur. Das Pastell ist seit mehr als 60 Jahren verschollen.

Auch wenn der Traum, nach Brasilien zu emigrieren, zerstoben war – Reinhold mochte nicht aufgeben. Er war entschlossen, wenigstens Berlin zu verlassen und mit seiner Familie nach Pommern zu gehen, um dort in der Landwirtschaft zu arbeiten. Der Antiquar, der sich jetzt als Landwirt verstand, hatte es einfach satt, ständig bei den Vormundschaftsvertretern um Geld betteln zu müssen. Neuerdings behauptete der Hauptvormund Georg Dirksen, dass er Reinhold nur noch von Fall zu Fall eine Unterstützung zahlen könne, da nicht mehr genügend Mittel im Pflegschaftsvermögen verfügbar seien. Letzteres konnte zwar so nicht stimmen, in der Tat aber war der Besitz, der formell auf Estella

Meyer lief, seit Beginn der NS-Zeit erheblich dezimiert. Ende Oktober 1938, kurz vor der sogenannten »Reichskristallnacht«, hatte der damalige Vormund Leo Stern die Barschaft noch auf 111 000 RM taxiert. Damit waren erheblich weniger Geldmittel gegenüber 1933 vorhanden, als das Vermögen der Meyers auf rund eine Million Reichsmark geschätzt wurde.

Nach den November-Pogromen 1938 hatte allerorten eine Flut von Hausverkäufen eingesetzt. In vielen Städten zwangen die Nazis jüdische Grundbesitzer, ihre Gebäude zu Schleuderpreisen zu veräußern, oftmals nutzten NSDAP-Parteigenossen die Gelegenheit, günstig an Traumgrundstücke heranzukommen. Zum Pflegschaftsvermögen der Meyers gehörten zu diesem Zeitpunkt noch vier gut vermietete Häuser: die Villa in Dahlem, in der noch immer der Theologieprofessor Bertholet wohnte, das Mietshaus am Savignyplatz, in dessen Keller Reinhold einen Teil der Bilder und anderen Wertgegenstände untergestellt hatte, sowie je ein Mietobjekt in der Spichern- und in der Dahlmannstraße. Nach den amtlichen Einheitswerten von 1935 waren die Häuser, die in bester Wohn- und Geschäftslage standen und neben den Wohnungen zumeist auch zahlreiche Ladenlokale beherbergten, zusammen über 500 000 RM wert. Ihr Marktkurs lag jedoch weit darüber.

Als Erstes wechselte die Villa in Dahlem den Besitzer. Schon im Herbst 1938 hatte der damalige Vormund Leo Stern begonnen, mit Bertholet Verkaufsverhandlungen zu führen, im Dezember 1939 war es dann so weit: Der Schweizer Theologe übernahm das Gebäude für 24 000 RM, der Kaufpreis sollte per Verrechnungsscheck gezahlt werden. Das war bereits über 10 000 RM weniger, als Reinhold das Haus einst gekostet hatte. Unklar blieb überdies, ob der Betrag je dem Vermögen von Estella Meyer gutgeschrieben wurde oder vielleicht in andere Kanäle floss – Reinhold sollte das nie herausfinden. Er hatte keinerlei Kenntnis mehr von den Vermögensverhältnissen seiner Mutter. Bis zum Rechnungsjahr 1938 leitete ihm Leo Stern seine jährlichen Pflegschaftsberichte zu. Im Herbst 1940 aber fragte Reinhold vergeblich nach den entsprechenden Unterlagen für 1939, auch später gab der Vormund Dirksen keine konkreten Informationen heraus. Sein Berater Curt Pelny ließ Reinhold jetzt ebenfalls über die Rechenschaftsberichte im Unklaren. So wurde für ihn immer undurchschaubarer, was da mit seinem künftigen Erbe geschah.

Bis Ende 1940 waren alle vier Häuser mit mehr oder weniger großen Verlusten verkauft. Nach späteren Aufstellungen wurde zwar noch ein Barerlös von insgesamt rund 134 000 RM erzielt. Was mit dem Geld geschehen ist, wieviel davon etwa für die verschiedenen Steuern und Gebühren aufgebraucht wurde, die der NS-Staat jüdischen Bürgern jetzt auferlegte, konnte nie geklärt werden. Von der Judenvermögensabgabe bis zur Reichsfluchtsteuer – die NS-Verwaltung hatte viele Wege aufgetan, sich an den Juden zu bereichern. Im Dunkeln blieb aber auch, ob und gegebenenfalls wer sich in jenen Jahren noch an dem Meyerschen Vermögen gütlich getan haben könnte. Dabei hatte Reinhold im Herbst 1940 eigens Fritz Arnold, den Anwalt aus dem Büro Grüber, damit beauftragt, bei dem Vormund Dirksen Erkundigungen über den Verbleib des Vermögens einzuholen.

Reinhold hegte seinerzeit den Verdacht, dass »unter der Obhut von Herrn Dr. Stern einiges abhanden gekommen« sei, wie er in seinem Brief vom 19. Oktober 1940 an Pelny erklärte. Dabei bezog er sich vor allem auf mögliche Verluste an Bildern, Mobiliar und Einkünften aus den Häusern. Vermutlich tat er dem jüdischen Anwalt bitter Unrecht damit. »Ich habe von jeher besonderen Wert darauf gelegt, mit Ihnen nicht nur formell alles zu erledigen«, hatte Stern vor seinem Ausscheiden enttäuscht an Reinhold geschrieben, »sondern rein menschlich«. Erst durch den Auftritt von Curt Pelny sei es – »für mich unverständlich« – zu Differenzen zwischen ihm und Reinhold gekommen, betonte Stern. Tatsächlich wurde die Situation für Reinhold weit undurchsichtiger, nachdem sich der jüdische Anwalt zurückgezogen hatte. Auch dürfte ein größerer Teil des Vermögens erst nach 1939 verschwunden sein – wohin, das ist bis heute ein Geheimnis geblieben.

Es war für den Familienvater nun immer schwieriger, selbst simpelste Informationen einzuholen. Bald nach Kriegsbeginn, im September 1939, hatte er den Radioapparat bei der Gemeinde abliefern müssen. Im Sommer 1940 wurde ihm auch das Telefon gekappt, er durfte jetzt nicht einmal mehr eine öffentliche Fernsprechzelle benutzen. Wenn dringende Telefonate zu führen waren, versuchten Reinhold und Lucie diese nun häufig bei den Lühmanns in Frohnau zu tätigen. Aber auch das war nicht ganz einfach, denn der Schuldirektor schätzte es nicht, wenn der Antiquar tagsüber zu ihm nach Hause kam. Abends aber galt für Reinhold wie für alle Juden seit September 1939 eine Ausgangssperre ab acht Uhr. So fuhren Lucie und Dorle manchmal allein zum Telefonieren nach Frohnau, während Reinhold zu Hause auf sie wartete. Endlich war eine Nachricht von Klaus eingetroffen, ein Rotkreuz-Telegramm, wie sie nun üblich wurden. Gerade mal 25 Worte durfte man darauf schreiben, doch das genügte, um Lucie zu beruhigen: Dem Jungen ging es offenbar gut bei dem Reverend.

Auch von Reinholds Mutter gab es Neuigkeiten. Gegen Ende des Jahres 1939 hatte die Meyers ein Brief aus der Waldhausklinik in Nikolassee erreicht. Bereits einige Zeit zuvor war das Sanatorium, das Dr. Nawratzki und sein jüdischer Teilhaber kurz nach der Jahrhundertwende aufgebaut hatten, in andere Hände übergegangen, die Innere Mission hatte die Klinik 1936 gekauft. Danach wurde das Sanatorium zunächst weitergeführt, wie bisher. Nach Ausbruch des Krieges hatte die Wehrmacht jedoch allerorten Krankenhäuser im Visier, die als Kriegslazarette tauglich schienen. Das Militär beanspruchte auch einen Teil des Sanatoriums. Aus diesem Grund mussten viele Patienten ausquartiert werden, auch Estella Meyer gehörte dazu. Man hatte ein Haus in Bernau für sie gefunden, nordöstlich von Berlin, die »Nervenheilanstalt Dr. Wieners«.

Reinhold hegte zunächst die schlimmsten Befürchtungen, dass seine Mutter nicht gut untergebracht sein könnte – schließlich gab es inzwischen allerlei Gerüchte darüber, wie mit psychisch kranken Patienten im Reich umgegangen wurde. Nach einem ersten Besuch in Bernau, den er Anfang 1940 mit Frau und Tochter unternahm, beruhigte er sich. Die alte Dame wirkte gepflegt wie eh und je, sie saß aufrecht in ihren Kissen, Dorle spielte wieder einmal Kullerball auf der Matratze mit ihr, und es war ihr sogar gelungen, Kuchen besorgen zu lassen. Unangenehm an der Klinik war eigentlich nur die Adresse: Das Haus lag an der nach einem NS-Märtyrer benannten Horst-Wessel-Straße, wie es jetzt viele in deutschen Städten gab. Das stattliche Gebäude wurde von einem Garten mit hohen Bäumen umgeben, früher hatte es als Erholungsheim gedient. »Meine liebe Mutter scheint erfreulicherweise dort gut untergebracht zu sein«, schrieb Reinhold erleichtert an Curt Pelny.

Im Frühjahr 1940 wurde der Antiquar zur Zwangsarbeit in einer Tief- und Straßenbaufirma in Oranienburg verpflichtet. Das Unternehmen hatte den Auftrag, bei den Auer-Werken, einem Chemie- und Rüstungsbetrieb, in dem unter anderem Gasmasken hergestellt wurden, neue Verkehrswege zu bauen. Der Chef, Dietrich Rummel, war der örtliche Stadtverordnetenvorsteher der NSDAP, Reinhold musste gegen äußerst geringen Lohn im Akkord arbeiten und schwere Lasten schleppen. Nach etwa einem Vierteljahr zog er sich einen doppelten Bruch zu, der operiert werden musste. Zwar gab es in Hohen-Neuendorf eine Klinik, indes durften Juden nicht mehr in allgemeinen Krankenhäusern behandelt werden. Reinhold musste sich daher ins Jüdische Krankenhaus in die Schulstraße nach Berlin begeben, wo die Ärzte unter schwierigen Bedingungen sehr gute Arbeit leisteten. Mag sein, dass Reinholds alter Freund und Leibarzt Professor Kalischer sich im Jüdischen Krankenhaus für ihn verwendet hatte, jedenfalls fühlte der Patient sich in der Schulstraße ausgezeichnet behandelt.

Unterdessen hatte Dorle ihren ersten Schultag. Die Zuckertüte fest im Arm, marschierte sie zur Schule, einem gründerzeitlichen Gebäude, das in der Nähe der Kirche in Hohen-Neuendorf lag. Zur Begleitung war Tante Kunze mitgekommen, die alte Theaterschneiderin, die immer ein wenig mit dem Kopf wackelte. Dorle gefiel die Schule bald sehr viel besser als zuvor der Kindergarten, wo sie als »Judengöre« keine Milch in den Blümchenkaffee bekommen hatte. Fleißig malte sie die Buchstaben, die ihr aufgegeben waren: »E-i, e-i, e-i« – so lautete eines der ersten Worte, das sie schreiben musste. Plötzlich begriff sie, was es bedeutete: »Ei«, das kannte sie schließlich von Vaters Hühnerfarm. Der Lehrer, ein älterer Herr namens Krause, war auffallend nett zu ihr, wie Dorle sich noch heute erinnert. Er behandelte sie wie alle anderen Kinder und lud sie einmal sogar mit ihren Schulkameraden zu sich und seiner Mutter zum Kaffee ein.

In jenem Sommer 1940, als Dorle in die Schule kam, hatten die Meyers eines Tages überraschend Familienzuwachs bekommen. Das Baby, das alle »Evchen« nannten, hatte einen jüdischen Vater und galt in der NS-Terminologie daher wie Dorle als »Mischling ersten Grades«. Aus irgendeinem Grunde konnte es nicht bei seiner Mutter bleiben. So hatten sich die Meyers bereit erklärt, Evchen vorübergehend aufzunehmen. Reinhold, der aus dem Krankenhaus entlassen worden war, aber noch nicht wieder arbeiten musste, kümmerte sich aufopferungsvoll um den Säugling. Lucie widmete sich hingegen den Arbeiten im Fotolabor: Seit der Krieg begonnen hatte, boomte allerorten das Fotogeschäft. Passfotos wurden gebraucht für Wehrpässe, junge Männer ließen sich ein letztes Mal für ihre Lieben daheim fotografieren und wollten ihrerseits ein Bild ihrer Liebsten mit in die Ferne nehmen. Reinhold fütterte und wickelte das Baby, dass Lucie ihre wahre Freude daran hatte – vor Freunden lobte sie ihn scherzhaft als äußerst begabte »Nanny«.

Überhaupt kehrte der Antiquar jetzt lauter Hausmannsqualitäten hervor, wie sie fand. Im Frühjahr 1940 hatte er seinen ersten Spargel geerntet, es war ein Gedicht gewesen, ihn zu essen. Allerdings durfte man nicht laut darüber reden – Spargel galt jetzt als »arisches« Gemüse, weshalb ihn Juden eigentlich nicht essen durften. Natürlich gab es auch

Kartoffeln aus eigener Ernte, Reinhold baute sogar Mais im Garten an. Im Sommer ernteten sie die Früchte von zwei Kirschbäumen, die hinter dem Haus standen, Lucie kochte die Schattenmorellen ein. Wenn am Wochenende Besuch kam, wurde zu Dorles Freude manchmal Kirschkompott aufgetischt, ihre Lieblingsspeise.

Einmal die Woche trafen sich noch immer Reinholds Musikerfreunde in Hohen-Neuendorf, Schirbel, der Geiger, und Onkel Carl, der am Klavier saß. Während sie im Wohnzimmer klassische Trio-Werke spielten, saß Dorle in ihrem Bett und horchte. Als der Sommer vorbei war, nahm jedoch die schöne Tradition des Musizierens ihr Ende: Carl Christian von Bezold hatte einen Einberufungsbefehl zur Front bekommen. Auch Reinhold hatte wieder eine neue Arbeitsaufforderung erhalten, jetzt sollte er bei einer Brunnenbaufirma in Oranienburg arbeiten. Lucie bat daraufhin Evchens Mutter, eine neue Bleibe für ihr Kind zu finden, denn unter diesen Umständen konnte das Baby nicht mehr in dem »Russenhäuschen« bleiben.

Schlechte Nachrichten gab es aus dem Büro Grüber. Noch immer gingen die Meyers häufig zu der Beratungsstelle. Im Dezember 1940 aber wurde Pfarrer Grüber verhaftet, drei Monate später nahm die Gestapo dann seinen Stellvertreter fest, Pfarrer Sylten, mit dem Reinhold sich so gern unterhalten hatte. Der Geistliche hatte wie er jüdische Wurzeln und war evangelisch getauft. Eineinhalb Jahre nach seiner Verhaftung sollte er bei einem sogenannten »Invalidentransport« im Konzentrationslager Dachau ermordet werden. Das Büro an der Stechbahn wurde nach Syltens Verhaftung im Februar 1941 geschlossen. Einige Mitarbeiter blieben jedoch weiter aktiv, jetzt in der Illegalität.

Auch Fräulein Meusel gehörte dazu. Mit ihren Kollegen beschaffte sie Ausweispapiere und besorgte Wehrpässe, Kennkarten und Postausweise. Gefälscht wurden auch Lebensmittelkarten, die immer dringlicher zum Überleben gebraucht wurden. Nahrungsmittel und wichtige Versorgungsgüter waren seit Kriegsbeginn rationiert, Juden wurden ausgeschlossen von dem Bezug vieler Grundlebensmittel wie Fleisch, Butter und Milch.

Schon im Spätsommer 1935 hatte Fräulein Meusel, die Dame mit dem Dutt, in einer Denkschrift vorhergesagt, dass das Ziel der Nazis die Ausrottung der Juden sei. Damals hatten selbst Pfarrer der Bekennenden Kirche kaum Notiz von dem Aufsatz genommen. Jetzt begannen sich ihre Befürchtungen Zug um Zug zu bewahrheiten.

11

Lucies Treue

Der Adressstempel auf dem Briefumschlag ließ nichts Gutes erahnen, die Vorladung kam offensichtlich von der Gestapo. Doch es ging nicht um Reinhold – Lucie war geladen. Was mochte man von ihr wollen? Die Eheleute Meyer hatten nicht die geringste Vorstellung. Mit gemischten Gefühlen und dem üblichen schnellen Schritt machte sich Lucie auf den Weg zur S-Bahn. An ihrer Hand trabte Dorle, die mit ihren kurzen Beinen kaum mithalten konnte mit dem Tempo, das die Mutter vorlegte. Die beiden fuhren Richtung Innenstadt, am S-Bahnhof Gesundbrunnen stiegen sie um.

Es war ein schmales Zimmer, in dem sich Lucie melden musste, hinten stand ein Tisch vor einer Tür. Der Raum war leer, Dorle betrachtete die kahlen Wände: Nirgendwo hing ein Bild, stattdessen waren ein, zwei Schilder aufgehängt, auf denen irgendwelche Anweisungen standen. Dorle hatte gerade begonnen, die Worte zu entziffern, als sich die Tür hinter dem Tisch öffnete. Ein Mann in Uniform kam herein und winkte Lucie zu dem Tisch heran. Zunächst nahm er ihre Personalien auf, dann fing er an, sie nach Einzelheiten über ihr Gewerbe auszufragen. »So, so, Sie sind also Fotografin«, meinte der Mann und erkundigte sich scheinbar interessiert, für wen sie arbeite und wie die Geschäfte gingen.

Einen Moment lang unterhielten sich die beiden. Dorle, die immer noch an der Hand ihrer Mutter hing, hatte schon aufgehört, weiter zuzuhören, so unwichtig schien ihr das Gerede. Doch plötzlich kam der Uniformierte zur Sache: Warum sie sich eigentlich nicht scheiden lasse, wollte der Mann wissen. Lucie schaute den Beamten erschrocken an und brachte im ersten Moment keinen Ton heraus. War das eine Frage oder vielmehr eine Drohung? – Sie werde doch nur Vorteile dadurch haben, fuhr der Beamte fort und versuchte sie unverhohlen zu umgarnen: »Eine Frau wie Sie bräuchte doch eigentlich gar nicht arbeiten.« Lucie hörte sich seinen Vortrag eine Weile an, dann holte sie tief Luft und nahm ihre ganze Kraft zusammen. Es klinge alles sehr schön, was er sage, und natürlich würde sie sich ein leichteres Leben wünschen. Aber Scheidung komme für sie leider nicht in Frage. Sie sei Christin und könne das nicht. Und ihr Mann sei ja gar kein Jude im klassischen Sinne – »er ist schließlich auch ein getaufter Christ«.

Nun wurde der Uniformierte etwas hartnäckiger, aber auch Lucie hatte bald genug. »Ich lasse mich nicht scheiden«, insistierte sie im Ton schon etwas lauter. Fast hatte Dorle das Gefühl, dass ihre Mutter gleich noch mit dem Fuß aufstampfen könnte, so ärgerlich schien sie jetzt. »Nein, nein«, wiederholte Lucie, und setzte störrisch hinzu: »Ich bin doch nicht verrückt!« Dann griff sie so fest nach Dorles Hand, dass diese ein wenig zusammenzuckte, im nächsten Moment drehte sich Lucie um und wandte sich zum Gehen. Eilig hüpfte Dorle ihrer Mutter hinterher, freilich nicht ohne sich noch einmal triumphierend nach dem Uniformierten umzudrehen, der hinter dem Tisch stehen geblieben war: Das hatte er nun davon, dass er ihren Vater madig machte!

Dorle hätte ihre Mutter in diesem Moment küssen können vor Stolz auf sie. Niemals zuvor hatte sie Lucie so stark und mutig erlebt. Aber das war erst der Anfang, wie sich noch herausstellen sollte. Denn Lucie wuchs mit ihren Aufgaben. Je heikler die Situation für Reinhold wurde, umso stärker wurde sie. Wiederholt bestellte die Gestapo sie in der Folgezeit zum Termin, meist fuhr Lucie mit Dorle zusammen hin. Doch die Besuche waren nun sehr viel kürzer als beim ersten Mal, denn die Mutter blieb unbeirrt bei ihrem Wort: Scheidung kam nicht in Frage für sie, basta!

Auch daheim übernahm Lucie nun mehr und mehr das Kommando. Schnell hatte sie erkannt, dass Reinhold der ungeheuer schweren körperlichen Arbeit bei seinem neuen Arbeitgeber nicht gewachsen war. Der Chef der Oranienburger Brunnenbaufirma war ein gnadenloser Menschenschinder. 39 Pfennig bekam Reinhold in der Stunde für die Plackerei, immer wieder verbrannte er sich die Hände an den Schweißapparaten, denn er musste ohne Handschuhe arbeiten. Mit der Zeit hatten sich so viele Metallsplitter in seine Handflächen gebohrt, dass sie herausoperiert werden mussten. Die Behandlung fand unter Narkose statt, auf dem Heimweg, den Reinhold trotz seiner Benommenheit allein bestreiten musste, stürzte er, anschließend entzündeten sich die Wunden. Der Antiquar fiel für einige Zeit bei der Arbeit aus, doch solange wollte der Firmenchef nicht warten. Reinhold wurde einer anderen Firma als Zwangsarbeiter zugeteilt, der Barthelmess Bohrer Company in Berlin Wittenau.

In der Fräserei, die nicht weit vom S-Bahnhof in der Roedernallee lag, wurden Eisenteile hergestellt. Die Arbeitsbedingungen waren noch schlimmer als bei dem Brunnenbauunternehmen in Oranienburg. Es war unerträglich heiß in der kleinen Halle mit den Fräsmaschinen und dem Schmiedeofen. Draußen auf dem Hof, wo die Zwangsarbeiter zumeist arbeiten mussten, wurden nicht mal die mindesten Arbeitsschutzbestimmungen eingehalten. Zu den schweren Lasten, die Reinhold zu heben hatte, kamen persönliche Demütigungen und Schikanen. Einer der Söhne des Seniorchefs arbeitete als SS-Offizier im Konzentrationslager Sachsenhausen, wie man sich unter den Arbeitern erzählte. Der andere dirigierte das Metallunternehmen in Wittenau mit harter Hand. Reinhold und seine Schicksalsgenossen fühlten sich geschunden und gequält, und er hatte in seiner körperlichen Verfassung größte Mühe, die Aufgaben zu erfüllen, die von ihm verlangt wurden.

Dem Antiquar fehlte es schlicht an physischer Kraft. Durch die Einschränkungen auf den Lebensmittelkarten, die für Juden galten, konnte er sich nicht mit den nötigen Kalorienmengen versorgen: Fett und Fleisch, Fisch und Milch, alles, was Kräfte hätte bringen können, war ja für Juden, die ein »J« auf der Lebensmittelkarte hatten, nicht mehr erlaubt. Das bisschen, was Lucie als »Arierin« über ihre Lebensmittelkarte bekommen konnte, genügte nicht, um Reinhold für die Schwerstarbeiten zu wappnen, die er zu bewältigen hatte.

Und wie erniedrigend war es für Lucie, im Laden überhaupt die mit dem »J« gestempelten Lebensmittelkarten für Juden hervorzuziehen. Oft wurde man dafür noch angepöbelt, weil andere Hausfrauen meinten, ihnen werde die kostbare Zeit gestohlen. Juden hatten nur zu festen, sehr kurz bemessenen Zeiten Zutritt zu den Geschäften, nachmittags zwischen vier und fünf Uhr, wenn die Regale schon leergekauft waren. Unterdessen bekamen Lucies Nachbarinnen von ihren Männern die köstlichsten Dinge von der Front zugeschickt: Schokolade und Schuhe aus Frankreich, Bohnenkaffee, Pelzmäntel und herrlichste Wollsachen, dazu Unmengen Lebensmittel aus Russland, etwa handlich in Gläser abgefüllten Gänsebraten sowie pfundweise Schmalz.

Stolz zeigten die Frauen auch noch die Schätze herum, die ihre Männer an der Front vermutlich aus fremden Haushalten gestohlen hatten. Lucie hätte platzen können vor Wut über die Lebensmittelpakete, die ihre Nachbarinnen von der Post entgegennahmen, während sie selbst nicht wusste, wie sie ihren Mann satt bekommen sollte.

Völlig erschlagen kam Reinhold abends oft von der Arbeit heim. Meist konnte er nicht einmal erzählen, was er den Tag über getan hatte. Auch Dorle spürte instinktiv, dass ihr Vater viel zu zart und feinsinnig für all die Anstrengungen war. Jeden Nachmittag ging sie jetzt zum S-Bahnhof Hohen-Neuendorf, um Reinhold abzupassen. Das Bahnhofsgebäude war ein spitzgiebeliges Haus mit einem riesigen Treppenhaus im Innern, das zu der tiefer gelegten Bahnlinie hinunterführte. Auf dem Bahnsteig saß die Schaffnerin in einem abgezirkelten Feld, das die Berliner »Wanne« nannten, und knipste die Fahrkarten ab – es dauerte nicht lange, da ging Dorle ihr zur Hand. Schließlich brauchte sie doch Beschäftigung, so lange, wie sie bisweilen auf ihren Vater warten musste.

Manchmal kam er gar nicht. Dann rannte Dorle nach Hause und die Mutter fuhr mit ihr zusammen zu dem efeuberankten Haus der Lühmanns in Frohnau, wo Lucie erst einmal herumtelefonierte, um herauszufinden, was passiert war und wo Reinhold steckte. Es gab Tage, da hatten ihn Polizeibeamte zu einer Überprüfung von der Arbeitsstelle weg mitgenommen. Lucie wusste, was zu tun war: Sie nahm

Dorle bei der Hand und die beiden fuhren mit der S-Bahn in die Stadt. Im Laufschritt klapperten sie dann die Stellen ab, wo sie Reinhold vermuteten. Etwa in dem Gestapo-Gefängnis in der Großbeerenstraße oder in dem Keller, den die Geheimpolizei in der Oranienburgerstraße eingerichtet hatte, gleich gegenüber der Neuen Synagoge.

Oft warteten Mutter und Tochter stundenlang vor einem dieser Gebäude, um Gewissheit zu bekommen. Wenn es zu lange wurde, durfte Dorle sich manchmal eine »Wundertüte« in einem nahegelegenen Laden kaufen. Das waren kleine, verschlossene Papiertütchen, in denen man die verschiedensten Dinge fand: Brausepulver oder Zuckerstangen, aber auch bunte Papierfähnchen oder einen kleinen, grünen Metallfrosch. Den mochte das Mädchen am liebsten, denn er machte immer »knack knack«, wenn man daraufdrückte.

Während Dorle sich mit dem Knallfrosch befasste, versuchte ihre Mutter bei den Wachleuten vorzusprechen. Sie mühte sich, ihren Mann möglichst schnell wieder aus der Haft zu befreien. Denn Lucie wusste von Bekannten, die bei Verhören aufs Grausamste behandelt worden waren. So hatte man den Sohn der besten Freundin von Henriette Stenger vor einiger Zeit verhaftet. Dem bekannten Berliner Anwalt Heinrich Veit Simon wurde ein Devisenvergehen vorgeworfen, weil er versucht hatte, zwei seiner Kinder nach England zu schicken und ihnen dabei etwas Geld mitgeben wollte. Nichts anderes also, als was die Meyers mit ihrem Klaus zuvor getan hatten. In der Untersuchungshaftanstalt in der Keibelstraße wurde Simon dann so sehr gefoltert, dass er an den Folgen starb – »Herzschwäche«, hieß es offiziell als Todesursache.

Reinhold wurde meist wenige Tage nach seiner Verhaftung entlassen, und Lucie war erleichtert. Als Mann mit »arischer« Ehefrau und gemeinsamem Kind lebte der Antiquar nach dem Sprachgebrauch der Nazis in »privilegierter Mischehe«. Das schützte ihn vor manchen Schikanen, denen andere Juden zu dieser Zeit bereits ausgesetzt waren. Eine hundertprozentige Lebensversicherung aber war dies nicht, wie der Fall Simon zeigte. Auch der prominente Anwalt war mit einer nichtjüdischen Frau verheiratet gewesen.

Zuweilen fuhr Reinhold nach der Arbeit einfach in die Stadt, um seinen Lieben etwas mitzubringen. Er mochte die alte Gewohnheit, kleine Geschenke zu besorgen, einfach nicht aufgeben. Eines Tages, es war im Herbst 1941 und kurz vor Dorles siebtem Geburtstag, stieg er mit einem Holzroller aus der S-Bahn. Klar, dass seine Tochter sofort damit losbrausen musste. Über den Bürgersteig auf der Brücke, welche die S-Bahngleise überspannte, schaffte sie es gerade noch, die Balance zu halten. Plötzlich war da ein etwas höherer Pflasterstein. Dorle stürzte auf die Knie, der Roller zerbrach in Stücke und sie weinte bitterlich.

Als die beiden daheim bei Lucie ankamen, zeigte diese sich entsetzt, wie der Vater nur so leichtsinnig gewesen sein konnte, dem ungeübten Kind den Roller in die Hand zu geben. Sonntags aber war die Welt wieder in Ordnung: Morgens lief das Grammophon, während Reinhold sich rasierte und Lucie mit den Töpfen klapperte. Dass er immer noch Rasierseife besaß, hatte er der Findigkeit seiner Frau zu verdanken, denn selbst solche Hygieneartikel durften Juden offiziell nicht mehr kaufen. Am späteren Vormittag ging Dorle zum Bahnhof, um eine Zeitung für Reinhold zu holen, der Mann am Kiosk kannte sie schon und scherzte gern mit ihr.

Nachmittags rückten dann oft ein paar Freunde an, man trank Kaffeeersatz miteinander und aß selbstgebackene Hefeklöße, die Lucie zuvor in die Röhre geschoben hatte – trotz aller Lebensmittelknappheit hatte sie immer etwas anzubieten.

An warmen Sommerabenden wurde Dorle manchmal zum Malzbierholen in das Lokal »Klause« geschickt, das an der Ecke gegenüber des S-Bahnhofs lag. Dann spazierte sie barfuß über die heißen Pflastersteine und ließ die Milchkanne aus Aluminium an der Hand schlenkern. Spannend wurde es auf dem Rückweg, wenn die Kanne voll war. Einmal stand ein Nachbarsjunge am Straßenrand und forderte das Mädchen auf, die Kanne doch einfach mal im Kreis herumzuschlagen: »Na, traust du dich oder etwa nicht?«, fragte der Junge provozierend. Dorle zögerte keine Sekunde und Schwupp hatte sie die Kanne einmal um den Arm gedreht. Es war so gut gegangen, dass sie das kleine Kunststück nun beinahe jedes Mal wiederholte: Das Spiel mit der Angst, doch noch das Bier zu verschütten, war ein herrlicher Nervenkitzel für sie.

Bei der Zwangsarbeit hatte Reinhold jetzt eine Reihe jüdischer Kollegen kennengelernt, die sich in ähnlicher Lage befanden wie er. Nur zu gern besuchten sie mit ihren Familien sonntags die Meyers, die es mit ihrem großen Garten noch vergleichsweise gut zu haben schienen. Andere Leute waren zu diesem Zeitpunkt bereits in »Judenhäusern« zusammen gepfercht. Auch den Meyers waren die Besucher willkommen, denn von den alten Freunden ließ sich kaum mehr jemand blicken. Onkel Carl hatte noch einmal vorbeigeschaut und mit Reinhold musiziert, als er auf Fronturlaub war. Zum Abschied bat er, Reinholds geliebtes Cello mitnehmen zu dürfen, damit es nicht ganz so öde im Kriegseinsatz sei. Reinhold willigte schweren Herzens ein, er sollte das Cello nie wiedersehen.

Viele Besucher aber kamen nun auch zum Abschiednehmen in die Ruhwaldstraße, denn in Berlin hatte mittlerweile die »Abholzeit« begonnen, wie Dorle das nannte. Seit im Oktober 1941 die ersten »Verschickungen« in Richtung Osten organisiert worden waren, erhielten jetzt immer mehr Juden eine Aufforderung zum Abtransport, darunter auch viele Freunde der Meyers. Dann saßen alle im Garten des »Russenhauses« zusammen und ließen noch einmal die gemeinsamen Erinnerungen Revue passieren. Häufig machte Lucie auch noch ein Foto vor der eindrucksvollen Kulisse von Reinholds Maispflanzen, die inzwischen riesige Ausmaße angenommen hatten. Später wurde es dann schweigsamer in der Runde, und schließlich bat Lucie ihre Tochter, doch bitte ein paar frische Eier in Zeitungspapier einzuwickeln für die lange Reise, die den Freunden bevorstand.

Einmal brachte ein Rechtsanwalt, den Reinhold aus einer »Judenkolonne« von der Arbeit kannte, einen Papagei zu den Meyers. Der Vogel brauchte eine neue Bleibe, weil es Juden jetzt verboten war, Haustiere zu halten. Lucie und Reinhold hatten noch keinen solchen Verbotshinweis erhalten, was vermutlich mit ihrer »privilegierten Mischehe« zusammenhing. Entsprechend war sich Reinhold, als er von der neuesten Verordnung in der Zeitung las, auch ganz sicher gewesen: »Für uns gilt das bestimmt nicht.« Und wieder einmal fügte er aufmunternd hinzu, dass es »so schlimm schon nicht werden« würde. Den Satz hatte Dorle mittlerweile so oft gehört, dass selbst sie nicht mehr recht daran glauben mochte. Mitleidig betrachtete sie den Papagei – wer wusste, wie lange er bei ihnen würde bleiben können.

Der Vogel sorgte unerwartet für Heiterkeit im Hause Meyer. Sprechen konnte er zwar nicht, dafür aber lachen. Wann immer Dorle vor dem Käfig hüpfte oder Grimassen zog, gackerte das Tierchen nun los. »Wenigstens einer, der in diesen Zeiten fröhlich ist«, meinte Lucie sarkastisch. Als der Anwalt Curt Eckstein, der in einem Nachbarort wohnte, den Papagei gebracht hatte, war Dorle aufgefallen, dass der Mann einen großen, gelben Stern auf der Jacke trug. Solch komische Stoffsterne mussten jetzt viele Leute tragen, hatte Reinhold ihr erklärt. »Keine Sorge, deinen Papa betrifft das nicht!«, fügte er hinzu.

Lange blieb der Papagei nicht im Haushalt der Meyers, denn entgegen Reinholds Erwartung galt einige Monate später auch für ihn das Haustierverbot. Lucie musste ihrem Mann Ende des Jahres 1942 auch einen gelben Stern an die Jacke nähen – sein Status als vermeintlich »Privilegierter« war hinfällig geworden. Nachdem Reinhold eine neue Zwangsarbeiterstelle antrat, verlor er den Anwalt Eckstein aus den Augen. So erfuhr der Antiquar nicht, dass der Jurist mit seiner Familie zwei Jahre später nach Auschwitz deportiert und ermordet werden sollte.

Es war Ostern 1942, als Dorle einen wunderbaren Fund auf dem großen Stein im Garten machte, wo die Mutter normalerweise die Wassereimer abstellte. Jetzt war dort eine Häschenschule aufgebaut. Wie in ihrem Lieblingsbuch mit dem strengen Lehrer Lampe gab es kleine Häschenfiguren, deren Füße in winzigen Holzsockeln steckten. Die Schulbänke standen auf einem moosgrün angemalten Holzdeckel, darum herum war die Waldkulisse aus bunt bedruckten Pappwänden aufgebaut und es lag sogar eine kleine Schiefertafel dabei. Dorle war überglücklich: Sie betrachtete die Häschenschule als Beleg für einen Rest von Gerechtigkeit in der Welt. Ob es nun den Osterhasen gab oder nicht, er ließ sie wenigstens nicht im Stich in dieser komischen Zeit, in der sie und ihre Eltern auf der Straße von niemandem mehr gegrüßt wurden, der Vater ständig neue Verbote auferlegt bekam und die Mutter sich bei der Gestapo anschreien lassen musste.

Einige Zeit später, im Sommer 1942, bekam Reinhold einen merkwürdig klingenden Brief von der Nervenheilanstalt Dr. Wieners in Bernau, der bis heute erhalten geblieben ist. Das Papier ist vergilbt und bröselig, ganz ersichtlich war es früher einmal eng zusammengefaltet, tiefe Risse haben sich an den alten Falzkanten gebildet – so sehen nur Briefe aus, die jemand jahrelang bei sich getragen hat. Und tatsächlich hatte Reinhold diesen Brief wohl fortan in der Tasche stecken, gleich neben dem Heftchen mit den Losungen der Herrenhuter Bruderschaft, das er ebenfalls stets bei sich trug. Es war Reinholds Art, seine Mutter in Ehren zu halten.

»Sehr geehrter Herr Meyer«, begann der Brief, »Ihre Mutter ist heute von der Gemeinnützigen Krankentransportgesellschaft aus Berlin, Potsdamer Platz 1, mit allen anderen jüdischen Patienten abgeholt worden.« Man habe leider nicht erfahren können, »wohin die Kranken gebracht werden«, hieß es weiter im getippten Text. Darunter war handschriftlich hinzugefügt: »Sachen mussten mitgegeben werden.« Ein paar Wochen später wurde Reinhold klar, was der Brief zu bedeuten hatte. Da traf ein weiteres Schreiben ein, diesmal aus Polen: »Cholm, Post Lublin, Postschließfach 822« lautete die Adresse, zudem war ein »Geschäftszeichen« genannt – »x 2486 Be/Mo«.

Leider müsse man Reinhold mitteilen, hieß es in diesem am 21. Juli 1942 verfassten Brief, dass seine Mutter »hier an Ruhr verstorben ist«. Eine Sterbeurkunde werde ihm »anliegend zur etwaigen Vorlage bei Behörden« mitgesandt. Und dann stand noch ein sehr bürokratisch anmutender Satz in dem Schreiben, der keinen rechten Sinn ergeben mochte, obwohl er sich sehr amtlich anhörte. »Die Verlegung der Kranken in die hiesige Anstalt erfolgte aus Gründen der Reichsverteilung«, wurde da zur Begründung erklärt, warum Estella Meyer kurz zuvor nach Cholm gebracht worden sei. Reinhold hatte von einer Ortschaft dieses Namens bislang nie etwas gehört, auf dem Atlas war sie auch nicht zu finden. Und was bedeutete überhaupt das Wort »Reichsverteilung«?

Reinhold konnte sich nicht vorstellen, dass seine Mutter so plötzlich eines natürlichen Todes gestorben sein sollte. Schließlich hatte er die 72-Jährige bei seinem letzten Besuch noch bei bester Gesundheit angetroffen. Trotz aller Zweifel ahnte er damals jedoch noch nicht, dass Estella Meyer Opfer eines perfiden Mordplans geworden war, der bei den Nazis unter dem harmlos klingenden Kürzel »T4« firmierte. Bereits zwischen Januar 1940 und August 1941 waren in Deutschland mehr als 70 000 Menschen umgebracht worden, psychisch Kranke und Behinderte, die in verschiedenen Heil- und Pflegeanstalten gelebt hatten. Mit den Bussen der »Gemeinnützigen Krankentransportgesellschaft«, die sich kurz »Gekrat« nannte, hatte man sie in verschiedene, im Reich verteilte Spezialanstalten gebracht, wo sie systematisch mittels Gas getötet wurden. Das »Euthanasieprogramm« für psychisch Kranke war eine Art Probelauf für die »Endlösung« der Juden, die offiziell erst auf der Wannseekonferenz im Januar 1942 beschlossen wurde.

»T4« stand für die Adresse Tiergartenstraße Nr. 4 in Berlin. In dem stattlichen Gründerzeitbau hatte die »Reichsarbeitsgemeinschaft Heil- und Pflegeanstalten« ihren Sitz, deren Mitarbeiter den Massenmord an den Kranken und Gebrechlichen organisierten. Wahnwitzige Professoren und Ärzte, indoktriniert von der Nazi-Ideologie, maßten sich da an, über angeblich »unwertes Leben« von Menschen zu entscheiden. Nachdem das Morden in ehemaligen Heilanstalten wie Hadamar bei Limburg und Sonnenstein bei Pirna auf Dauer nicht geheim geblieben war und es insbesondere in Kirchenkreisen Proteste dagegen gab, wurden die Tötungen im August 1941 zunächst eingestellt. Stattdessen transportierte man die Kranken jedoch bald darauf in jenen Zügen gen Osten, in denen die jüdischen Familien seit Oktober 1941 massenweise in den Tod gefahren wurden.

Auch Estella Meyer ist vermutlich in einem Vernichtungslager umgebracht worden. Denn die »Psychiatrische Anstalt Cholm«, der Absender des Briefes an Reinhold, war eine Erfindung der Nazis, wie Forscher der Zentralen Justizstelle in Ludwigsburg und auch der US-Wissenschaftler Henry Friedländer später nachgewiesen haben. »Sprechstunde und Besuche nur nach vorheriger Anmeldung«, hieß es zwar im Briefkopf des Schreibens, das Reinhold erhalten hatte. In Wahrheit waren jedoch weder Besuche noch Sprechstunden möglich, da der Ort Cholm gar nicht existierte. Stattdessen hatte es eine psychiatrische Anstalt in Chelm östlich von Lublin, nicht weit von der ukrainischen Grenze, gegeben. Diese war jedoch im Januar 1940 geschlossen worden –

nach Tötung der polnischen Kranken. Um in den Briefen an Verwandte und versicherungsrechtliche Kostenträger den Schein zu wahren und einen Todesort in die Sterbeurkunden eintragen zu können, hatte man den Ort Cholm erfunden.

»Klack!« – Der Würfel war auf dem Spielbrett gelandet und kullerte langsam aus. Dorle hatte eine Fünf gewürfelt, triumphierend zog sie ihr Männchen an Lucies Holzfigur vorbei. Die beiden saßen am Küchentisch und spielten im fahlen Licht der Deckenlampe »Mensch ärgere Dich nicht«. Vor das Fenster hatte Lucie eine dicke, rosafarbene Filzdecke gehängt, damit kein Licht nach außen drang – schließlich musste jetzt abends immer alles verdunkelt werden. Anscheinend war die Decke jedoch nicht ganz dicht, denn plötzlich brüllte draußen jemand: »Licht aus!« Dorle zuckte vor Schreck zusammen, Lucie aber ließ sich nicht aus der Ruhe bringen: »Klack, klack, klack«. Erst einmal würfelte sie.

Es war das dritte Kriegsjahr, schon seit längerem hatte es keine schweren Fliegerangriffe im Berliner Raum mehr gegeben. Trotzdem musste die Verdunkelungsvorschrift peinlichst genau befolgt werden, bei Verstößen dagegen setzte es Strafen. Dorle verstand nicht recht, warum man drinnen mittels dicker Decken die Fenster noch »verdunkeln« sollte, wenn es draußen doch schon stockdunkel war. Oftmals liefen abends jedoch Kontrolleure durch die Straßen oder ein aufmerksamer Bürger beschwerte sich lautstark. In diesem Fall, Lucie hatte das am Ton gehört, handelte es sich wieder einmal um einen der überkorrekten Nachbarn. Am liebsten hätte sie das Fenster aufgerissen und etwas zurückgeschrien, denn langsam fand sie all die Vorschriften und

Drangsalierungen unerträglich. Doch man musste vorsichtig sein, schon der kleinste Ärger konnte große Gefahr bedeuten. Wortlos stand Lucie auf und versuchte, die Decke fester an das Fensterglas zu klemmen. Kurz darauf schlug sie ihren Würfel trotzig umso lauter auf das Spielbrett.

Stundenlang konnten Mutter und Tochter »Mensch ärgere Dich nicht« miteinander spielen. Und wenn Lucie bügelte, las Dorle ihr aus dem Buch der Häschenschule oder einem Märchenband vor. Die beiden empfanden sich jetzt als kleine, verschworene Gemeinschaft, deren Sinn und Zweck es war, den Vater zu beschützen. Einmal, als sie zusammen in der Stadt unterwegs waren, sahen sie einen offenen Lkw. Auf der Ladefläche saßen bereits ein paar ältere Leute, die einen gelben Stern am Mantel trugen. Andere wurden gerade auf den Wagen geschoben. Keiner der vorbeieilenden Passanten hob den Kopf in Richtung der Menschen, wie es Dorle schien. Sie und ihre Mutter waren stehengeblieben. Während sie die Szene beobachteten, hatte Lucie die Hand ihrer Tochter unwillkürlich etwas fester gefasst. Und ob bewusst oder nicht, vermutlich hatten sich beide in diesem Moment dasselbe vorgenommen: Reinhold sollte nie auf solch einen Wagen steigen müssen, dafür würden sie sorgen.

Die Meyers hatten schon eine Weile nichts mehr von Professor Kalischer gehört, Reinholds einstigem Leibarzt. Früher, in der »reichen Zeit«, wie Lucie jetzt die Vergangenheit nannte, als die Familie noch mit Kindermädchen und Haushaltshilfe in der Voßstraße oder dem schönen Haus in Dahlem gewohnt hatte, standen die Meyers stets in Kontakt mit Kalischer, der als betreuender Mediziner ja auch in den Urlaub mitgereist war. Nun war eine Karte von ihm gekommen, in welcher er Reinhold um einen Besuch bat.

Kalischer wohnte immer noch an einer vergleichsweise zentralen Adresse am Hafenplatz, nicht weit von der Voßstraße entfernt, die zu betreten für Reinhold seit längerem verboten war. Fast das ganze Regierungsviertel stand ja seit 1938 unter »Judenbann«.

Der alte Herr Kalischer hatte keine Ehefrau, er lebte allein mit seinen Katzen. An einem Sonntag im August 1942 klingelten die Meyers an seiner Wohnung. Statt des betagten Mediziners öffnete jedoch die Polizei: Kalischer habe sich kurz zuvor erhängt, berichteten die Beamten. Reinhold erstarrte, Dorle stellte sich vor, dass der Professor mit den vielen Leberflecken im Gesicht jetzt über dem Herd in seiner Küche an der Decke schaukelte. Doch Lucie drängte, schnell zu verschwinden, noch bevor die Uniformierten irgendwelche Fragen stellen konnten. Abends schrieb sie einen Brief an Curt Pelny. »Wir sind doch sehr erschüttert«, informierte sie den Steuerberater über Kalischers Tod, »in letzter Zeit verlieren wir so viele Menschen auf so oder ähnliche Weise aus unserem Freundes- und Verwandtenkreis.«

Unterdessen drohte erneut Ärger mit dem Vormundschaftsgericht. Nach dem dubiosen Tod von Estella Meyer hatten die Richter nicht etwa ihre Akten geschlossen und den Nachlass freigegeben. Jetzt verlangten sie von Reinhold, er solle nachweisen, wo die Möbel, Bilder und anderen Wertgegenstände geblieben seien, die sich offiziell im Besitz der Mutter befunden hätten – andernfalls müsse er für die fehlenden Dinge aufkommen. Dabei wusste Reinhold am allerwenigsten, was mit dem Eigentum seiner Mutter geschehen war. Im Sommer 1941 hatte das Gericht einen neuen Hauptvormund bestellt, nachdem der Anwalt Dirksen an die Front berufen worden war. Erich Karschny hieß der Mann, sein Büro hatte der Doktor der Jurisprudenz in der Kantstraße Nr. 6, zweiter Stock. Wie Dirksen war auch Karschny Mitglied im »Nationalsozialistischen Rechtswahrerbund«, der NS-Juristenorganisation, überdies war er 1940 in die NSDAP eingetreten. Während Dirksen sich zuweilen noch zugänglich für Argumente gezeigt hatte, war bei Karschny überhaupt nichts zu machen: Er hatte nicht einmal Zeit für einen Gesprächstermin mit Reinhold.

Seit der Abrechnung von 1938 – einer der letzten Amtshandlungen des jüdischen Anwalts Leo Stern – war Reinhold kein weiterer Rechenschaftsbericht des jeweils amtierenden Vormunds mehr vorgelegt worden, deshalb hatte er nicht die mindeste Ahnung, welche Vermögenswerte beim Ableben seiner Mutter noch vorhanden waren. Doch nun wollten gleich zwei NS-Behörden bei ihm abkassieren: Während das Amtsgericht mit Geldforderungen für Wertgegenstände drohte, deren genauen Verbleib die Meyers nicht kannten, pochte das Finanzamt auf Zahlung der Erbschaftssteuer. Als Reinhold Anfang November 1942 einen Fragebogen vom Reichsfinanzministerium zugesandt bekam, wusste er nicht mehr ein noch aus: Was sollte er da eigentlich wem mitteilen oder gar bezahlen und wovon?

Lucie nahm sich das Formular vor und füllte es mit ihrer modernen, unprätentiösen Handschrift aus. Auf die Frage, welchen Wert der Nachlass ungefähr habe, schrieb sie »unbekannt«. Zur Feststellung, wer als Erbe in Betracht komme, notierte sie an Reinholds Stelle: »Ich bin der einzige Erbe als einziger am Leben befindlicher Sohn.« Ihr Mann leistete nur noch die Unterschrift. In seinem altmodischen Sütterlin kritzelte er »Reinhold Israel Meyer« aufs Papier, jene von den Nazis verordnete Namensfolge, die ihm besondere Pein bereitete. Es sollte Monate dauern, bis eine der beteiligten Behörden eine Entscheidung traf.

In Hohen-Neuendorf war es winterlich kalt geworden, die ersten Schneeflocken fielen. Dorle stand auf einem Stuhl vor dem Fenster und spürte den frostigen Windzug um die Nase. Ihre Waden hatte sie zwischen die Heizungslamellen gesteckt, von dort zog eine wohlige Wärme durch ihren Körper. Während sie das Zusammenspiel von heiß und kalt genoss, tauchte draußen vorm Fenster plötzlich ein Mann in SS-Uniform auf, der wild mit den Armen wedelte. Im nächsten Moment stand der SS-Offizier Wiesmann in der Tür und verlangte barsch den Auszug der Meyers: Binnen einer halben Stunde hätten sie den Bungalow zu verlassen, er beanspruche das Haus jetzt für sich. Dorle hörte das Geschrei an der Tür. Sie hatte natürlich keine Ahnung davon, dass die Vermieterin des Hauses, angestachelt von dem SS-Mann, bereits in den Tagen zuvor einen Räumungstitel erwirkt hatte. Den wollte Herr Wiesmann nun persönlich vollziehen. Samt Frau und halbwüchsigem Sohn marschierte er ins Haus und besah sich das Mobiliar – außer ein paar Kleinigkeiten, die sie mitnehmen durften, hatte alles vor Ort zu bleiben, befahl er in barschem Ton.

Reinhold und Lucie packten Matratzen und Bettdecken auf einen Leiterwagen, ferner den kleinen Küchentisch und drei Stühle. Einen Kleiderschrank durften sie noch mitnehmen, der große Mädlerkoffer wurde mit Geschirr und Töpfen gefüllt. Ansonsten blieb nahezu die komplette Einrichtung im Haus zurück, das Klavier und die Zinnsoldatensammlung, die Anrichte aus den Hellerauer Werkstätten, Vaters Schreibtisch mit dem Zettelkasten vom Großvater und die historischen Bücher.

Im letzten Moment hatte Reinhold noch die zwei braunen Kladden mit der handschriftlichen Hauschronik seines Vaters herausgezogen und die beiden Familienbilder abgehängt. Dann schoben sie los mit ihrer wackeligen Ladung auf dem Leiterwagen, über holperiges Pflaster ging der Weg quer durch das Ortszentrum von Hohen-Neuendorf in Richtung Havel. Dort besaß der SS-Mann eine kleine Gartenlaube, die er ihnen zugewiesen hatte. Das Häuschen war aus rauen Holzlatten gezimmert und hatte nur zwei winzige Räume. Dorle war begeistert: Jetzt würde sie in einer echten Puppenstube wohnen. Wenig später entdeckte sie lauter Astlöcher in den Wandlatten. Wie schön! Dorle steckte die Finger durch die Löcher und stellte sich vor, dass sie kleine Puppenfensterchen wären, durch die man nach draußen schauen konnte.

Dorles Eltern waren weniger begeistert. Wie sollten sie in dieser Bruchbude den Winter überstehen? Mittendrin stand ein Bullerofen, aber durch die löcherigen Wände würde jede Wärme verloren gehen. In den nächsten Wochen sah man Lucie und Dorle mit dem Leiterwagen durch die Straßen schieben, sie schafften Briketts zu der Havelhütte. Der Winter 1942/1943 war kalt, meist saß die Familie eng um den Ofen gedrängt. Dorle trug jetzt einen dicken schwarzen Filzrock, der sich steif wie ein Schirm über ihre dünnen Beine spannte. Tante Kunze, die Theaterschneiderin, hatte ihn aus einem Stück Wollfilz genäht, das noch von einem der wärmenden Vorhänge stammte, die man in der Voßstraße während des Winters aufgehängt hatte. Ein anderer Rest des Filzstoffes hing jetzt an der Eingangstür der Gartenlaube. Um die Wände des Häuschens wenigstens ein bisschen abzudichten, hatte Lucie zudem Wattebäusche in die Astlöcher gesteckt. Abends im Bett betrachtete Dorle die weißen

Fahnen über Fahnen: Die alte Reichskanzlei von der Wilhelmstraße aus gesehen mit dem 1935 angebrachten Jubel-Balkon für Adolf Hitler im ersten Stock.

Noch ist das Gemälde nicht verkauft: Lucie vor dem Bild »Ein Nachmittag im Tuileriengarten« von Adolph Menzel.

Leidenschaftlicher Kletterer: Reinhold an einer Bergwand; den Sommerurlaub verbrachte die Familie noch immer gern in Oberstdorf.

Sprühende Funken im Nachthimmel: Von seiner Wohnung in der Voßstraße aus konnte Reinhold Meyer sehen, wie am 27. Februar 1933 die Kuppel des Reichstags brannte.

Architektur als Demonstration der Macht: Die Neue Reichskanzlei (Mitte) nahm die gesamte Voßstraße ein, allein Hitlers Arbeitszimmer (links unten) maß 400 qm – beinahe klein und beschaulich war dagegen das großbürgerliche Haus der Meyers gewesen (rechts oben).

Die Villa im englischen Landhausstil in Dahlem war die erste Station in einer Serie von Umzügen, welche die Meyers quer durch Berlin führte.

Unten: Noch ist das Familienidyll ungetrübt: Reinhold und Lucie Meyer mit ihren Kindern Klaus und Dorothea, genannt Dorle.

Unten: Auch im Urlaub war der Hausarzt dabei: Professor Kalischer und die kleine Dorle in Oberstdorf.

Krankenhausmanager in Uniform:
In späterer Zeit trat Pelny zumeist in Rotkreuz-Kluft auf.

Dubioser Kunsthändler und Profiteur:
Der Dresdner Adrian Lucas Müller in den zwanziger Jahren (mit einer Freundin).

Treusorgender Ehegatte und eiskalter Rechner:
Reinholds Wirtschaftsberater Curt Pelny mit seiner Frau (und einem Mädchen, das nicht zur Familie gehört).

1940: Dorles Einschulung.

Zweite Station der Odyssee: 1936 zogen die Meyers in eine Wohnung im ersten Stock des Hauses am Zerndorfer Weg in Frohnau.

Dritte Station: Das »Russenhäuschen« in Hohen-Neuendorf, in dessen Garten Reinhold Spargel anbaute.

Spaziergang im Grünen: Reinhold, in seiner schwarzen Lederjacke, mit Dorle und Klaus nach einem Besuch bei seiner Mutter Estella im Sanatorium.

Eine Stadt in Schutt und Asche: Berlin 1945, noch in den letzten Monaten waren tonnenweise Sprengstoff auf die Innenstadt herabgeprasselt.

Brachfläche mit Bretterzaun: Dorle Wilke im Jahr 2000 auf dem Grundstück Voßstraße Nr. 16, wo einst die Villa ihres Großvaters stand.

Engagierte Buchhändlerin:
Dorle Wilke in den siebziger Jahren.

Marmorbüste im Wohnzimmer: Die Skulptur »Knabenbildnis« von Max Klinger, für die Reinhold Meyer einst Modell stand.

Schaufenster mit Vergangenheit: Die Marburger Universitätsbuchhandlung N.G. Elwert, in der Reinhold Meyer 1950 Anstellung fand.

Tupfer an der Wand, die zumeist ganz sacht zitterten, denn natürlich strich der Wind hindurch.

Nicht nur die Kälte war eine Plage, auch der Hunger. Eines Abends, es war schon dunkel, klopfte Tante Siegmund an die Tür der Gartenlaube. Die stämmige Landfrau, die früher in der Voßstraße als Putz- und Zugehfrau gearbeitet hatte, war in ihrer Heimat im Bayerischen Wald gewesen und hatte die Meyers nicht vergessen. Jetzt kam sie mit einer Bierflasche voller Butterschmalz, einem Laib Brot und einem Hühnchen in der Tasche. Frau Siegmund stellte die Sachen auf den Tisch und ließ die erfreute Familie schnell wieder allein. Schließlich musste sie noch nach Berlin zurück und bereits bis zur S-Bahn war von der Gartenlaube aus eine halbe Stunde Fußweg zurückzulegen.

Dorle und Lucie hatten schon im Bett gelegen, weil es da nicht ganz so kalt war, wie im Raum. Doch Lucie war so hungrig, dass sie sich sofort an den Ofen begab und das Hühnchen in den Topf warf. Es wurde ein wunderbares Festessen in der Gartenlaube, von dem die drei noch lange zehrten. In den folgenden Wochen ging Lucie höchst sorgsam mit dem Butterfett von Tante Siegmund um, und wann immer sie mit dem Schmalz das Kartoffeleinerlei veredelte, ließen die Meyers nach dem Tischgebet vor dem Essen erst einmal die ehemalige Zugehfrau hochleben – in diesen Zeiten war eine solch großzügige Hilfe beinahe ein Geschenk Gottes.

Dann passierte das Unglück. Reinhold hatte einen Vorschlaghammer vor den Kopf bekommen. Wie sie und ihre Mutter von dem Vorfall informiert worden waren, konnte Dorle später nicht mehr rekonstruieren. Es gab ja kein Telefon mehr. Doch vermutlich war eine der ehemaligen Nachbarinnen aus der Ruhwaldstraße benachrichtigt worden, vielleicht die Mutter von Dorles Freundin Marion. Und diese hatte wahrscheinlich ihre Tochter hinaus zu der Havelhütte geschickt, um ihnen Bescheid zu geben. Lucie und Dorle machten sich sofort mit dem Leiterwagen auf den Weg zum S-Bahnhof, die Sache schien ernst zu sein.

Auf dem Hof der Fräserei in Wittenau hatte es Reinhold erwischt. Ob versehentlich oder absichtsvoll, ein Kollege hatte ihn voller Wucht mit dem schweren Hammer am Kopf getroffen. Reinhold war in Ohnmacht gefallen, als er aufwachte, klaffte eine tiefe Wunde in seiner Stirn. In dem Betrieb konnte oder wollte man ihn nicht behandeln – für Juden war jedenfalls kein Verbandszeug da. Reinhold schleppte sich mit letzter Kraft zu einer nahegelegenen Wohnung in Wittenau, in welcher nichtjüdische Bekannte lebten. Und diese Leute halfen tatsächlich: Der Schwerverletzte bekam einen provisorischen Verband um den Kopf gewickelt, dann wankte er langsam zur S-Bahn in Richtung Hohen-Neuendorf.

Dort erwarteten ihn Lucie und Dorle bereits mit dem Leiterwagen. Sie halfen Reinhold mit seinem blutigen Verband in den Wagen, und zogen ihn den weiten Weg zur Gartenlaube. Er war eine schwere Last, viel schwerer als die Briketts, die sie in den letzten Wochen transportiert hatten. Lucie zog und Dorle schob, mühevoll bewegten sie sich auf dem holperigen Pflaster voran, während Reinhold immer wieder das Bewusstsein verlor. Etwa eine halbe Stunde brauchte man in normalem Schritttempo für die Strecke. Jetzt waren sie viel langsamer. Plötzlich, als sie in den Sandweg kurz vor der Laubensiedlung einbogen, verlor der Wagen durch Reinholds Last das Gleichgewicht und kippte um – der Vater fiel direkt auf die Kopfwunde. Nur mit größter Anstrengung gelang es Mutter und Tochter, ihn wieder auf den Wagen zu hieven. Schließlich erreichten sie völlig erschöpft die Gartenlaube. Vorsichtig wurde Reinhold ins Bett gepackt, doch nun wurde dringend ein Arzt benötigt.

Dorle musste bei ihrem kranken Vater Wache halten. Derweil machte sich Lucie zu Fuß auf den Weg. In einem der Nachbarorte gab es einen freundlichen Mediziner, Dr. Heinz Ruckert aus Birkenwerder. Lucie flehte ihn an, sich um ihren verletzten Mann zu kümmern. Der Arzt ließ sich nicht lange bitten, obwohl es für einen »Arier« keineswegs selbstverständlich war, einen jüdischen Patienten zu behandeln. Er sorgte für einen neuen Verband und besuchte auch in den folgenden Tagen mehrfach Reinholds Krankenbett. Das war auch dringend nötig, denn mittlerweile hatte sich die Wunde entzündet. Reinholds Kopf war glühend rot und geschwollen, er hatte hohes Fieber und schreckliche Schmerzen. Auf den breiten Holzplanken, die den Fußboden der Gartenlaube bildeten, durfte man sich möglichst nicht bewegen, denn in seinem Bett liegend schien Reinhold jede Schwingung der Dielen direkt im Kopf zu spüren.

Wochenlang lebte Lucie in Todesangst um ihren Mann. Ständig wechselte sie die Verbände und kühlte Reinholds Stirn. Dorle saß still dabei und zitterte mit. Zuweilen blätterte sie in einem Bilderbuch, das sie einige Jahre zuvor geschenkt bekommen hatte. Das schmale, rot eingebundene Büchlein hatte den Titel »Wie Christkindlein half«. Es handelte von einer Familie, die so ähnlich im Wald lebte, wie die Meyers jetzt in der Gartenlaube. Auch dort lag ein todkranker Vater im Bett, um den sich alle sorgten. Und er wurde auf wundersame Weise gerettet, weil er zuvor einem Kind im Wald geholfen hatte, das in Wahrheit das Christkind gewesen war.

Dorle betrachtete immer wieder das Bild mit dem Mann im Bett – wenn es ihrem Vater doch auch so gehen möge.

12

Reinholds Qualen

Es war eng, düster und sehr laut. Dorle hatte das Gefühl, von einer dicken, hohen Wand umgeben zu sein. Die Wand bestand aus lauter Wintermänteln, die sich dicht an dicht zusammendrängten. Es musste eine riesige Menschenmenge sein, die sie umgab. Genau konnte das Mädchen das nicht erkennen, denn so klein wie sie war, versperrte sich ihr nach allen Seiten die Sicht. Das kam von den vielen Frauen, die sich hier versammelt hatten und lauthals protestierten.

Schon seit Stunden stand Dorle an der Hand ihrer Mutter auf der Straße, ihre Füße waren zu Eisklumpen gefroren. In einem hohen, grauen Häuserblock, der von SS-Männern bewacht wurde, war ihr Vater vermutlich zusammen mit vielen anderen Leidensgenossen auf engstem Raum eingepfercht. Davor hatten sich einige Hundert Frauen postiert und forderten: »Gebt uns unsere Männer frei!« Auch Lucie stimmte in die Sprechchöre mit ein, und wie die anderen Demonstrantinnen zog sie mit ihrer Tochter tagelang immer wieder vor das Haus, trotz klirrender Kälte und nächtlicher Fliegerangriffe.

Lucie wich selbst dann nicht von der Stelle, als die Lage bedrohlich zu werden schien. Das war am dritten oder vierten Tag der Protestaktion, genau konnte sie sich später nicht mehr daran erinnern. SS-Männer hatten begonnen, Sandsäcke aufzuschichten und ein Maschinengewehr dahinter aufzubauen – »Straße frei oder es wird geschossen«, brüllte einer der Uniformierten. Nur wenige Frauen ließen sich jedoch davon einschüchtern, die meisten blieben ungerührt stehen. Und plötzlich formte sich in der Menge ein wütender Satz, der immer lauter durch die Häusergasse hallte: »Ihr Mörder, Ihr Feiglinge« schrien die Frauen jetzt die SS-Männer an.

Wie ein Gebirgsbach, der zum Wasserfall wird, so hatte sich die ganze aufgestaute Angst und Wut der Frauen plötzlich Bahn gebrochen. Ihre Entschlossenheit beeindruckte offenbar selbst die SS-Oberen, denn sie ließen das Maschinengewehr wieder abbauen. Einige Tage danach wurden die ersten Gefangenen auf freien Fuß gesetzt, zu den letzten Freigelassenen gehörte auch Reinhold. Erst viele Jahre später wurde Dorle klar, dass sie an einem geschichtlich bedeutsamen Ereignis teilgenommen hatte: dem Protest der Frauen in der Rosenstraße, einer der ganz wenigen öffentlichen Demonstrationen gegen die Willkürherrschaft der Nationalsozialisten.

Der Aufruhr war eine Reaktion auf die sogenannte »Fabrik-Aktion«, bei der am 27. Februar 1943 in Berlin etwa 11 000 Juden gefangen genommen wurden, die zumeist als Zwangsarbeiter in Rüstungsbetrieben schufteten. Unter ihnen waren rund 1500 jüdische Männer, die wie Reinhold mit sogenannten »arischen« Frauen verheiratet waren. In seinem Tagebuch hatte sich Reichspropagandaminister Joseph Goebbels kurz zuvor das Ziel notiert, »bis spätestens Ende März Berlin gänzlich judenfrei zu machen«. Tatsächlich wurden in den folgenden Wochen etwa 8600 Menschen deportiert, zumeist nach Auschwitz. Dass auch die in sogenannter »Mischehe« lebenden Männer zu diesem Zeitpunkt in den Tod geschickt werden sollten, halten Geschichtswissenschaftler heute für unwahrscheinlich. So fand der Historiker Wolf Gruner eine Anweisung des Reichssicherheitshauptamtes vom Februar 1943, wonach diese Männer ausdrücklich von der Deportation ausgeschlossen bleiben sollten. Deshalb, folgert Gruner, seien sie auch in die Rosenstraße verbracht worden und nicht in eines der Sammellager für die zur Deportation bestimmten Menschen. Allerdings bleibt offen, warum die Männer aus den »Mischehen« dann überhaupt verhaftet wurden.

Was auch immer die Nazis planten – die Frauen, die selbst im Angesicht der Schusswaffen weiterprotestierten, bewiesen einen ungeheuren Mut. Und dieser mag sich auch aus ihrer besonderen Lage erklären. Obwohl »arisch«, waren sie über Jahre als »Judenweiber« beschimpft worden. Sie hatten Druck und Demütigungen von Fremden, Freunden und Verwandten ertragen und vielfältige Entbehrungen hingenommen. Wie Lucie, so waren auch die meisten anderen Frauen immer wieder von der Gestapo aufgefordert worden, sich von ihren Männern scheiden zu lassen. Doch sie hatten standgehalten.

In jenen Tagen der Rosenstraße war der Krieg nun in ein Stadium getreten, dass man langsam auf ein Ende des Martyriums hoffen durfte – und da sollten die Frauen tatenlos zusehen, wie ihnen gleichsam im letzten Moment noch ihre Männer genommen wurden? Ihr jahrelanger Kampf wäre damit vergebens gewesen. Das zu verhindern mag Lucie und den anderen »jüdisch versippten Arierinnen«, wie sie in der Amtssprache der Nazis genannt wurden, die Kraft zum Widerstand gegeben haben.

Der Protest in der Rosenstraße blieb auch nicht ohne Wirkung auf die NS-Oberen. So sah Goebbels durch die Verhaftungsaktion »manche Misshelligkeit« ausgelöst, wie er am 11. März 1943 in seinem Tagebuch vermerkte. Dass auch »Juden und Jüdinnen aus privilegierten Ehen« verhaftet worden waren, habe jedenfalls »zu großer Angst und Verwirrung geführt«.

Am 1. März 1943, dem zweiten Morgen nach den Verhaftungen, hatte es den bislang schwersten Luftangriff auf Berlin gegeben. Die britische Royal Air Force hatte ganze Häuserreihen der Innenstadt in Schutt und Asche gelegt; danach brannte es allerorten, die Nacht über Berlin wurde von einer Vielzahl von Feuern erleuchtet. Am anderen Morgen sah die Innenstadt wie eine qualmende Kraterlandschaft aus. Manche der geschundenen Frauen wollten aus dem Luftangriff eine Art Fingerzeig Gottes herauslesen, Lucie, die sehr religiös war, könnte ebenso gedacht haben. Sie hoffte jetzt nur noch auf ein Vorankommen der Alliierten – sie sollten Hitlers Soldaten schlagen, und zwar möglichst schnell. Das war Reinholds einzige Überlebenschance.

Völlig abgemagert schleppte er sich zur Arbeit, Hemd und Hose schlotterten nur so an seinen Knochen. Die schwarze Lederjacke, die er seit Jahren tagein, tagaus anzog, bröselte langsam von seinen Schultern, und was er ansonsten am Körper trug, war mehrfach geflickt und gestopft. Für Juden gab es keine Kleiderkarten und mithin auch keine Möglichkeit, neue Anziehsachen zu bekommen. Von der schweren Verletzung mit dem Vorschlaghammer hatte sich Reinhold nicht gänzlich erholt. Ständig plagten ihn Kopfschmerzen, er war überaus vergesslich und fühlte sich im »Denk- und Kombinationsvermögen« eingeschränkt, wie er nach dem

Krieg in einem Lebensbericht über die Auswirkungen des Arbeitsunfalls vermerkte. Der fürsorgliche Dr. Ruckert hatte ein Eiweißpräparat empfohlen, das gegen Gedächtnisschwächen helfen sollte. »Promonta« hieß das Mittel, bald wurde Dorle regelmäßig zur Apotheke geschickt, um das Medikament zu besorgen. Einmal steckte statt des Eiweißpräparats echter Bohnenkaffee in dem Päckchen, das ihr die Apothekerin in die Hand gedrückt hatte – offensichtlich eine Verwechslung, aber für die Meyers ein Anlass zum Feiern.

Nach dem Unfall hatte man Reinhold Anfang 1943 zunächst wieder zur Fräserei Barthelmess zurückschicken wollen. Doch so sanftmütig er sich oftmals in sein Schicksal gefügt hatte, diesmal setzte er alle Hebel in Bewegung, um nicht wieder in den Betrieb gehen zu müssen, in dem man ihn so unmenschlich behandelt hatte. Wiederum war es Lucie, die das Nötige veranlasste, indem sie zur Fräserei Barthelmess marschierte und dort noch eine unschöne Szene riskierte, als sie Reinholds Papiere verlangte. Im Betriebsbüro wäre sie beinahe tätlich angegriffen worden, wie Reinhold später in seinem Lebenslauf vermerkte. Dann wurden der Fräserei Barthelmess ukrainische Zwangsarbeiter zugewiesen, so hatte man kein Interesse mehr an einem klapprigen Juden wie Reinhold. Er durfte zu Osram wechseln. In deren Betriebsstätte in der Warschauer Straße hatte er erst wenige Wochen gearbeitet, als er am 27. Februar 1943 im Rahmen der »Fabrik-Aktion« verhaftet worden war.

Langsam ging der eisige Winter in der Havelhütte vorüber, der Frühling zog ein, und Dorle lernte Fahrradfahren in der Laubenkolonie. Prompt landete sie beinahe in der Havel und fuhr einen alten Herrn über den Haufen, weil sie auf dem großen Damenfahrrad ihrer Mutter die Bremse nicht fand. Auch der SS-Offizier Wiesmann, der in den Bungalow in der Ruhwaldstraße gezogen war, wollte die wärmere Jahreszeit genießen. Eines Tages verlangte er seine Laube zurück, und die Meyers saßen ganz ohne Bleibe auf der Straße. Das Wohnungsamt teilte ihnen Räume in einem sogenannten »Judenhaus« zu. Derlei Gebäude, zumeist aus ehemals jüdischem Besitz, wurden bis unter die Dachtraufe mit jüdischen Bewohnern vollgestopft, indem man den vorhandenen Raum in kleinste Wohneinheiten unterteilte.

Das Haus, in welchem die Meyers unterkamen, lag an der »Straße der SA«, wie jetzt die ehemalige Bahnhofstraße in Hohen-Neuendorf hieß. Eigentlich war es ein durchaus stattliches Gebäude mit großen Wohnungen, Garten und einem Kaninchenstall im Hof. Ursprünglich gehörte es den Schlesingers, auch sie lebten in »Mischehe«. Moritz Schlesinger war ein mürrischer alter Herr mit unrasiertem Gesicht und braunkarierten Filzschlappen an den Füßen, er trug keinen gelben Stern und ging niemals aus, wie Dorle beobachtete. Seine Frau, die »Arierin« war, schaffte die Einkäufe heran, und klagte gern über die Lage. Dass Moritz Schlesinger früher ein angesehener Kaufmann in Hohen-Neuendorf gewesen war, der in den zwanziger Jahren das Grundstück für den Tennisklub »Blau-Weiß« gestiftet hatte, ahnten die Meyers nicht.

Die neue »Wohnung« bestand aus zwei übereinanderliegenden ehemaligen Mädchenkammern im Erdgeschoss und im ersten Stock des Treppenhauses, die vor den eigentlichen Wohnungen lagen. Außerdem hatte man der Familie Meyer ein Stück Flur zugewiesen, der eigentlich zu den Schlesingers gehörte. Darin standen, eng nebeneinandergequetscht, der Kochherd, ein Tisch und Stühle. Ein Bad gab es nicht, man wusch sich an der Küchenspüle. Die Meyers benutzten den Kochflur als Wohnküche und mühten sich rücksichtsvoll, möglichst wenig hinein- und hinauszugehen, damit die Türen nicht so oft klapperten. Schließlich handelte es sich um den Zugangsflur der Schlesingers. In der Kammer vor dem Kochflur schlugen sie ihre Betten auf, das Familienbild mit der Kattunfabrik wurde ebenfalls hier aufgehängt. Die ganze Familie schlief jetzt in einem Zimmer, damit Dorle nicht allein war. Die darüberliegende Kammer wurde nur als Schrankraum benutzt.

Zuvor hatte in diesen Räumen Johanna Richter mit ihrem Sohn Berthold gewohnt. Lucie hatte die jüdische Kleinfamilie vor Monaten kennengelernt, Berthold war ihr Jahrgang, 1903, und die Meyers fragten sich beiläufig, warum er mit seiner Mutter zusammenlebte, die eine ältere Dame von über Sechzig war. Doch so ungewöhnlich kam ihnen die Konstellation nun auch wieder nicht vor: Jüdische Familien mussten jetzt eben zusammenrücken. Was aus Vater Richter geworden war, wussten die Meyers nicht. Einmal war die Familie sogar hier in der »Straße der SA« bei den Richters zu Besuch gewesen, wie Dorle sich noch gut erinnerte. Und nun hatten sie die Wohnung womöglich nur bekommen, weil Mutter und Sohn deportiert worden waren – ein beklemmender Gedanke für das Kind. Die Spuren der Vormieter waren allgegenwärtig. Nicht nur in den kargen Zimmern, sondern auch an der Haustür, wo ein kleines Holzkästchen mit einem Papierröllchen darin an den Rahmen genagelt war. In der Mesusah steckte noch das »Schma Jisrael«, das zentrale jüdische Gebet, das auch heute viele jüdische Familien an ihrer Haustüre anbringen.

Als die Meyers in der »Straße der SA« einzogen, riss Lucie erst einmal die Mesusah von dem Rahmen ab – schließlich verstanden sie sich nicht als jüdische Familie. Einen weißen Papierstern mit der Aufschrift »Jude« mussten sie aber trotzdem an die Wohnungstür kleben, das war so Vorschrift jetzt.

Im Juli 1943 wurde auch Lucie zur Zwangsarbeit verpflichtet. Sie musste Kartoffeln schälen in der Gaststätte »Klause«, gleich gegenüber dem S-Bahnhof in Hohen-Neuendorf, wo Dorle das Malzbier geholt hatte. Die resolute Frau hatte manche Talente, vom Kartoffeln schälen aber verstand sie wirklich nichts. Wenn Lucie das Messer ansetzte, war mit der Schale auch stets die halbe Kartoffel dahin. Trotz der allgemein herrschenden Lebensmittelknappheit schien das jedoch kein Problem zu sein in der Gaststätte, die sich als NS-Parteilokal großer Beliebtheit erfreute. Der Essenskonsum war so gewaltig, dass täglich eine Handvoll Frauen im Hof des Anwesens zum Kartoffelschälen und Gemüseputzen antreten mussten. Vorn im Saalbau wurde mit großem Gejohle gefeiert, hinten auf dem Hof schälten und putzten die Frauen derweil bei Wind und Wetter im Akkord. Lucies Platz war ausgerechnet unter einer undichten Dachrinne, bei Regen tropfte ihr das Wasser ständig in den Nacken.

Dorle war nach der Schule nun immer allein zu Hause. So nahm sie sich im Spiel vor, den Haushalt zu führen wie die Großen. Vor einiger Zeit hatte sie eine Babypuppe bekommen, welche Lucie gegen etwas anderes eingetauscht hatte. Die Puppe war so groß, dass ihr normale Babyjäckchen passten. Dorle, mittlerweile beinahe neun Jahre alt, fühlte sich ganz wie eine echte Mutter, sie zog ihrem Säugling die Jäckchen an und aus und schob mit dem großen Puppenwagen durch die »Straße der SA«. Wie man das damals auch im echten Leben mit kleinen Kindern so machte, musste die Puppe aber natürlich zuweilen auch allein im Wagen draußen liegen bleiben, wegen der frischen Luft. Dorle parkte den Puppenwagen in dem Vorgarten des »Judenhauses« und ging hinein, um einige Dinge im Haushalt zu erledigen, wie sie es sich bei ihrer Mutter abgeguckt hatte. Als sie später nach ihrem Puppenkind schauen wollte, war die Trauer groß: Jemand hatte den Puppenwagen umgestoßen, das Baby lag auf dem Weg vor dem Haus und der Kopf der Puppe war in tausend Scherben zerbrochen. Dorle weinte bitterlich. Dass sogar jüdische Babypuppen als unerwünscht galten, fand sie ziemlich gemein.

Gegenüber dem Haus lag ein kleines Wäldchen, Dorle streifte oft darin herum und sammelte wilde Himbeeren und Walderdbeeren. Dabei lernte sie ein Mädchen kennen, das zwischen den Bäumen in der Nähe eines Wohnhauses spielte. Es war ein schmuckes Fachwerkhaus, das zu einer kleinen Siedlung gehörte, die anscheinend von braven regierungstreuen Nazis bewohnt wurde. Die Häuserkolonie war nach Hermann Göring benannt, dem gewaltigen Generalfeldmarschall. Das Mädchen war ziemlich mollig, aber sehr nett. Dorle hingegen war mittlerweile auffällig mager; klein, schmal und mit langen Zöpfen fegte sie durch den Wald. Bald trafen sich die Kinder beinahe täglich, eines Tages lud die Mutter des Mädchens Dorle sogar zum Kindergeburtstag ein.

Als sie abends ihren Eltern davon erzählte, war Reinhold strikt dagegen, dass sie die Einladung annehme. Lucie hingegen fand: »Klar darfst du hingehen.« Dorle müsse den Eltern des Mädchens allerdings sagen, dass sie ein »Judenkind«

sei. Wenn die Leute dann ihre Einladung zurückzögen, solle sie nicht traurig sein, »dann gehst du einfach nach Hause und wir kochen später Griesbrei zusammen«, versprach Lucie. Dorle tat, wie geheißen, und es wurde ein Festessen für sie. Sie stopfte Kuchen und Wurstbrote in sich hinein, die Mutter des Mädchens ermutigte sie noch, sich ordentlich satt zu essen. Danach wurde Dorle allerdings nie wieder eingeladen, und auch mit der rundlichen Freundin durfte sie nicht mehr spielen. Etwas später im Jahr wurden die Mädchen in der Schule aufgefordert, dem Bund Deutscher Mädels beizutreten. Eine Frau in fescher Kleidung, mit weißer Bluse, dunklem Rock und weißen Söckchen, ging durch die Klassen. Dorle war Feuer und Flamme und wollte sofort Mitglied werden. Enttäuscht musste sie dann jedoch feststellen, dass die feschen, deutschen Mädels mit »Judengören« wie ihr nichts zu tun haben wollten.

Ein Wechselbad der Gefühle umspülte das kleine Mädchen. Einerseits wollte sie unbeschwert bei den fröhlichen Unternehmungen ihrer Klassenkameradinnen mittun und sich nicht immer wieder von lustigen Aktionen ausgeschlossen fühlen. Andererseits hatte sie festgestellt, dass ebenjene Welt, zu der die flotten Mädels mit den weißen Söckchen gehörten, Menschen wie ihren Vater gar nicht gut behandelte: Sonst würde er ja wohl nicht immer wieder aufs Neue verhaftet und verletzt werden. Dorle hatte schreckliche Angst, dass ihrem Vater in diesem feindlichen Klima noch Schlimmeres zustoßen könnte, weshalb die Kleine sich mühte, ihn wo immer möglich zu beschützen. Sie selbst aber fühlte sich in der Gemeinschaft mit ihren Eltern so geborgen wie in einem Bollwerk, das keine Macht der Welt erobern konnte. Und so kam ihr die Nazi-Gesellschaft von dieser Warte aus manchmal wie ein Abenteuerspielplatz vor, wo die Gestapobeamten, die ihre Mutter bedrängten, zur Dramaturgie des Spiels gehörten, wie der böse Fuchs in der Häschenschule. »Meine Kindheit«, sagt die alte Dame heute, »war eigentlich wunderschön.«

Nachdem Reinhold aus der Haft in der Rosenstraße entlassen worden war, hatte man ihn zur Zwangsarbeit bei der Reichsbahn verpflichtet. Zunächst arbeitete er in der Baugruppe von »Knochen-Karl«, einem Vorarbeiter, der sich bereits als berüchtigter Judenschinder einen Namen gemacht hatte. Aufgabe der jüdischen Zwangsarbeiter war es, an den Bahnlinien die Steinquader zwischen den Gleisen zu lockern und umzuschichten. Selbst bei glühender Hitze schufteten die Männer mit schlechtem Werkzeug an der Strecke. Das Auskoffern der Steine war Schwerstarbeit. Noch schlimmer allerdings war, dass den jüdischen Arbeitern verboten wurde, im Dienst ihren gelben Stern zu tragen. Nicht dass sie Wert darauf gelegt hätten, dieses schreckliche Zeichen ihrer Diskriminierung nun unbedingt überall vorzuzeigen. Problem war nur, dass die Polizei dies verlangte.

Es gab ständig Razzien an der Strecke. Doch die Bahnführung bestand darauf, dass ihre Zwangsarbeiter keinen offen sichtbaren Stern tragen durften. Reinhold konnte sich das nur so erklären, dass die Reichsbahnleitung ihren Fahrgästen verheimlichen wollte, dass sie jüdische Arbeiter beschäftigte. Wenn die Gestapo jedoch bei ihren Kontrollen Juden ohne Stern antraf, wurden diese erst einmal mitgenommen. Auch Reinhold war nun ständig mit einem Bein im Gefängnis. Und es kostete Lucie stets einige diplomatische Überzeugungskraft, ihren Mann wieder aus den Fängen der Polizei herauszubekommen. Meist dauerte es Tage, bis die Beamten überprüft hatten, ob Lucies Angaben zutreffend waren, und Reinhold tatsächlich nicht selbst verschuldet ein sogenanntes »Sternvergehen« vorzuwerfen war.

Die praktische Lucie suchte denn auch bald nach einem Weg, den Stern so geschickt an Reinholds Jacke zu platzieren, sodass sowohl die Bahnbeamten als auch die Polizisten zufrieden sein konnten. Dazu bot seine bröselige Lederjacke beste Voraussetzungen, denn sie hatte zwei Knopfreihen, weshalb man sie doppelreihig und auch einfach knöpfen konnte. Und darin lag der Trick: Lucie nähte den Stern so gekonnt an, dass er mal sichtbar und mal unsichtbar war, je nachdem wie die Jacke geknöpft wurde. Zufrieden betrachtete sie eines Abends ihr Werk, und auch Reinhold fand den Sterntrick äußerst gelungen. Nur leider erfüllte er seinen Zweck nicht, denn nun wurde der Antiquar wegen falscher Anbringung des gelben Sterns festgenommen.

Wenn Reinhold verhaftet wurde, musste Lucie zunächst herausfinden, wo man ihn festhielt. Bei der Suche danach bewährten sich Mutter und Tochter längst als eingespieltes Team. Schon aus den Tagen der Ruhwaldstraße hatte es sich Dorle zur Angewohnheit gemacht, ihren Vater auf dem Bahnhof zu erwarten. Tauchte er nicht auf, begann für Lucie und sie das übliche Programm. Als Erstes packten sie einen Kopfkissenbezug mit dem Nötigsten – Broten, frischer Unterwäsche, etwas zu trinken und einem selbst gemalten Bild von Dorle. Dann fuhren sie mit der S-Bahn zu Lühmanns, um per Telefon zu erkunden, wo Reinhold sein könnte. Wenig später klapperten sie im Laufschritt die bekannten Adressen ab. Dann mussten sie oft stundenlang warten und spähen, um herauszufinden, ob Reinhold sich tatsächlich dort befand.

Lucie versuchte zunächst, vorsichtig einen Wächter zu fragen oder ihm einen Zettel zuzustecken. Dorle linste derweil angespannt auf die Fenster, um nach ihrem Vater Ausschau zu halten. Zeigen durften die Gefangenen sich nicht am Fenster, doch es gab eine unter Inhaftierten gängige Praxis, wie man seinen Lieben draußen ein Zeichen geben konnte: Man lüftete den Raum, indem man kurz am Hebel für das Oberlicht des Fensters zog. So kamen die Männer ständig am Fenster vorbei, um zu lüften und für einen kurzen Augenblick einen Blick nach draußen zu erhaschen.

Quer über die Stadt verteilt hatten die Nazis Folterkeller, versteckte Gefängnisse und Sammellager eingerichtet, in denen missliebige Bürger und Juden traktiert und festgehalten wurden. Einige hatte Reinhold schon kennengelernt, die Gestapo-Keller in der Großbeerenstraße und der Oranienburgerstraße bis zu dem Lager in der Rosenstraße. Seit die systematischen Deportationen eingesetzt hatten, waren immer mehr Sammellager und Durchgangsstationen eingerichtet worden. Zumeist wurden Gebäudekomplexe, die der jüdischen Gemeinde gehörten, für diese Zwecke missbraucht. Beispielsweise eine entweihte Synagoge in der Levetzowstraße, das ehemalige jüdische Altersheim in der Großen Hamburger Straße, später auch das Jüdische Krankenhaus in der Schulstraße. Die Sammellager, in denen die Menschen meist auf wenigen Quadratmetern zusammengepfercht wurden, galten als Vorzimmer zur Hölle, weil es von dort häufig direkt nach Auschwitz ging. Abgesehen von der Rosenstraße hatte Reinhold mit dieser Art Lager noch keine Bekanntschaft gemacht. Auch dies sollte ihm jedoch nicht erspart bleiben.

Im Spätsommer 1943 meldete sich Curt Pelny bei den Meyers. Der Bücherrevisor hatte Reinhold am Berliner Anhalter Bahnhof gesehen, während er an den Gleisen arbeitete. Pelny war ziemlich erschrocken über den Anblick des Antiquars, wie er nach dem Krieg in einer Erklärung festhielt: War das noch der Mann, den er kannte? Die zerschlissene Lederjacke hing Reinhold um die mageren Schultern, die Hosenbeine schlabberten, und er bewegte sich auf eine Weise, dass man unschwer bemerken konnte, wie entkräftet er war. Die beiden hatten offensichtlich länger keinen Kontakt mehr gehabt, denn der einstige Berater sandte seinen Brief an die Adresse in der Ruhwaldstraße in Hohen-Neuendorf, wo die Meyers schon seit beinahe einem Jahr nicht mehr wohnten. Auffällig ist auch, dass er diesen wie auch die späteren Briefe nun an Lucie adressierte – wahrscheinlich nahm er an, dass Reinholds Post überwacht wurde, und wollte vermeiden, dass staatliche Stellen bemerkten, wenn er einen Juden kontaktierte.

Lucie reagierte hoch erfreut auf Pelnys Brief: »Es ist so wohltuend, wenn sich alte Bekannte immer wieder für uns und unser trauriges Schicksal interessieren«, schrieb sie ihm zurück. Der Steuerberater hatte bereits in seinem ersten Schreiben Mitte September 1943 ein Treffen angeregt, Anfang Oktober hakte er noch einmal nach. Er würde sich »sehr freuen, wenn Sie gelegentlich bei mir vorbeikommen könnten«, forderte er Lucie auf und bat, zuvor per Telefon einen Termin mit ihm zu verabreden.

Nach dem dramatischen Vorfall in der Fräserei im Herbst 1942 hatte Pelny Reinhold noch einmal in seinem Büro empfangen. Dabei sei ihm der Antiquar wie verwandelt vorgekommen, erklärte der Buchprüfer später: War Reinhold Meyer in den ersten Jahren der NS-Zeit noch ein »überaus intellektueller« Gesprächspartner gewesen, der stets einen

»geistig frischen und relativ gesunden Eindruck machte«, wie der Bücherrevisor fand, so wirkte er jetzt »müde und lebensunlustig«. Und selbst »als Nichtmediziner« konnte Pelny beobachten, dass die Kopfverletzung schwere Folgeschäden verursacht hatte: Reinhold sei fahrig und »derart vergesslich« gewesen, dass er sich sogar an Dinge ganz plötzlich nicht mehr erinnerte, die beide zusammen erst wenige Minuten zuvor besprochen hatten.

Ob auf Pelnys Brief hin im Herbst 1943 eine Verabredung mit Lucie zustande kam, ist nicht dokumentiert. Rein formell war der Steuerberater noch mit Reinholds Angelegenheiten befasst, denn die Vormundschaftsakte der im Juli 1942 verstorbenen Estella Meyer war noch immer nicht geschlossen. Reinhold hatte bislang keinen Pfennig seiner Erbschaft gesehen, und es gab auch kaum mehr Aussicht darauf, dass sich dies je ändern würde. Zwar hatte der Hauptvormund, Rechtsanwalt Erich Karschny, im Juli 1943 endlich eine Abrechnung über den »Vermögensbestand« vorgelegt, doch diese bekam Reinhold vermutlich nie zu sehen. Auch Curt Pelny leitete die Aufstellung den überlieferten Akten zufolge nicht an Reinhold weiter. Seit dem Rückzug von Leo Stern wurde der Antiquar völlig im Dunkeln gelassen über das Vermögen seiner Mutter – dabei müssen in der Zwischenzeit erstaunliche Bewegungen auf den Vormundschaftskonten stattgefunden haben.

Nach Karschnys auf den 8. Juli 1943 datierter Aufstellung, die sich noch in den alten Unterlagen der Oberfinanzdirektion Berlin-Brandenburg findet, war das Pflegschaftsvermögen auf 10 218,53 Reichsmark zusammengeschmolzen. Hinzu kamen knapp 2200 RM, die auf einem für die Villa in Dahlem eingerichteten Konto lagen – vermutlich Mietzahlungen, die der Theologe Bertholet vor dem Hausverkauf geleistet hatte. Dagegen stand noch eine Forderung des Finanzamts für die Judenvermögensabgabe in Höhe von 14 827,37 RM offen, mithin war man theoretisch bereits mit rund 2 400 RM im Minus. Und das, obwohl 1940 nach dem Verkauf der vier Häuser und der Ablösung aller Kredite allein rund 134 300 RM Barerlös erzielt worden waren. Wohin war das Geld verschwunden? Auch nach dem Krieg ließ sich das nicht mehr genau rekonstruieren. Es sprechen jedoch einige Indizien dafür, dass die Kontostände einer Melange aus staatlich organisiertem Diebstahl und privater Bereicherung zum Opfer fielen.

So dürften die Behörden zunächst einmal kräftig abkassiert haben. Üblich war es, dass Erlöse aus Hausverkäufen jüdischer Bürger auf ein »Sonderkonto Herman Göring« eingezogen wurden. Ob dergleichen im Fall der Meyers geschehen ist, lässt sich nicht mehr überprüfen, denn nach der Veräußerung der Immobilien war das Pflegschaftskonto der Estella Meyer ab Herbst 1941 plötzlich über Monate behördlich gesperrt. Durch die totale Intransparenz des Verfahrens aber hatten auch die Vormundschaftsvertreter manche Möglichkeit, unbemerkt Vermögensanteile in die eigene Tasche abzuzweigen. Was beispielsweise die kostbaren Gemälde betraf, die Reinholds Vater einst angeschafft hatte, so vermerkte der Vermögensstandsbericht des Anwalts Karschny im Juli 1943 lapidar: »Sämtlich, soweit noch vorhanden, zum Teil verkauft und vernichtet.«

Somit war das Schicksal der Kollektion endgültig besiegelt. Einer kostbaren Sammlung, zu der Bilder von bedeutenden Malern wie Max Liebermann, Lovis Corinth und Adolph Menzel gehört hatten. Wer aber hatte die Bilder in der

Zwischenzeit verkauft oder an sich genommen? Durch Kriegseinwirkung vernichtet sein konnten sie eigentlich nicht, denn das Haus am Savignyplatz, wo einige Bilder im Frühjahr 1938 untergestellt wurden, blieb bis zum Schluss unversehrt. Schaden genommen haben konnten also nur Bilder, die sich bei einem der Vormundschaftsvertreter befanden – sei es Erich Karschny, Georg Dirksen oder Curt Pelny. Reinhold jedenfalls hatte schon lange keinerlei Kenntnis mehr darüber, wer die Kunstgüter in seiner Obhut hatte und was von dem geldlichen Vermögen noch übrig war.

Mag sein, dass Curt Pelny etwas mehr wusste. Der Buchprüfer trat nun gewohnheitsmäßig in der Rotkreuz-Kluft mit den Majorsachselklappen auf, die für Unkundige kaum von der Uniform eines hohen NS-Parteifunktionärs zu unterscheiden war. Zwischenzeitlich hatte er einen rasanten Aufstieg gemacht. Seine engen Kontakte mit dem DRK-Präsidenten, Herzog Carl Eduard von Sachsen-Coburg und Gotha, hatten die Geschäfte vermutlich sehr befördert. Von seinem Büro in der Dorotheenstraße Nr. 19 aus dirigierte Pelny eine Handvoll Privatkliniken, die er Zug um Zug in den Jahren zuvor erworben hatte, auch und gerade von jüdischen Besitzern. Noch im Januar 1944 kaufte er ein nobles Kurhotel am Scharmützelsee, das er bestens vermieten konnte – als Soldaten-Lazarett. Von all diesen Vorgängen hatten die Meyers keinerlei Kenntnis, Reinhold kam der Bücherrevisor aber schon seit einiger Zeit nachgerade beängstigend geschäftstüchtig vor.

Der Krieg war im Jahr 1943 allgegenwärtig im Großraum Berlin. Ständig wurde die Stadt von Luftangriffen heimgesucht, auch in Hohen-Neuendorf, das direkt an der Bahnlinie zwischen Berlin und den Rüstungsbetrieben von Oranienburg lag, krachte es beinahe jede Nacht. Natürlich hatten die Meyers keinen Zugang zu einem öffentlichen Luftschutzkeller, doch in dem »Judenhaus« gab es einen feuchten Kellerraum. Dort versammelte sich die Bewohnerschaft Abend für Abend. Dorle erfüllte ein beklemmendes Gefühl, wenn sie in die Runde der traurigen Gesichter blickte. Da waren Herr und Frau Schlesinger, die missmutig dreinschauten. Im Oberstock wohnte noch die Frau Major Doysen, eine Nichtjüdin, die wie einst die Meyers in ihren besseren Tagen noch immer ein Hausmädchen beschäftigte. Die Angestellte wohnte in demselben Typ Mädchenkammer, das die Meyers ein Stockwerk darunter zugewiesen bekommen hatten.

In den Kellerraum brachte jeder das mit, was ihm am wichtigsten war. Dorle schleppte immer ihren kleinen Schilfrohrsessel nach unten. Den Kinderstuhl besaßen die Meyers noch aus den Zeiten der Voßstraße. Alle Umzüge hatte das Möbelstück überlebt, jetzt schlief Dorle beinahe jeden Abend im »Judenkeller« darauf. Es gefiel ihr, wie das Rohrgeflecht knisterte, sobald sie sich bewegte. Wenn sie aufsprang und der Sessel leer war, knisterte er wieder – wie zum Abschied. Reinhold nahm außer den üblichen Papieren immer auch die beiden Kladden seines Vaters mit in den Keller. Schon immer hatte er die Hauschronik für ein wichtiges Dokument seiner Familiengeschichte gehalten, natürlich hatte er sie auch gründlich durchgearbeitet und markante Örtlichkeiten und Personen darin mit rotem Wachsstift unterstrichen. Jetzt aber waren die verschnörkelten Jugendstilbücher für ihn ein Stück Heimat geworden, an dem er sich festhalten konnte, das Symbol einer anderen, besseren Zeit.

Die Kartoffelschälerei im verregneten Hinterhof der »Klause«-Wirtschaft hatte Lucie ganz krank gemacht. Im Herbst

1943 lag sie mit schwerer Bronchitis im Bett. Dorle wurde zum Einkaufen geschickt, was sie sehr gern übernahm. Auf dem Rückweg von dem Laden, der beim S-Bahnhof lag, wurde sie von einem Bombenalarm überrascht. Die Eltern einer Schulkameradin, in ähnlicher Situation wie die Meyers, sahen das Kind einsam auf der Straße spazieren und baten Dorle ins Haus. Dort spielte sie dann mit der Freundin und vergaß darüber die Zeit. Als das Mädchen Stunden später nach Hause kam, fand sie Lucie in totaler Panik vor: Die Mutter hatte geglaubt, dass ihre Tochter womöglich ein Opfer der Bomben geworden war, die diesmal sehr nah bei den Häusern eingeschlagen waren. Als sie Dorle nun quietschvergnügt ankommen sah, wurde Lucie so wütend, dass sie zum Feuerhaken griff und das Mädchen verprügelte. Dorle lief schreiend aus dem Haus.

Mag sein, dass jemand den Vorfall beobachtet hatte. Jedenfalls bekam Lucie kurz darauf eine Vorladung ins Rathaus. Was darin geschrieben stand, nahm sie offensichtlich sehr, sehr ernst. Es hatte etwas mit Dorle zu tun.

Lucie zog sich das beste Kleid an, das sie unter ihren abgetragenen Gewändern finden konnte. Auch Dorle wurde herausgeputzt wie nie, entsprechend gründlich kämmte Lucie ihr die Haare, weshalb es noch schlimmer ziepte als sonst. Was war nur mit der Mutter los? Wieso war sie so nervös? Minuten später rannte Lucie im üblichen Eiltempo mit ihrer Tochter los, Dorle stolperte im Laufschritt hinterher. Sie fühlte sich wie an einem Zugseil hängend, so fest hatte die Mutter ihre Hand im Griff. Dem Kind fiel noch auf, dass sie diesmal auf der Waldseite gingen, die gegenüber von ihrem Haus lag, nicht auf dem Bürgersteig an den anderen Häusern vorbei, wie sonst. Hatte das vielleicht etwas zu bedeuten?

Es musste geregnet haben an diesem Tag. Dorle hatte noch Jahre später den Erdgeruch in der Nase, jene würzige Mixtur aus nassen Blättern und feuchter Erde, die man riecht, wenn ein Sommerregen niedergegangen ist. Mitten im Laufen begann die Mutter nun zu sprechen. Sie müsse ihrer Tochter etwas ganz Wichtiges sagen. Lucie holte tief Luft: »Du bist nicht unser leibliches Kind, wir haben dich adoptiert«, erklärte sie.

Adoptiert? Dorle überlegte, was das heißen könnte. »Bin ich denn nicht eure Tochter?«, fragte sie dann. Sie fühlte sich wie vor den Kopf gestoßen. War es nicht genug, dass sie nirgendwo dabei sein durfte, nicht im BDM, nicht beim nächsten Geburtstagsessen mit großen Kuchenplatten, nicht im Schülerchor? Wandten sich jetzt auch noch ihre Eltern gegen sie? »Ich liebe dich unendlich und auch der Papa hat dich ganz, ganz lieb«, stieß Lucie aus, während sie vom schnellen, angestrengten Laufen keuchte: »Du bist unsere Tochter!« Doch die Gesetze der Nazis seien nun einmal so, dass sie jetzt womöglich getrennt werden könnten. Jemand habe sie anscheinend denunziert und behauptet, dass sie ihr Kind nicht ordentlich behandele – »vielleicht wegen der Sache mit dem Feuerhaken«, fügte Lucie schuldbewusst hinzu.

Wer auch immer sie angeschwärzt hatte – wenn man sich in den Bestimmungen der Nazis für jüdische Sternträger einigermaßen auskannte, war es für Außenstehende ein Leichtes herauszufinden, dass Dorle ein Adoptivkind war. Jüdische Männer, die in »privilegierter Mischehe« mit einer »Arierin« lebten, also ein gemeinsames Kind hatten, brauchten keinen Stern zu tragen. Reinhold aber war im Jahr 1942 von der »privilegierten« in die gewöhnliche, weil kinderlose »Mischehe« herabgestuft worden, deshalb musste er auch den Stern sichtbar an seiner Kleidung tragen. Es war nur eine jener unendlich vielen bürokratisierten Grausamkeiten, welche die Nazis aus ihren wahnwitzigen Rassentheorien ableiteten: Adoptionskinder gehörten für sie eben nicht zur Familie, weil keine Blutsverwandtschaft bestand.

Im Rathaus von Hohen-Neuendorf geschah dann doch nicht das erwartete Drama. Der Adoptionsvertrag wurde nicht angefochten, man hatte Lucie wohl nur verwarnen wollen. Trotzdem weinte Dorle auf dem Rückweg wie ein Schlosshund. Was sollte nun aus ihr werden, da sie nicht einmal echte Eltern hatte? Lucie erklärte ihrer Tochter jetzt in einem für sie ungewöhnlich geduldigen Ton, dass sie selbst keine Kinder habe bekommen können, obwohl sie sich so inständig welche gewünscht hatte. Irgendwann habe der liebe Gott aber ihre Gebete erhört und erst Klaus und dann Dorle geschickt. Ihre leiblichen Eltern seien so wie Reinhold und Lucie: der Vater ein Jude, die Mutter eine »Arierin«, weshalb Dorle so oder so für die Nazis als »Mischling ersten Grades« gegolten hätte, ob ihr leiblicher Vater nun Meyer heiße oder anders.

»Deine echten Eltern haben dich auch sehr lieb gehabt«, erklärte Lucie, und jetzt kamen ihr selbst die Tränen nach all der Anspannung und den Befürchtungen, die sie vor dem Amtsbesuch belastet hatten. »Aber ihre Verhältnisse waren so, dass sie dich nicht aufziehen konnten,« setzte sie hinzu. Und natürlich würden Reinhold und sie ihre Tochter niemals verstoßen, schloss Lucie ihren kleinen Vortrag kurz und knapp: »Du bist unser geliebtes Kind und basta!«

Adoptionskind, Judenkind, Mischling ersten Grades. Was für ein Quatsch!, dachte Dorle. Ihr war völlig egal, wie die blöden Nazis sie nun nannten. Hauptsache, sie nahmen ihr nicht den Vater und die Mutter weg, denn dass Lucie und Reinhold sie über alles liebten, dessen war sie sich ganz sicher. Und so fühlte sich das Mädchen nach diesem Ereignis im Grunde noch enger mit seinen Eltern verbunden.

Immerhin hatten sie nun auch noch ein Geheimnis miteinander.

13

Ein Lichtblick im Keller

Heulend rannte Dorle über die Hauptstraße von Hohen-Neuendorf. Warum hatte ihr die Mutter das angetan? Sie sah aus wie ein gerupftes Huhn, das hatte selbst der Friseur bestätigt. Unmöglich konnte sie so in die Schule gehen. Und an allem war die Mutter schuld.

Wie immer hatte Lucie frühmorgens in hektischer Eile ihre Tochter für den Tag fertig gemacht. Beim Haarekämmen aber passierte das Malheur. Lucie kam nicht schnell genug durch die Nester hindurch, die sich vom vielen Herumrennen am Vortag in den dicken Zöpfen ihrer Tochter gebildet hatten. Und da es nun wirklich eilig war, griff die Mutter kurzerhand zur Schere: Schnipp, schnapp, da waren die Haare ab. Lucie schnitt einmal rund um den Kopf, jetzt brauchte man keine Zöpfe mehr zu flechten. Als Dorle sich beschwerte, gab sie ihr ein paar Pfennige in die Hand, damit sollte sie zum Friseur gehen und sich die Haare noch einmal richtig schneiden lassen vor Schulbeginn.

Lucie jedenfalls musste zur Arbeit. Mittlerweile war sie als Zwangsarbeiterin in einer Elektrofirma beschäftigt, die Zündketten für Flugzeugbomben herstellte. Es arbeiteten nur Frauen in dem Betrieb, der am Rande von Hohen-Neuendorf kurz vor der Stadtgrenze in Richtung Berlin lag. Anscheinend kam es vor allem auf ihre Fingerfertigkeiten an. Die Firma Radio-Öde hatte sich darauf spezialisiert, Bombenteppiche zu knüpfen. Das waren in einem bestimmten Rhythmus hintereinandergeschaltete Bomben, die vom Flugzeug aus geworfen wurden. Die Arbeiterinnen hatten zunächst die Zündvorrichtungen anzubringen, auf einem nahegelegenen Fliegerhorst fanden dann die letzten Installationen und Funktionstests statt. Lucie galt als besonders versiert darin, die Zündsätze einzubauen, deshalb musste sie für die abschließenden Arbeiten zumeist mit auf den Flugplatz fahren. Dabei hatte sie auch schwerste Eisenteile auf die Wagen zu wuchten und musste hernach auf dem Flughafen im Beisein eines leitenden Betriebsmitarbeiters kontrollieren, dass die Zündvorrichtungen tatsächlich funktionierten – bei Sabotageverdacht wären die Frauen unmittelbar bestraft worden.

An diesem Tag war Lucie noch in der Firma, als Dorle laut schreiend die Betriebshalle betrat. Der Friseur hatte das Mädchen nur ausgelacht und ihr gesagt, sie könne gern in einem Vierteljahr wiederkommen, jetzt sei an ihrer Frisur jedenfalls nichts mehr zu machen. Die Arbeitskolleginnen schmunzelten, als sie das zerrupfte Kinderhaar sahen, und eine Kollegin meinte vorwurfsvoll zu Lucie: »Was hast du denn da wieder angerichtet.« Offenbar trauten ihr die Kolleginnen in dieser Hinsicht einiges zu. Lucie war eben manchmal allzu schnell und entschieden. Das Frisurproblem wurde fürs Erste mithilfe von weißen Fallschirmbändern gelöst, welche die Frauen Dorle rasch ins Haar flochten. Den Rest heilte die Zeit.

Anfang Juni 1944 wurde Reinhold erneut verhaftet. Diesmal schienen die Umstände noch ernster zu sein. Der Antiquar war in dem Sammellager in der Schulstraße gelandet, und

Lucies Überredungsgeschick versagte: Reinhold kam nicht wieder frei. Das Jüdische Krankenhaus, das im Bezirk Wedding an der Iranischen Straße Ecke Schulstraße lag, war in friedlicheren Zeiten eine anerkannte Institution gewesen in Berlin, jetzt aber hatte sich dort eine für Juden lebensgefährliche kleine Welt für sich etabliert. Zu dem Gesamtkomplex gehörten sieben Gebäude, einstmals arbeiteten bedeutende Ärzte hier, auch Reinhold war ja schon in dieser Klinik operiert worden. Längst hatten die Nazis jedoch von dem idyllisch zwischen Bäumen gelegenen Klinikareal Besitz ergriffen. Im Februar 1944 war das zuvor in dem jüdischen Altenheim in der Großen Hamburger Straße betriebene Sammellager hierher verlegt worden. Ein Teil des Häuserkomplexes wurde noch immer als Klinik benutzt, doch alles stand unter der Schattenherrschaft der Gestapobeamten, die hier auf besonders perfide Weise die jüdischen Verfolgten leiden ließen.

Reichspropagandaminister Joseph Goebbels hatte Berlin zu diesem Zeitpunkt bereits für »judenfrei« erklärt, und das kam der Wahrheit durchaus nahe. Von den einst 160 000 Juden, die 1933 in der Hauptstadt gelebt hatten, waren 90 000 im Laufe der Jahre ausgewandert. Über 50 000 Menschen hatten die Nazis zwischen Herbst 1941 und Sommer 1944 nach Riga oder Auschwitz, Majdanek oder Theresienstadt deportiert – eben an jene Orte, deren Namen sich später als Synonyme für die Verfolgung und Vernichtung von Millionen Menschen in das kollektive Gedächtnis einprägen sollten. Tausende Berliner Juden hatten sich aus Angst vor einem Abtransport selbst umgebracht, so wie Reinholds Leibarzt Professor Kalischer, oder waren im Polizeigewahrsam zu Tode geprügelt worden, wie der Anwalt Heinrich Veit Simon, mit dessen Familie die Meyers befreundet gewesen waren. Lediglich rund 6000 Juden wohnten im Sommer 1944 noch in Berlin. Sie lebten zumeist in »Mischehen«, wie Reinhold, oder sie waren untergetaucht. Ihnen galt jetzt die verschärfte Aufmerksamkeit der Nazis.

In der Pathologie des jüdischen Krankenhauses, einem mit Efeu berankten, einladend aussehenden Gebäude aus der Jahrhundertwende, hatte die Gestapo ihr Lagerquartier aufgeschlagen. Von hier aus dirigierte der berüchtigte SS-Hauptsturmführer und Gestapo-Kommissar Walter Dobberke seine Greiferarmee: jüdische Spitzel, die im Dienste der Nazis die letzten in Berlin verbliebenen Juden jagten. Unter ihnen war auch Stella Kübler, eine sehr blonde, sehr hübsche Jüdin, die traurige Berühmtheit als besonders erfolgreiche Greiferin erlangen sollte. Mit ihrem Partner Rolf Isaaksohn lieferte sie vermutlich Hunderte von Glaubensgenossen an die NS-Todesmaschinerie aus.

Die Menschenjäger suchten Juden, die sich als »U-Boote« versteckt hielten, wie auch Personen, deren Namen durch glückliche Umstände bislang noch nicht auf die Deportationslisten gelangt waren. Ins Visier der Nazi-Häscher aber gerieten jetzt auch die jüdischen Partner aus »Mischehen«, wie Reinhold einer war. Bei der »Fabrik-Aktion« im Februar 1943, nach welcher der Antiquar seinerzeit in der Rosenstraße festgehalten wurde, hatten es die Drahtzieher der »Endlösung« aus dem Reichssicherheitshauptamt noch nicht gewagt, auch die »arisch versippten« Juden in den Tod zu schicken. Etwas später im Jahr 1943 aber begann man schließlich doch, jüdische Ehepartner von Nichtjuden in die Vernichtungslager zu deportieren. Inzwischen galten nur noch Leute aus »privilegierten Mischehen« als halbwegs geschützt, also Menschen, die nach dem NS-Deutsch »Mischlingskinder« hatten.

Dorle wurde zwar als ein solches »Mischlingskind« geführt. Doch Reinhold galt nicht als »Privilegierter«, weil sie ein Adoptivkind war. Umso mehr sorgten sich Mutter und Tochter jetzt um ihn. Beinahe täglich fuhren sie zur Schulstraße, um ihn mit dem Nötigsten zu versorgen – zugleich wollten sie sich vergewissern, dass er noch nicht »abgeholt« war. Oft standen noch andere Frauen vor dem Klinikgefängnis, von der Proteststimmung aus der Rosenstraße aber war nichts mehr zu spüren. Wenn Dorle in diesen Tagen in die Runde schaute, sah sie vor allem weinende Gesichter. An der Ecke Schulstraße/Exerzierstraße gab es eine Eisbude, an der sich das Mädchen häufig ein Eis kaufen durfte. Das Eis war grün und klebrig, es schmeckte süßlich bitter – ein Geschmack, den Dorle später stets mit jenem Gefühl der Beklemmung verbinden sollte, das sie jedes Mal befiel, wenn sie mit der Mutter vor der Schulstraße wartete und auf ein Lebenszeichen ihres Vaters hoffte.

Auch die blonde Stella fiel dem Mädchen auf. Oft lehnte sie im Tor des Hauses, ging hinein und hinaus – »als ob sie dort wohnte«, erinnerte sich Dorle später. Das Mädchen fand es komisch, dass jemand im Gefängnis ein- und ausgehen konnte, während ihr Vater dort weggeschlossen war. Von den Frauen, die rundum standen, hatte sie zudem gehört, dass mit der blonden Frau etwas nicht in Ordnung war. Und so beobachtete Dorle mit besonderer Aufmerksamkeit die blonde Stella, ohne zu wissen, was genau es mit ihr auf sich hatte.

Wer im Jüdischen Krankenhaus gelandet war, lebte in vollkommener Unsicherheit. Es konnte jederzeit passieren, dass man einem Transport zugeordnet wurde. Manchmal hing die Entscheidung über Leben oder Tod von einer zufälligen

Begebenheit ab, manchmal aber auch einfach nur von der Höhe des Bestechungsgeldes, das Verwandte oder Freunde der Gepeinigten zu zahlen in der Lage waren. Vom kleinen Wachmann bis zum großen Kommissar, viele zeigten sich empfänglich für gewisse Zuwendungen. Das begann bei Kleinigkeiten, etwa wenn man einen Zettel mit einer wichtigen Information zu einem Inhaftierten befördern wollte. Es gab viele wichtige Informationen zu übermitteln, und man musste wissen, an welcher Stelle kleine Geldgaben nützlich waren.

In den Rinnstein vor dem Krankenhausgebäude legten Lucie wie auch viele andere Frauen zumeist Kopfkissenbezüge mit Stullen, frischen Unterhosen und anderen Dingen für den jeweiligen Gefangenen. Klar, dass sie auch einen kleinen Obolus für den Wächter dazupackten, damit die Kopfkissenpakete auch ihren Empfänger erreichten. Dorle war ganze Nachmittage damit beschäftigt, die Mitbringsel im Kopfkissenbezug zusammenzustellen. Zunächst sammelte sie Beeren in dem kleinen Wäldchen bei der »Straße der SA«, wilde Himbeeren und Walderdbeeren. Dann kochte sie Griesbrei in der Schlauchküche des »Judenhauses«. Sie war noch nicht groß genug, um richtig an den Herd zu kommen, deshalb stellte sie sich einen Schemel davor und rührte von dort aus im Topf. Der Brei und die Beeren kamen in ein Glas, das mit einem weißen Papier verschlossen wurde. Darauf malte Dorle immer dasselbe Motiv: Eine strahlende Sonne, damit der Vater sah, wie schön die Welt draußen war.

Drei Monate sollte Reinhold in der Schulstraße festgehalten werden, von Anfang Juni bis Ende August 1944, für Dorle eine endlos lange Zeit. Sie und ihre Mutter beteten von einem Tag zum anderen, dass er nicht doch noch abtransportiert werden würde. Unterdessen hatte Lucie zunehmend mit Geldproblemen zu kämpfen, denn jetzt blieb ja selbst der niedrige Zwangsarbeiterlohn aus, den Reinhold nach Hause gebracht hatte – gerade mal 110 Reichsmark im Monat, aber immerhin. Die Kosten für Miete und Lebensmittel fielen ja weiter an, darüber hinaus rissen die unvermeidlichen Schmiergelder für die Wachleute ein Loch in die Haushaltskasse. Lucie versuchte, zusammen mit Dorle noch einmal den Anwalt am Monbijouplatz aufzusuchen. Es gab eine eiserne Reserve an kleinen Schmuckstücken, die wollte sie jetzt versetzen. Doch vor dem Haus mit der Granittreppe und dem eisernen Geländer standen plötzlich Polizeiwachen, und so trauten sich die beiden gar nicht erst heran. Dorle fragte sich, ob der SS-Schwiegersohn jetzt vielleicht nicht mehr helfen konnte.

In ihrer größten Not dachte Lucie wieder einmal an Curt Pelny. Sie rief ihn vom Haus der Lühmanns aus an und bekam tatsächlich einen Termin. Im Büro des Steuerberaters zuckte Lucie zusammen: Sie sah ihn jetzt zum ersten Mal, wie er in Uniformjacke, Breeches und Stiefeln an seinem Schreibtisch mit der großen, glattpolierten Arbeitsfläche saß. Ein Hakenkreuz leuchtete an Pelnys Jacke; dass es sich nur um eine Rotkreuz-Uniform handelte, war Lucie zunächst gar nicht aufgefallen.

Es ging, wie immer, um das Vormundschaftsvermögen. Die Behörden wollten nun offenbar die Konten gänzlich als dem Reich zufallend einziehen, wie man dies auch bei den Deportierten handhabte. Denn, so hatte der Oberfinanzpräsident für Berlin-Brandenburg in einem spitzfindigen Schriftsatz vom Oktober 1943 im Fall Estella Meyer festgestellt: »Wie mir meine Grundstückskartei mitteilt, ist die Jüdin lebend über die Grenze gekommen«. Damit war aus Sicht der

Finanzbehörden bereits vor dem Mord der gemütskranken Estella ihre Ausbürgerung aus Deutschland vollzogen. Und somit verfiel ihr Vermögen nach der gültigen NS-Gesetzgebung, die durch immer neue Verordnungen zum 1935 verabschiedeten Reichsbürgergesetz verschärft worden war, ans Deutsche Reich.

Reinholds Erbe war damit verloren. Doch es gab noch die beiden Wohltätigkeitsstiftungen, die sein Großvater, der Bankier Friedrich Meyer und Mitbegründer der Deutschen Bank, dereinst ins Leben gerufen hatte. Der Satzung der »Friedrich-Meyerschen-Stiftung« zufolge sollten die Gelder unter bestimmten Bedingungen in Not geratenen Berlinern sowie Verwandten der Meyers zugute kommen. Pelny sah nun eine Möglichkeit, wie man wenigstens Lucie und ihre Tochter finanziell aus dem Stiftungsvermögen unterstützen könnte, immerhin mussten nach der Aufstellung von Rechtsanwalt Karschny in diesem Topf noch etwa 13 000 RM vorhanden sein. Wieder einmal entwickelte sich ein zähes Ringen mit den NS-Behörden. So stellte das Berliner Amtsgericht zunächst einmal fest, dass die Stiftung nicht »beschluss- und geschäftsfähig« sei, da das Kuratorium nicht ausreichend besetzt wäre. Daraufhin wurden Pelny und Karschny als »Notvorstand« eingesetzt.

Kaum war dies geschehen, erklärte das Amtsgericht in einem Schreiben vom 20. Juli 1944, dass die Stiftungszwecke »nicht mehr gutgeheißen werden« könnten, jedenfalls dürften auf keinen Fall jüdische Empfänger mit Geld bedacht werden. Vielmehr sollten die Mittel nur »arischen bedürftigen Volksgenossen« zugute kommen oder aber gleich komplett an die NSV überwiesen werden, die »Nationalsozialistische Volkswohlfahrt«. Pelny legte sich noch einmal ins

Zeug, indem er sich am 2. August in einem Brief ans Amtsgericht erlaubte, »auf folgendes ergebenst hinzuweisen«: Frau Lucie Meyer lebe »in den denkbar schlechtesten wirtschaftlichen Verhältnissen«, zwar sei sie mit Reinhold Meyer verheiratet, der, führte Pelny aus, »soweit ich orientiert bin, Volljude oder Halbjude sein soll«. Sie selbst aber sei »Arierin«, und ihre zwei Kinder seien zumindest »Halbarier«. Auch »soll sich der Ehemann nicht bei seiner Frau befinden«, wie er zudem »in Erfahrung gebracht habe« – dass Reinhold in Schutzhaft saß, ließ der Steuerberater wohlweislich unerwähnt. Angesichts der dargelegten Situation, formulierte Pelny so vorsichtig, als ob er verbal über eine Art Nagelbrett laufen müsse, »erscheint mir vielleicht die Anregung richtig zu sein«, Frau Meyer und ihre Kinder aus den Stiftungsmitteln zu unterstützen.

Nicht nur das Amtsgericht galt es zu überzeugen, auch den zweiten Kurator und bisherigen Hauptvormund für das Meyersche Vermögen, Erich Karschny. Der Anwalt war ein strammer NS-Gefolgsmann, Pelny empfahl, dass Lucie ihn persönlich aufsuchen solle, um ihm direkt ihre prekäre Lage zu schildern. Und so nahm sie all ihren Mut zusammen. Gemeinsam mit Erna Lühmann, der Direktorsgattin aus Frohnau, sprach sie bei Karschny vor, der seine Kanzlei inzwischen in die Dahlmannstraße in Charlottenburg verlegt hatte, weil sein Büro in der Kantstraße ausgebombt worden war. Kaum dass Lucie versuchte, ihre Situation zu schildern, wies der Anwalt sie jedoch barsch zurück – es sei nicht möglich, Geld freizugeben, weder aus der Pflegschaft noch aus dem Stiftungsvermögen. Daraufhin mischte sich Erna Lühmann ins Gespräch.

Die Lehrergattin war weiß Gott keine Heldin, ihren Kindern erzählte sie später, dass sie stets eine furchtbare Angst geplagt habe, wenn ihr Mann sich heimlich mit von den Nazis verfemten Kirchenmännern traf oder wenn er immer mal wieder Reinhold Meyer in seinem Haus empfing und beherbergte. Im Büro des Anwalts aber packte sie nun doch der Zorn. Sie erzählte von den »elenden Verhältnissen«, in denen Lucie mit ihrer Tochter zu leben habe: Sie müssten hungern, weil sie sich kaum etwas Essbares kaufen könnten, ihre Wohnung habe weder Bad noch Toilette und sei trotzdem kaum bezahlbar teuer – und dabei sei Lucie doch eine »Arierin«.

Karschny unterbrach die »Frau Direktor« in rüdem Ton: Lucie sei schließlich selbst daran schuld, denn sie hätte sich längst von »dem Juden« scheiden lassen können. Und überhaupt: Wenn Frau Lühmann hier weiter auf die Tränendrüse drücke, werde er dafür sorgen, dass dies Konsequenzen habe. Auch ihrem Mann empfehle er, sich nicht weiter »für diese Familie« einzusetzen, sonst werde der Herr Schuldirektor noch schweren beruflichen Schaden nehmen. Erna Lühmann war schockiert. Als Lucie ihrerseits noch einmal einhaken wollte, schrie der Anwalt sie unbeherrscht an: »Verlassen Sie sofort mein Büro, sonst rufe ich die Gestapo.«

Zitternd traten die beiden Frauen auf die Straße, Lucie suchte kurz darauf noch einmal Curt Pelny auf. Doch nun war auch er mit seinem Latein am Ende. Sein sorgfältig formulierter Brief an das Amtsgericht war anscheinend das Äußerste gewesen, was er sich noch an Engagement für die Meyers erlauben mochte. Er hatte dies aus Sympathie getan, seine eigene Position aber wollte er keinesfalls gefährden. Immerhin gab es jetzt ständig Razzien, reihenweise wurden Menschen verhaftet, weil man sie für Mitverschwörer hielt an dem Attentat, das der Wehrmachtsoffizier Claus Schenk Graf von Stauffenberg am 20. Juli 1944 in der Wolfsschanze, einem Bunkergelände bei Rastenburg, auf Adolf Hitler verübt hatte.

Curt Pelny war nun wirklich keine Widerständlernatur. Seit dem Mai 1933 war er Parteimitglied, und er wusste sehr wohl, wie man mit den Wölfen heulte. Doch der Rassismus der Nazis lag ihm völlig fern. Deshalb hatte es ihm nie Probleme bereitet, Reinhold zu beraten. Anfangs hatte der Antiquar ihn dafür ja auch anständig vergütet, sei es mit Geld oder mit Teppichen. Pelny ging es vorrangig darum, dass seine Geschäfte florierten. Eigentlich war er auch nur in die NSDAP eingetreten, um seinen wirtschaftlichen Aufschwung zu befördern. »Der Nationalsozialismus als solcher ist Herrn Pelny ziemlich gleichgültig gewesen«, schrieb nach dem Krieg ein Ärztefunktionär, der den Verwaltungsdirektor aus der Zusammenarbeit im Klinikbereich kannte: »Wenn ihm der Kommunismus die gleichen Chancen geboten hätte, wäre er mit derselben Schnelligkeit Kommunist geworden.«

Den alten, vergilbten Akten zufolge, die viele Jahre bei Dorle auf dem Dachboden lagerten, versuchte ihre Mutter noch einmal im Dezember 1944, mit dem Steuerberater Kontakt aufzunehmen. Sie schickte eine vorgedruckte Karte, auf die ein NS-Spruch gedruckt war: »Der Führer kennt nur Kampf, Arbeit und Sorge, wir wollen ihm den Teil abnehmen, den wir ihm abnehmen können«, hieß es dort einfallslos werbend. Die Karte war ohne Absender verschickt, unterschrieben hatte Lucie mit ihrem Mädchennamen. Sie müsse Pelny »dringend in den nächsten Tagen sprechen«, es bräuchte auch nur eine Viertelstunde zu sein. Ob die Verabredung zustande kam, ist aus den alten Unterlagen nicht ersichtlich. Für die darauffolgenden Monate findet sich kein Hinweis mehr auf einen Kontakt zwischen Pelny und den Meyers. Unterdessen hatte im Dezember 1944 das Regierungspräsidium die Aufsicht über die Friedrich Meyersche Stiftung an sich gezogen. Zu einer Auszahlung an Lucie ist es nie gekommen.

Ende August 1944 wurde Reinhold nach drei Monaten Haft endlich entlassen. Seine schwarze Lederjacke hing nur noch in Fetzen an seinem mageren Körper, die sanften braunen Augen saßen in tiefen Höhlen, sein einst so schalkhaftes Lächeln war völlig verschwunden. Nicht nur das ständige Wechselbad zwischen Hoffnung und Todesangst hatte ihn mürbe gemacht, auch die unwürdigen Aufträge, die er während der Haftzeit zu erfüllen hatte. Steine klopfen im Hof der Klinik war dabei noch das Geringste. Berlin hatte inzwischen sehr viele Bombeneinschläge verkraften müssen, da wurde jeder Ziegelstein für Reparaturen gebraucht. Die Gefangenen in der Schulstraße mussten den Mörtel von den Steinen klopfen, damit sie wieder verwendbar waren. Schlimmer waren die Aufträge, bei denen anderes als Körperkraft verlangt war. So wurde Reinhold, wie er später seiner Tochter erzählte, mit anderen Gefangenen in ein Gebäude gefahren, wo sie Akten vernichten mussten: Mit der Hand sollten sie die Papiere zerreißen, Reinhold bemerkte, dass es sich um Unterlagen über ermordete Juden handelte. Genauer hineinschauen durfte er nicht, hinter einer halboffenen Tür stand ein Wächter, der die Gefangenen beobachtete.

Es gab noch perfidere Befehle. So wurde der sanftmütige, harmoniebedürftige Reinhold gezwungen, einen langen

Mantel über seine schäbige Kleidung zu ziehen und an fremden Wohnungen zu klingeln. Anhand einer Liste sollte er die Bewohner auffordern, mit ihm zu kommen. Reinhold, der mutmaßte, dass die Erfüllung des Auftrags die Menschen ins Unglück stürzen werde, versuchte einmal verzweifelt einer Frau einzureden, dass sie doch Fieber hätte und deshalb unbedingt zu Hause bleiben müsse. »Nein, nein, sagte die Frau, ich bin schon gesund«, berichtete Reinhold viele Jahre später deprimiert seiner Tochter: »Und sie bestand darauf mitzukommen«.

Die Gestapomänner hatten ihn mit dem Hinweis unter Druck gesetzt, dass man sich ansonsten »an die Frau und das Kind« halten werde. Reinhold gehorchte, auch wenn es ihm unerträglich war, dass er nun indirekt mithalf beim Morden. Denn natürlich unterhielt man sich unter den Gefangenen in der Schulstraße darüber, was mit den Leuten geschah, die gen Osten verschoben wurden. Mancher Bewohner des Krankenhauslabyrinths, dessen sieben Gebäude durch unterirdische Gänge miteinander verbunden waren, hielt sich schon viele Monate dort auf. Es gab Lebenskünstler, denen es immer wieder gelang, von der Transportliste gestrichen zu werden. Ihnen konnte man nichts mehr vormachen über das letzte Ziel der Deportationen.

Eines Tages glaubte Reinhold, dass er nun selbst an der Reihe war. Er saß bereits auf einem LKW zusammen mit anderen Leidensgenossen, die zum Erschießen fortgebracht werden sollten, wie er später seiner Frau erzählte. Kurz bevor der Wagen abfuhr, ging einer der Wachleute noch einmal eine Namensliste durch, die er in der Hand hielt. Alle starrten erwartungsvoll auf den Mann. Plötzlich hörte Reinhold, wie sein Name gerufen wurde. Kurz darauf wurde er angeraunzt, er solle den Lastwagen wieder verlassen: Wie in Trance stieg Reinhold als Einziger wieder von der Ladefläche hinunter, im letzten Moment war er dem Todeskommando entkommen.

Nach seiner Freilassung traute sich der Antiquar kaum noch vor die Tür, er lebte »mehr oder weniger in einer Art Illegalität«, wie er nach dem Krieg in einer Erklärung festhielt. Lucie und er hatten beschlossen, sich »ohne Not nirgendwo mehr bemerkbar zu machen«. Entsprechend brachen sie auch die wenigen Kontakte ab, die sie bislang noch aufrechterhalten hatten. Wichtig war jetzt nur noch das nackte Überleben. Die Zwangsarbeit bei der Reichsbahn hatte der Antiquar wieder aufnehmen müssen, sein Arbeitsplatz lag nun am Südrand von Berlin bei Wustermark. Morgens schlich sich Reinhold zur S-Bahn, unterwegs durfte er nur stehen, weil Juden das Sitzen im Zugwaggon mittlerweile verboten war. Reinhold drückte sich in die letzte Ecke und versuchte, möglichst nicht aufzufallen.

Einmal noch wagte er sich vor Kriegsende in die Öffentlichkeit, das war in der Kirche von Hohen-Neuendorf. Nach allem, was er durchlebt hatte, wollte Reinhold zum Abendmahl in das Gotteshaus mit dem barocken Zwiebelturm gehen. Dem gläubigen Christen war dies ein dringendes Bedürfnis. Er fragte beim Pfarrer an, der ihn bat, sich unauffällig in die letzte Kirchenbank zu setzen: Der Antiquar solle sich möglichst nicht bewegen, sodass sein Judenstern nicht ins Blickfeld falle.

Während seiner Inhaftierung hatte Lucie alle möglichen alten Freunde und Bekannte angeschrieben, in der Hoffnung, dass sich jemand für Reinhold einsetzen könnte. Zu den Adressaten gehörte auch der eine oder andere jener Gäste, die Jahrzehnte zuvor bei ihren Schwiegereltern in der Voßstraße verkehrt hatten und die Reinhold noch als kleinen Jungen kannten. Ricarda Huch meldete sich daraufhin bei Lucie, und es entspann sich eine Korrespondenz, in die auch Dorle einbezogen war: Sie schickte der großen Schriftstellerin ein selbstgemaltes Bild. Vor Beginn der NS-Zeit hochangesehen, lebte die Goethe-Preisträgerin des Jahres 1931 und einstige Stellvertreterin von Thomas Mann im Vorsitz der Sektion Dichtkunst der Preußischen Akademie der Künste jetzt zurückgezogen in Jena.

Im Juli 1944 war Ricarda Huch 80 Jahre alt geworden, Propagandaminister Goebbels hatte zwar offiziell gratuliert, doch ihre Bücher wurden totgeschwiegen. Die Schriftstellerin galt als eher national, deshalb hatten die NS-Ideologen anfangs geglaubt, sie für ihre Sache gewinnen zu können. Als 1933 jedoch Bestrebungen liefen, die Akademie der Künste regimekonform auf Kurs zu bringen, trat sie umgehend aus. Durch gelegentliche Besuche in der Schweiz war sie später möglicherweise besser über die Maßnahmen zur systematischen Judenvernichtung informiert als viele andere Reichsbürger. In einem Brief an eine Freundin schrieb sie 1942: »Dass so Entsetzliches um einen herum vorgeht und man nichts tut, um es zu verhindern oder zu rächen, kommt mir manchmal so unerhört, so unerträglich vor.«

Kurz vor Weihnachten 1944 erhielt Dorle nun ein kleines Päckchen von der Schriftstellerin. Darin lag ein Bilderbuch. In einem beiliegenden Brief erzählte Ricarda Huch von einem Eichhörnchen, das vor ihrem Fenster einen Tannenzapfen zernagt habe. »Sein Frühstück dauerte zwei Stunden«, doch »solange hintereinander« könnten Menschen natürlich nicht essen, versuchte die alte Dame Dorle zu trösten, von der sie vermutlich ahnte, dass sie als Kind eines jüdischen Vaters in diesen Tagen nicht allzu viel zu essen bekam. Gern hätte sie Dorle auch eine Puppe geschenkt, berichtete Huch, »aber es gibt keine, weil Krieg ist«. Vielleicht könne man jedoch »nächstes Jahr wieder Puppen und schöne Bilder haben«, gab sie dann ihrer stillen Hoffnung auf ein baldiges Kriegsende Ausdruck.

In den letzten Monaten des Krieges prasselten die Bomben nur so nieder auf Berlin. Allein die Amerikaner warfen insgesamt 45 000 Tonnen Sprengstoff über der Reichshauptstadt ab. Am 3. Februar 1945 flog die US-Luftwaffe ihren bis dahin größten Luftangriff des Zweiten Weltkriegs. Auf den Radarschirmen der Berliner Luftverteidigung blinkten weit über 1000 Signale auf, die feindliche Flugzeuge anzeigten. »Noch nie in diesem Krieg wurde ein Zielgebiet mit Bomben derart gesättigt«, berichtete daraufhin die Washington Times. Ganze Stadtquartiere waren getroffen, Kreuzberg und die südliche Friedrichstadt lagen in Schutt und Asche, auch das Zeitungsviertel an der Kochstraße. Doch das Ziel, durch die Luftangriffe den Durchhaltewillen der Bevölkerung zu brechen und die Berliner zur Kapitulation zu zwingen, wurde nicht erreicht. Goebbels erklärte die Hauptstadt zur »Festung«, daraufhin wechselten die Alliierten ihre Strategie: Jetzt musste Berlin auf dem Landweg bezwungen werden.

Schon seit Ende Januar 1945 stand die Rote Armee an der Oder, kaum 60 Kilometer von Berlin entfernt. Nun rüstete sie sich zur Schlussoffensive des Krieges, der sogenannten »Berliner Operation«. In den folgenden Wochen verließen die Menschen in großen Scharen die Stadt. Auch Curt

Pelny entschied sich, Berlin den Rücken zu kehren. Freilich flüchtete er nicht nur vor den Bomben, es gab noch einen anderen Grund: Dank der Verhältnisse, welche die Nazis geschaffen hatten, war es ihm in den vorangegangenen Jahren gelungen, ein solch großes Rad zu drehen und dabei erhebliche wirtschaftliche Erfolge einzuheimsen, dass es sich nun für ihn empfahl, lieber das Weite zu suchen.

Während Reinhold Meyer und seine Familie eine menschliche und soziale Deklassierung ohnegleichen erfuhren, war Pelny in demselben Zeitraum den umgekehrten Weg gegangen: Vom kleinen Buchhalter, der nicht einmal eine ordentliche Steuerberaterprüfung absolviert hatte, war er zum machtvollen Gebieter über ein stattliches Klinikimperium aufgestiegen. Bei Kriegsende wiesen seine Konten Pelnys eigenen Angaben zufolge ein Plus von genau 449 365,30 RM auf. Ein Reichtum, den er möglicherweise nicht nur mit lauteren Mitteln aufgehäuft hatte, wie die späteren Briefe und Schriftsätze von Mitbürgern nahelegen, die sich durch ihn geschädigt fühlten.

Auch diese Geschichte ist in einem alten Schnellhefter festgehalten, in welchem dünnes Durchschlagpapier und raue Schmierzettel mit rostigen Büroklammern zusammengehalten sind. Freilich fand sich diese Akte nicht auf dem Dachboden von Reinholds Tochter Dorle, sondern in einem Berliner Gerichtsarchiv. Da berichtete etwa der jüdische Krankenhausbetreiber Hans Löwenstein detailliert, wie Pelny ihm seine Privatklinik mithilfe der Gestapo abgepresst habe. Löwenstein war 1942 gezwungen worden, einen Klinikbetrieb im Berliner Stadtteil Wilmersdorf zu veräußern, den er zusammen mit einem Partner unterhielt.

Curt Pelny zeigte zwar großes Interesse an der »Trautenau-Klinik«. Doch er verlangte, Löwenstein und sein Geschäftspartner müssten ihm noch 5000 Reichsmark hinzuzahlen, wenn er das Krankenhaus samt Inventar übernehmen solle – allzu renovierungsbedürftig seien die Patientenzimmer und die Operationsräume. Löwenstein und sein Kompagnon weigerten sich standhaft, auf dieses vermeintliche »Angebot« einzugehen. Daraufhin, so berichtete der Kommerzienrat nach dem Krieg, habe ihnen ein Mitarbeiter aus dem gefürchteten Gestapoquartier bedeutet, es werde ihnen schlecht ergehen, wenn sie das Unternehmen nicht umgehend an Pelny veräußerten.

Auf diese Weise hatte der Bücherrevisor die Trautenau-Klinik für sage und schreibe 1000 Reichsmark erworben, samt Krankenbetten und Operationstischen. »Für diesen Preis«, erklärte Löwenstein nach dem Krieg, 1949, in einem Brief, »bekam man auch damals nicht mal ein Krankenzimmer«. Sein einstiger Partner, der Internist Alfred Hirschfeld, war zwischenzeitlich in einem Vernichtungslager umgekommen.

Kurz vor der Klinikübernahme hatte Pelny, nach jahrelangen zähen Verhandlungen mit den Eigentümern, im Jahr 1941 das Gebäude in der Trautenaustraße Nr. 5 gekauft, für lächerliche 20 000 Reichsmark. Zuvor hatte es einer jüdischen Erbengemeinschaft gehört, deren Mitglieder mit der Zeit teils ausgewandert, teils nach Theresienstadt deportiert worden waren. Pelny hatte bereits 1938 die Verwaltung des Hauses übernommen, da die Behörden nach den Novemberpogromen allenthalben auf nichtjüdischen Hausverwaltern bestanden. Zu diesem Zeitpunkt betrieb er gemeinsam mit einer Teilhaberin in den unteren Stockwerken des Gebäudes eine Klinik auf Mietbasis. Nachdem ihm die Verwaltung des Gesamtkomplexes übertragen worden war, ging er anscheinend immer rüder gegen Löwenstein und seinen Partner vor, deren Unternehmen in den oberen Etagen lag. So wurde den jüdischen Ärzten und Krankenschwestern offenbar untersagt, das vordere Treppenhaus des Gebäudes zu benutzen, wie sich aus einem alten Schriftsatz ergibt.

Das Klinikhaus in der Trautenaustraße war nicht die einzige Neuerwerbung, die sich Pelny im Laufe der NS-Zeit leistete. Dem alten Schriftverkehr zufolge eignete er sich insgesamt drei Kliniken von jüdischen Inhabern an, die aufgrund der Notsituation, in welcher sich die Betreiber befanden, vermutlich günstig zu haben waren. Zudem hatte der Bücherrevisor zu Schnäppchenpreisen verschiedene Berliner Grundstücke in allerbesten Lagen erworben, etwa ein Gebäude im feinen Bezirk Tiergarten, In den Zelten Nr. 8. Der pompöse Bau beherbergte ebenfalls eine Klinik. Anfangs war der Steuerberater hier als freier Buchprüfer tätig gewesen, 1934 übernahm er die Regie in der Tiergarten-Klinik, einige Jahre später kaufte er das ganze Haus von einer jüdischen Witwe.

Fortan legte der Steuerberater Wert darauf, als »Verwaltungsdirektor« angesprochen zu werden. Mitten im Krieg gelang es ihm dann auch noch, das Klinikgebäude im Tiergarten um eine zusätzliche Etage aufzustocken – »was damals keinem Sterblichen möglich war«, wie der Leiter des Reichsverbands der Privaten Kliniken Dr. Adolf Huttner später betonte. Als Chef des Krankenhausverbandes hatte Huttner es abgelehnt, Baumaterial für die Aufstockung des Gebäudes zu genehmigen. Pelny aber habe es geschafft, trotz kriegsbedingter Rationierung »eine enorme Eisenzuteilung« zu bekommen, berichtete Huttner später. Der Herzog von Sachsen-Coburg und Gotha habe durch Fürsprache bei den entsprechenden NS-Stellen dafür gesorgt.

Im November 1943 wurden alle drei Krankenhäuser von Bombentreffern beschädigt, die Tiergarten-Klinik war vollständig zerstört. Und wiederum erreichte Pelny, was Normalsterblichen damals vermutlich nicht gewährt worden wäre: Er erhielt kräftige Entschädigungen für den Verlust der Krankenhäuser ausgezahlt und kaufte sich von dem Geld im Januar 1944 das noble Kurhotel Esplanade in Bad Saarow am Scharmützelsee. Kliniken waren ein gutes Geschäft in Zeiten des Krieges, Pelny konnte das Kurhotel jedenfalls gut vermieten, als Soldaten-Lazarett. Auch bei diesem Geschäft dürfte der Herzog von Sachsen-Coburg und Gotha mit schützender Hand im Spiel gewesen sein.

Carl Eduard von Sachsen-Coburg und Gotha galt als äußerst einflussreicher Vertreter des Hochadels. Der mittlerweile 59-jährige Herzog hatte verwandtschaftliche Beziehungen sowohl zum englischen Königshaus, als auch zur deutschen Kaiserin Auguste Viktoria. In England aufgewachsen, zählte er schon in der Weimarer Republik zu Adolf Hitlers Unterstützern, doch trat er erst im Mai 1933, am selben Tag wie Pelny, in die NSDAP ein. Noch im gleichen Jahr wurde der reaktionäre Edelmann Präsident des DRK, derweil avancierte der Bücherrevisor zu seinem inoffiziellen Adjutanten. In der Folgezeit sorgte Carl Eduard mit seinen Beziehungen immer wieder dafür, dass der ehrgeizige Krankenhausmanager bekam, was er wollte. Im Frühjahr 1945 erwies der Herzog Pelny nun einen letzten Dienst, indem er ihm die nötige technische Unterstützung für die Flucht aus Berlin besorgte.

Schon seit längerem hatte Pelny die Übersiedlung seiner Familie nach Bad Saarow organisiert, wo ihm außer dem Kurhotel Esplanade auch ein Wochenendhaus gehörte. Wenige Wochen vor Kriegsende war es dann so weit: Pelny belud einen Rotkreuz-Wagen mit allerlei Wertgegenständen, wie es später in einem gerichtlichen Schriftsatz hieß. Er nahm Teppiche mit, Silber, Porzellan und Schmuck. Den alten Papieren zufolge soll er überdies eine größere Geldsumme von seinem Bankkonto abgehoben haben. Dann fuhr Pelny, eine weithin sichtbare Rotkreuz-Flagge auf dem Kühler, mit seiner Familie gen Westen. Natürlich ging die Reise zur Veste Coburg, wo Carl Eduard die Familie fürstlich empfing. Der Herzog bat seine Gäste, sich wie zu Hause zu fühlen, und so erwartete man die Amerikaner gleichsam am Kamin sitzend.

Unterdessen hofften die Meyers auf die Befreiung durch die Rote Armee. Jede Nacht verbrachten sie jetzt im »Judenkeller«, während die Russen Tag für Tag näher rückten. Am 21. April 1945 stand die Rote Armee vor den östlichen Toren von Berlin. Straßenweise kämpften sich die Soldaten in Richtung Innenstadt vor. Anfang Mai war es dann auch in Hohen-Neuendorf soweit, russische Panzer rollten über die »Straße der SA«. Im Kellerraum des »Judenhauses« wurden die Bewohner durch ein dumpfes Grollen aus ihrem Halbschlaf aufgeschreckt. Still hatten sie nebeneinandergesessen, Reinhold und Lucie, die Frau Major Doysen mit ihrem Hausmädchen und die Schlesingers, er mit Filzschlappen, sie mit einem missmutigen Gesicht. Unterdessen rutschte Dorle ungeduldig auf ihrem leise knisternden Korbstühlchen hin und her.

Dann erschienen zwei Gesichter in der Tür. Die Soldaten schauten in die Runde, Dorle hielt es nicht mehr auf ihrem

Stühlchen, sie rannte den Russen entgegen. Einer der Soldaten strich ihr über das Haar, der andere wandte sich an die Erwachsenen im Raum. Plötzlich stand Dorles Vater auf und brachte ganz langsam einen Satz auf Russisch hervor, den er sich seit Tagen immer wieder aufgesagt hatte: »Moi atjez jevrieski« – Mein Vater ist Jude.

Die Soldaten verstanden sein holperiges Russisch zunächst nicht, dann aber fiel offenbar der Groschen, Dorle beobachtete, wie sich die Gesichter der zwei Russen plötzlich aufhellten. Einer der beiden lief hinaus und kam mit einer Flasche Schnaps und einem Stück Speck zurück. Zuerst musste Reinhold mit ihnen trinken, dann wurde die Flasche im Keller herumgereicht und jeder durfte einen Zug daraus nehmen. Bald wurde getrunken und gegessen, die Russen holten immer mehr Lebensmittel hervor und fragten die Bewohner im Gegenzug nach Wertgegenständen wie Uhren oder Schmuck. Dorle hüpfte derweil durch den Keller und schaute ihren Vater verstohlen an. Endlich sah sie ihn wieder einmal lächeln.

Es war vielleicht das erste Mal in seinem Leben, dass sich Reinhold, der überzeugte Christ, auf seine jüdische Herkunft berief. Und selbst in diesem Moment sprach er von seinem Vater, statt von sich selbst. Nicht einmal die Verfolgungen durch die Nazis hatten bewirkt, dass sich Reinhold auf seine jüdische Identität besann: In seiner Selbsteinschätzung blieb er ein deutscher Christ. Dass er von Geburt ein Jude war, blieb für ihn zweitrangig, denn er definierte sich durch seinen Glauben, nicht durch völkische Blutstheorien.

Viele seiner Mitbürger aber sahen in dem Antiquar nach Kriegsende weiterhin »den Juden«, auch wenn sie ihm nun plötzlich auf ganz andere Weise entgegentraten. Alle möglichen Leute sollten sich bald an Reinhold wenden und Erklärungen von ihm darüber erbitten, wie sehr sie ihm während der NS-Zeit angeblich geholfen hatten. Manche dieser Menschen kannte Reinhold kaum, doch sie brauchten nun schnell und dringend einen »Persilschein«, um in ihrer weiteren Karriere nicht behindert zu werden. Auch von Curt Pelny sollte Reinhold bald wieder hören.

Doch zunächst ging es drunter und drüber in Hohen-Neuendorf. Am Bahndamm biwakierten russische Soldaten, Dorle spazierte mit kleinen Töpfchen zu ihnen, um ein wenig von ihrem Essen abzubekommen. In den Wirren der ersten Nachkriegstage war der SS-Offizier Wiesmann getürmt, daraufhin zogen die Meyers mit Erlaubnis des russischen Kommandanten wieder in ihren alten Bungalow. Sie stiegen durchs Fenster in das Häuschen ein, drinnen fand Reinhold noch das Gewehr des SS-Mannes. Als er es pflichtschuldig zum Rathaus bringen wollte, wäre er beinahe noch erschossen worden, weil man ihn für einen versprengten Nazi hielt.

Wenig später wollte die örtliche KPD den Antiquar als Mitglied gewinnen, die Genossen planten sogar, ihn zum Bürgermeisterkandidaten zu küren. Reinhold war einer von ganz wenigen Juden, die in Hohen-Neuendorf den Krieg überlebt hatten, überdies beteiligte er sich seit Kriegsende an zahlreichen Aktivitäten, um die Versorgung der Bevölkerung zu sichern. Mag sein, dass ihn dies in den Augen der Kommunisten für Höheres empfahl. Unterdessen mussten die Meyers schon wieder um ihre Bleibe fürchten: Die Besitzerin des Hauses in der Ruhwaldstraße, die ja eine gebürtige Russin war, verlangte nun mit Hilfe eines Soldaten der Roten Armee, dass die Familie aus dem Bungalow wieder ausziehen sollte, in dem sie sich eben erst eingerichtet hatte. Immer wieder versuchte sie, Reinhold mit üblen Beschuldigungen bei der Kommandatur als »Konterrevolutionär« anzuschwärzen.

Es war genug. Reinhold und Lucie beschlossen, die wenige Habe, die sie noch hatten, zusammenzupacken und in den Westen nach Frohnau zu gehen. Von den Möbeln und Wertgegenständen, die sie einst bei der Vertreibung durch den SS-Mann in dem »Russenhäuschen« in der Ruhwaldstraße gelassen hatten, war kaum etwas geblieben: Das Klavier, auf dem Onkel Carl früher im Trio mit Schirbel und Reinhold konzertiert hatte, war verschwunden. Auch die Zinnsoldaten fehlten, der Zettelkasten vom Großvater, seine wertvolle Autografensammlung, die historischen Bücher aus seiner Bibliothek, die Reinhold noch mit in die Ruhwaldstraße gebracht hatte – alles, was Wert zu haben schien, hatte der SS-Offizier mitgenommen. Selbst die alten Cello-Noten waren fort.

Der einstmals so große Familienbesitz der Meyers mit dem kostbaren Mobiliar und der wertvollen Gemäldesammlung war auf einige wenige Erinnerungsstücke zusammengeschmolzen. Reinhold besaß nur noch die beiden Kladden mit der Hauschronik seines Vaters sowie die zwei Familienbilder mit den schönen Goldrahmen, die Estella Meyers Großeltern vor der Kattunfabrik zeigten und das Portrait ihres Vaters, des jungen Fabrikanten Max Ruben Goldschmidt. Es waren ebenjene Dinge, von denen sich Reinhold während all der Umzüge bis hin zur »Judenwohnung« in der »Straße der SA« nie getrennt hatte. Zusammen mit einigen Möbeln, die der SS-ler Wiesmann für nicht wertvoll genug befunden hatte, um sie mitzunehmen, reisten die in Ehren gehaltenen Erbstücke nun im Umzugsgut mit nach Frohnau.

Der Krieg war zu Ende. Doch die unfreiwillige Irrfahrt, sowohl der Meyers als auch einiger Gemälde aus der einstmals so stattlichen Kunstsammlung sollte noch lange nicht beendet sein.

14

Im Haus der Bücher

Der Brief kam aus Marburg an der Lahn und war auf edel wirkendem Geschäftspapier getippt. Reinhold hatte nur eine ungefähre Vorstellung von der geografischen Lage der Stadt, doch er setzte all seine Hoffnungen in das Schreiben. Denn als Absender des Briefes firmierte eine bedeutende Universitätsbuchhandlung. Und die suchte einen Antiquar.

Monatelang hatte sich Reinhold Meyer in ganz Deutschland um eine Anstellung beworben. Vergeblich. Meist waren seine Briefe nicht einmal beantwortet worden, dabei hatte er nur mühevoll das Geld für die Briefmarken aufbringen können. Und nun schien es tatsächlich jemanden zu geben, der seine Dienste gebrauchen konnte. Reinhold war voller Erwartung, als er im Herbst 1950 mit einem kleinen Köfferchen von Koblenz nach Marburg reiste, um sich bei der »Universitätsbuchhandlung N. G. Elwert« vorzustellen. Er bekam die Stelle. Später, als alles vorbei war und der Antiquar sich als Seifevertreter über Wasser halten musste, sollte er jedoch ins Grübeln geraten darüber, warum man ihn seinerzeit überhaupt engagiert hatte: Galt das Interesse wirklich ihm, Reinhold Meyer? Oder hatte man den Antiquar vielleicht aus einem ganz anderen Grund in Marburg gebraucht?

Das Geschäft lag inmitten der Marburger Altstadt, wo winklige Pflastergassen Jahrhunderte alte Fachwerkhäuser umschlossen, die wie betagte Freunde aneinanderlehnten. Mit ihren roten Ziegeldächern schienen sich die spitzgiebeligen Häuser vor dem prachtvollen Landgrafenschloss zu verbeugen, das hoch über der Altstadt schwebte. Auch die Buchhandlung, die am Berg stand, strahlte historische Traditionspflege aus: Zwei Säulen flankierten das Eingangsportal, ihre Kapitelle waren nach römischer Art mit Accantusblättern verziert. Darüber thronte eine Büste des Erfinders des Buchdrucks, Johannes Gutenberg. In die Türschwelle war ein Mosaik eingelassen, das den Besucher mit einem Wort willkommen hieß: »Salve«.

Das Innenleben der Buchhandlung vermittelte einen ebenso stilvollen wie vertrauten Eindruck. Die Mitarbeiter liefen treppauf und treppab in den verwinkelten Verkaufsräumen, über der Kassentheke hing eine Statue der heiligen Elisabeth, Marburgs weithin bekannter Patronin. Unter den Sohlen knarrte altes Eichenparkett, darüber stapelten sich die Bücher in wandfüllenden Holzregalen. Der Antiquar hatte sofort anfangen können, sein Arbeitsplatz bestand aus einem Schreibtisch mit Stuhl im hinteren Teil der Buchhandlung. Dort machte er sich bald daran, die Bücher zu katalogisieren, die sich in allen Ecken des Hauses stapelten. Wertvolle Bände aus dem 17. und 18. Jahrhundert gehörten zum Bestand, Reinhold hatte seine helle Freude daran.

Wilhelm Braun-Elwert, der Juniorchef der Universitätsbuchhandlung N.G. Elwert, wirkte zwar etwas kühl und unnahbar. Doch mit ihm hatte der Antiquar nicht allzu viel zu tun, sein direkter Ansprechpartner war ein älterer Kollege, der schon seit vielen Jahren zur Firma gehörte. Etwa 20 Mitarbeiter beschäftigte das Unternehmen, zu dem auch ein Buchverlag gehörte. Erst 1944 hatte man eine neue Ausgabe der Märchen der Gebrüder Grimm herausgebracht. Der dicke Wälzer mit dem beigefarbenen Leinenbezug war mit Bildern des Jugendstilmalers Otto Ubbelohde illustriert, der sich durch Motive aus der ländlichen Umgebung von Marburg hatte inspirieren lassen – das Buch hatte reißenden Absatz gefunden, trotz des Krieges.

Seniorchef Gottlieb Braun, der bereits 74 Jahre alt war, pflegte sich mit Gehstock durch die Buchhandlung zu bewegen. Seit 1907 leitete er den Betrieb, der alte Buchhändler trug stets ein Staubtuch in der Hosentasche, schließlich gab es in den zahlreichen Bücherregalen immer noch ein Staubkörnchen wegzuwischen. Sparsam wie er war, benutzte er auch seine Bleistifte bis zum letzten Minenrest. Waren die Stummel zu klein, um sie in der Hand zu halten, wurden sie in den eigens dafür konstruierten Bleistifthalter geklemmt, den Braun stets in der Jacke stecken hatte. Seit Jahrhunderten wurde das Unternehmen penibel und sparsam geführt, bereits 1726 war an dieser Stelle eine Buchhandlung eröffnet worden, 1831 hatte Noa Gottfried Elwert, der Namensgeber des heutigen Unternehmens, das Geschäft erworben. Mit dem 35-jährigen Wilhelm Braun-Elwert war nun die vierte Generation der Familie am Zuge.

Soweit schien die Welt in Ordnung. Wenn da nicht, bald nach Kriegsende, ein schwerwiegendes Malheur passiert wäre. Die amerikanische Militärregierung hatte den Buchladen am 13. August 1945 geschlossen, man warf den Betreibern vor, mit den NS-Machthabern kollaboriert zu haben. Auslöser war eine Anzeige von Marburger Intellektuellen gewesen, zu denen die Schriftstellerin Lisa de Boor und der Romanistikprofessor Werner Krauss gehörten. Beide galten als Verfolgte des Nazi-Regimes: Lisa de Boor, eine antifaschistische Christin, war in Marburg 1941 vorübergehend in Schutzhaft genommen worden; Professor Krauss hatten die Nazis zunächst seines Amtes an der Marburger Universität enthoben, später saß er in einer Todeszelle in Berlin-Plötzensee.

In ihrer Einlassung warfen die NS-Widerständler nun dem Seniorchef der Buchhandlung, Gottlieb Braun, vor, sich als »nationalistischer Chauvinist« und »politischer Denunziant« betätigt zu haben. Sein Sohn Wilhelm Braun-Elwert wurde bezichtigt, Informationen aus der Buchhandlung an den Sicherheitsdienst (SD) der Nazis und an die Gestapo weitergegeben zu haben. Ferner behaupteten die Anzeigeerstatter, die Elwert-Buchhändler hätten während der NS-Zeit einen politisch links orientierten Konkurrenten in den Ruin getrieben und bei einem anderen Buchhändler indirekt die Schließung mitbefördert. Außerdem bezichtigte man die Firma Elwert, die Bibliothek eines verstorbenen Juden allzu günstig erstanden zu haben.

Die Vorwürfe waren nicht näher belegt, aber sie verfehlten ihre Wirkung nicht. Der amerikanische Militärkommandant verfügte die Schließung des Geschäfts, die bis zum Abschluss eines Spruchkammerverfahrens Gültigkeit haben sollte. Solche Verfahren wurden jetzt landauf, landab geführt, um zu klären, inwieweit sich einzelne Bürger und Geschäftsleute während der NS-Zeit mitschuldig gemacht hatten. Im Falle Elwert sollte es jedoch Jahre dauern, bis eine Verhandlung anberaumt wurde. Braun entschied unterdessen, den Betrieb an den Verlag Gräfe und Unzer zu verkaufen, ein mit den Elwerts befreundetes Unternehmen, das von Königsberg in den Westen gekommen war.

Das ostpreußische Verlagshaus zog samt Mitarbeitern in das Geschäft in der Marburger Reitgasse ein. Doch die Übernahme stand unter keinem guten Stern. Im Sommer 1948 kam der Verlags- und Buchhandlungsleiter am Lahnufer auf tragische Weise ums Leben. Ein Unbekannter hatte ihm mit Gewalt seine Aktentasche entwenden wollen, da er wohl Geld oder Essbares darin vermutete. Doch der engagierte Verleger verwahrte ein noch unveröffentlichtes Buchmanuskript in der Tasche, weshalb er sie auf keinen Fall herausgeben mochte. Sein Mörder wurde nie gefunden. Die Buchhandlung aber ließ sich aus Verlagssicht ohne den leitenden Kopf nicht weiterführen. Deshalb wollte Gräfe und Unzer das Geschäft alsbald wieder verkaufen.

Im September 1949 fand schließlich die Sitzung der Spruchkammer über die behaupteten NS-Verwicklungen der Elwert-Buchhändler statt. Eine alte Gerichtsakte gibt Auskunft über die Verhandlung. Demnach wurden zahlreiche Zeugen vernommen, zumeist trugen sie zur Entlastung bei. Die Schriftstellerin de Boor bekundete, Professor Krauss sei der eigentliche Initiator der Anzeige gewesen. Der Romanist aber hatte mittlerweile eine Professur in Leipzig angenommen, weshalb man ihn in Marburg – der Kalte Krieg hatte begonnen – als hartgesottenen Kommunisten betrachtete. In der Verhandlung wurde er nicht gehört, stattdessen traten reihenweise Personen auf, die bekundeten, dass die beiden Elwert-Buchhändler nicht stärker im NS-System engagiert gewesen seien als Millionen andere Bürger auch.

Ins Zeug gelegt für Vater und Sohn hatte sich insbesondere ein Juraprofessor, der selbst keineswegs unbelastet war: Der einstige Marinerichter Erich Schwinge, ein ehrgeiziger Jurist des Jahrgangs 1903, hatte noch im letzten Kriegsjahr aus nichtigem Anlass ein Todesurteil gegen einen jungen Soldaten verhängt. Zugleich war er ein maßgeblicher Kommentator des NS-Kriegsrechts gewesen. Dieses Gesetz hatte den Romanistikprofessor Werner Krauss beinahe das Leben gekostet. Krauss war 1940 von der Universität zu einer Dolmetscherkompanie der Wehrmacht in Berlin eingezogen worden. Dort schloss er sich einer Widerstandsgruppe um den Oberleutnant Harro Schulze-Boysen an, die später als »Rote Kapelle« bekannt werden sollte. Im November 1942 wurde er verhaftet und gefoltert, wenig später verurteilte man ihn wegen Hochverrats zum Tode. Erst eine Intervention von namhaften Marburger Professoren wie dem Philosophen Hans-Georg Gadamer brachte ihn 1944 aus der Todeszelle. Der Richterspruch wurde in eine fünfjährige Zuchthaustrafe umgewandelt. Und so hatte der Romanist beinahe drei Jahre in NS-Gefängnissen verbracht, als er 1945 nach Marburg zurückkehrte, um wieder seine alte Stelle an der Universität anzutreten.

Mitte Dezember 1949 erging das Urteil im Spruchkammerverfahren. Dem zufolge wurden die Buchhändler Gottlieb Braun und sein Sohn Wilhelm Braun-Elwert in die »Gruppe IV der Verantwortlichen« im NS-System als »Mitläufer« eingestuft, was einem Freispruch zweiter Klasse entsprach. Es gab fünf Gruppen von Mitverantwortlichkeit, in welche die Betroffenen eingeordnet werden konnten, je nachdem durften sie dann ihre Berufe fortsetzen oder auch nicht – im Volksmund sprach man daher von »Entnazifizierungsverfahren«. Die Gruppe IV war die zweitbeste Möglichkeit davonzukommen.

In seinem 33 Seiten langen Urteilsspruch setzte sich der Richter mit sämtlichen Vorwürfen auseinander. So kam zur

Sprache, dass Braun-Elwert junior in jugendlicher Verblendung schon vor 1933 ein Hitler-Bild in seinem Klassenzimmer hatte aufhängen wollen, weshalb es zu einem kleinen Eklat in der Schule gekommen war. Braun-Elwert hatte auch eingeräumt, der Hitler-Jugend und dem Nationalsozialistischen Reiterkorps angehört zu haben, zudem wurde er seit 1937 als Mitgliedsanwärter der NSDAP geführt. Unterdessen war Braun senior vorübergehend förderndes Mitglied der SS gewesen. Ferner hatte er den »Deutschen Christen« angehört, jener Gruppe von nationalsozialistisch orientierten Protestanten, deren kirchliche Vertreter 1933 das als »braune Synode« bekannt gewordene Pastorentreffen in SA-Uniformen veranstaltet hatten.

Die in der Anzeige vorgebrachten Anschuldigungen aber ließen sich nicht verifizieren, weshalb der Richter sie als »haltlose, unverantwortliche Denunziation« bezeichnete. So hatten sich etwa die Vorwürfe bezüglich der Konkurrenten nicht bestätigt. Zwar sei Braun senior als »Stadtrat und Vertrauensmann der Buchhändler« während des NS-Regimes tätig gewesen, auch hatte er schon 1927 eine Marburger Buchhandlung wegen »unzulässiger Firmenführung« verklagt. Ebendiese Buchhandlung hatte später Konkurs anmelden müssen, der Besitzer beging Selbstmord. Doch das Unternehmen sei schon vor der NS-Machtübernahme in wirtschaftliche Schwierigkeiten geraten, stellte der Kammervorsitzende fest. Auch an der Übernahme der Bibliothek eines verstorbenen Juden in Kassel sah das Gericht nichts Anstößiges, da die Bücher dem Unternehmen »freiwillig angeboten« worden seien und es »den vollen Wert« dafür bezahlt habe, wie ein Mitarbeiter der Elwert-Buchhandlung bezeugt hatte.

Insgesamt kam die Kammer zu dem Schluss, Braun und sein Sohn Braun-Elwert hätten »nur nominell am Nationalsozialismus teilgenommen«, weshalb sie als »Mitläufer« einzustufen seien. Anfang 1950 wurde die traditionsreiche Universitätsbuchhandlung N. G. Elwert nach beinahe fünfjähriger Zwangspause wieder eröffnet. Der Neubeginn war teuer erkauft, denn man hatte den Betrieb nach der Währungsreform von Gräfe und Unzer für DM zurückerwerben müssen, während der ostpreußische Verlag die Buchhandlung seinerzeit nach alter Währung bezahlt hatte. Durch die Geldabwertung von 1948 hatten 100 Mark vom alten Kurs nur noch einen Wert von 6,50 DM. Braun hatte also ein äußerst schlechtes Geschäft gemacht, weshalb er sich nun 100 000 DM leihen musste, um überhaupt wieder seine Buchhandlung zurückzubekommen.

Die finanziellen Belastungen hatte der Spruchkammerrichter wohl bedacht. So verzichtete er auf eine Sühneforderung, da die Buchhändler »bereits durch die Schließung und erzwungene Veräußerung ihres Betriebes schwere finanzielle Schäden erlitten haben«. Allerdings sollten sie die Kosten des Verfahrens tragen, was insgesamt knapp 28 000 DM für beide Herren betrug. Mag sein, dass die Buchhändler den Sinn der festgesetzten Summe nicht einsehen mochten, da sie doch immerhin eine Art Freispruch bekommen hatten. Vielleicht waren ihre finanziellen Lasten auch zu groß. Jedenfalls beglichen sie zunächst die Verfahrenskosten nicht.

Im Frühjahr 1950 begann die hessische Landesvollstreckungsstelle, erstmals die Bezahlung anzumahnen. Großzügig räumte man monatliche Ratenzahlungen ein, wiederum geschah jedoch nichts. Im Sommer drohte das Land schließlich mit Zwangsvollstreckung, daraufhin versuchte der Anwalt des Unternehmens, im Gegenzug Schadensersatz für die vorübergehende Schließung durch die Amerikaner geltend zu machen. Ein zweckloses Unterfangen, das nur zur Verärgerung der Landesregierung führte. So beeilten sich die Buchhändler, ein Gnadengesuch bei der Landesregierung einzureichen. Flankierend bestätigte der Börsenverein Deutscher Verleger und Buchhändler dem Marburger Unternehmen im Oktober 1950, dass es »eine der angesehensten deutschen Universitätsbuchhandlungen« sei, mit »bestem Ruf im In- und Ausland«. Mehr als ein Jahrzehnt zuvor hatte die Standesorganisation Reinhold wie auch andere jüdische Antiquare und Buchhändler noch als unerwünscht betrachtet.

Reinhold Meyer wurde im Herbst 1950 bei Elwert angestellt. Im Gnadengesuch fand seine Anstellung natürlich keine Erwähnung, vielleicht hatte sich die zeitliche Parallelität auch rein zufällig ergeben. Es dürfte für die Buchhandlung allerdings nicht nachteilig gewesen sein, in dieser prekären Situation unter ihren Mitarbeitern auch einen Juden vorweisen zu können, der als »Verfolgter des Nazi-Regimes« galt.

Man darf annehmen, dass Reinhold Meyer von alledem keine Ahnung hatte. Er saß an seinem Schreibtisch und katalogisierte die antiquarischen Bestände. Die Arbeit in Marburg stellte auch für ihn einen lange ersehnten Neuanfang dar. Denn die ersten Jahre nach dem Krieg waren das reinste Desaster gewesen. Hunger und Krankheiten hatten die Familie geplagt. Lucie machte sich Sorgen, ihren völlig entkräfteten Mann überhaupt durchzubringen: »Männer brauchen anscheinend mehr Eiweiß als Frauen«, schrieb sie 1947 in einem Brief an die nach Kanada ausgewanderten Stengers.

Als anerkannte »Opfer des Faschismus« waren die Meyers zwar berechtigt, in Geschäften und Behörden an der Schlange vorbei bedient zu werden. Doch von diesem Privileg machten sie nicht gern Gebrauch, wie Lucie weiter in dem Brief erzählte: Wenn man im Geschäft den Ausweis vorzeige, »stürzen sich die Leute wie eine wilde Horde auf uns«. Häufig werde sie angerempelt »mit Schimpfereien wie ›Ja die O.d.F., wir sind alle O.d.F.‹ haben auch alles verloren«.

»Man zeigt schon wieder teils offen, teils versteckt seinen Antisemitismus«, resümierte Lucie bitter in dem Brief: »Die Deutschen sehen ihre eigene Schuld nicht ein, und tauchte heute der Führer auf, ach, wie viele würden ihm wieder zujubeln«. Reinhold und Lucie wollten noch immer auswandern, Tilly Edinger, die Großcousine aus Frankfurt, versuchte zu helfen. In New York hatte die Neuropaläontologin ihre erfolgreiche Wissenschaftskarriere fortgesetzt, jetzt animierte sie ihren Vetter Eric Warburg, sich für die Meyers einzusetzen, mit denen auch er weitläufig verwandt war.

Der Sohn des Hamburger Bankiers Max Warburg, der 1938 aus Deutschland emigriert war und in New York eine gutgehende Firma aufgebaut hatte, war gegen Ende des Krieges als US-Soldat nach Deutschland zurückgekehrt, zeitweise dolmetschte er bei den Nürnberger Prozessen. Den Meyers bot Warburg nun an, finanzielle Bürgschaftserklärungen für alle auszustellen, die sogenannten »affidavits«, sodass sie in die USA einwandern könnten. Sie müssten nur einen amerikanischen Konsul finden, der die nötigen Papiere ausstellte. »Wir blieben im Vorzimmer hängen«, berichtete Lucie daraufhin in einem ihrer Briefe nach Kanada von den vergeblichen Versuchen, in Berlin beim Konsul vorzusprechen, »denn das Allerheiligste wird von Portiers und Tippmamsells aufs Schärfste verteidigt«.

Im Frühjahr 1948 ging die Familie nach England, wo ihr Sohn Klaus, der mittlerweile 18 Jahre alt war, noch immer bei dem Reverend in der mittelenglischen Stadt Bilston lebte. Der Pastor bewohnte ein rotes Backsteinhaus, jetzt endlich stellte sich die bittere Wahrheit über ihn heraus: In den vergangenen Jahren hatte der Kirchenmann Klaus fortgesetzt misshandelt, den Jungen sogar nachts aus dem Bett gezogen und ihn mit dem Kopf auf den Boden gestoßen. Aufgenommen hatte er das Kind eigentlich nur des Geldes wegen. Dorle, die inzwischen 13 Jahre alt war, machte sich daran, das völlig verwahrloste Haus zu putzen: »Überall war es dreckig«, erinnerte sie sich später, »in der Speisekammer krabbelten die Maden herum.« Unterdessen hatten die Eltern zwar in einem Haushalt Arbeit gefunden, doch die Stelle war illegal. Auch bekamen sie keine dauerhafte Aufenthaltserlaubnis, und so reiste die Familie ein halbes Jahr später enttäuscht nach Deutschland zurück.

Es war der 19. Oktober 1948, als die Meyers auf dem Bahnhof in Mainz Station machten. Hier hörten sie von der Berlinblockade. Russische Militärs hatten versucht, die Stadt in die Knie zu zwingen, indem man sie von den Versorgungssträngen abschnitt. Per Luftbrücke versorgten die Amerikaner daraufhin die Bewohner, im Hintergrund aber stand ein Gerangel der Alliierten um die Territorialhoheit in Berlin. Reinhold und Lucie dachten an die Hungerzeiten, die sie zuvor in der Stadt durchgemacht hatten, und entschieden, in Westdeutschland zu bleiben. So setzten sie ihre unendliche Reise fort, wobei sie nun die Welt der Barackenlager kennenlernten – noch hofften sie auf eine neue Gelegenheit, aus Deutschland auszuwandern.

Quer über das Land verteilt hatten UN-Stellen in Zusammenarbeit mit den Alliierten und dem Internationalen Roten Kreuz inzwischen Hilfs-Camps errichtet, in welchen Millionen von Menschen eine vorübergehende Bleibe fanden, die durch Krieg und NS-Gewalt entwurzelt worden waren. Mangels verfügbarer Räumlichkeiten wurden die Lager, die zunächst unter der Obhut der UNRRA (United Nations Relief and Rehabilitation Administration) standen und dann an die »International Refugee Organization« (IRO) übergingen, teilweise in ehemaligen NS-Kasernen und Unterkünften für Zwangsarbeiter eingerichtet. Zu den Bewohnern gehörten Überlebende aus Konzentrationslagern, ehemalige Zwangsarbeiter und von den Nazis verschleppte Personen – eben »displaced Persons«, wie die Helfer ihre Schützlinge nannten.

Familie Meyer landete zunächst in Niederlahnstein bei Koblenz, wo eine Art Turnhalle mittels von der Decke herabhängenden Wolldecken in Parzellen unterteilt war – eine davon bekamen die Meyers zugewiesen. In den folgenden zwei Jahren durchlief die Familie acht verschiedene IRO-Lager. Eine vergilbte Akte, die heute im Archiv des Internationalen Suchdiensts (ITS) vom Roten Kreuz im nordhessischen Bad Arolsen liegt, gibt Auskunft über die Stationen ihrer Wanderung: Von Niederlahnstein, über Ehrenbreitstein und verschiedene andere Orte nach Kandel.

Irgendwo dort wurde Dorles Konfirmation gefeiert. Das Foto zeigt sie im schwarzen Kleid vor den Holzbaracken, ein schmales Mädchen mit der Bibel in der Hand. Neben ihr sieht man Lucie, die, stark gealtert und in die Breite gegangen, recht unbekümmert in die Kamera schaut. Hingegen scheint sich Reinhold in seiner abgeschabten Tweedjacke mit den zu kurzen Ärmeln gar nicht wohl zu fühlen, wie zum Schutz hält er seine Hände vor dem Bauch gefaltet. Welch einen sozialen und gesellschaftlichen Abstieg hatte der Mann seit Beginn der NS-Zeit erfahren! Als fröhlicher Berliner Großbürgersohn war er gleichsam im maßgeschneiderten Smoking gestartet, jetzt stand er völlig verarmt in einem abgetragenen Anzug aus der Altkleidersammlung da. Reinhold war 51 Jahre alt, als er das Arbeitsangebot aus Marburg erhielt, und er klammerte sich mit aller Macht an diesen Strohhalm: Endlich konnte er in seinen Beruf zurückkehren und wieder eine eigene Existenz begründen.

Ein knappes Jahr arbeitete der Antiquar in der Universitätsbuchhandlung N. G. Elwert. Dann erhielt er die Kündigung. Wochen zuvor hatte der hessische Ministerpräsident dem Unternehmen per Gnadenerweis die zu begleichenden Kosten für das Spruchkammerverfahren auf ein Viertel reduziert, von rund 28 000 DM auf 7000 DM. Eine zeitliche Kongruenz, die wiederum rein zufällig entstanden sein mag. Vielleicht gab es betriebliche Gründe für Reinholds Entlassung oder man war mit seinen Leistungen nicht zufrieden gewesen. Nach allem, was er hatte durchmachen müssen, litt der Antiquar inzwischen an Herzproblemen, möglicherweise war er nicht mehr allzu belastbar. Reinhold selbst freilich konnte sich des Eindrucks nicht erwehren, dass er wieder einmal in seiner Eigenschaft als Jude benutzt worden war – diesmal jedoch nicht als Feind, sondern zweckmäßig als Freund.

Der Antiquar bekam nie wieder eine feste Anstellung. Weil er sich eine normale Wohnung nicht mehr leisten konnte, zog er mit Frau und Kindern in zwei feuchtkalte Kellerzimmer mit fauligen Dielen. Das Arbeitslosengeld reichte kaum zum Leben, deshalb ging Reinhold bald mit einem Bauchladen von Wohnungstür zu Wohnungstür: Er versuchte den Marburger Hausfrauen Seife und Bohnerwachs zu verkaufen. Die Klinkenputzerei, so erniedrigend sie für ihn war, brachte wenig ein, Reinhold war nun einmal kein Verkäufer. Seine Tochter Dorle, die inzwischen ein Gymnasium besuchte, mochte das Elend nicht mehr mit ansehen. Gegen den Rat ihrer Lehrer entschied sie sich, die Schule zu verlassen und eine Lehre zu beginnen. Es gab ganze 40 DM monatlich im ersten Lehrjahr, Dorle wollte Buchhändlerin werden.

Die Schrecknisse der Nazizeit hatte ihr Vater still ertragen. Nichts aber schien Reinhold Meyer so sehr gekränkt zu haben wie die Entlassung aus der Buchhandlung Elwert Jahre nach dem Krieg. Auch später klagte er immer wieder über die Kündigung, mit der für ihn alle Hoffnungen auf einen Neubeginn zerstoben waren. Und es verfestigte sich bei dem Antiquar das Gefühl, dass er für gewisse Menschen wohl stets »der Jude Meyer« bleiben werde – ob in der Rolle des Verfolgten oder als eine Art nützlicher Idiot, der einstigen NS-Parteigängern im Nachhinein die dunkle Vergangenheit bereinigen und womöglich das Gewissen erleichtern sollte.

Freilich hatte Reinhold Meyer nie bemerkt, dass es einen Menschen gab, der ihn weit trickreicher benutzt und vielleicht auch geschädigt hatte als irgendjemand sonst: Das war der Buchprüfer und Steuerberater Curt Pelny. Mit welcher Schlitzohrigkeit es dem einstigen Klinikbetreiber gelang, sich nach dem Krieg von allen Vorwürfen reinzuwaschen, ist in einem alten Schnellhefter mit brüchigen Papieren dokumentiert, der Jahrzehnte lang in einem Archivschrank in Düsseldorf schlummerte.

Gleich nach dem Krieg hatte sich Curt Pelny aus Baden-Baden, wohin er nach dem Besuch beim Herzog von Sachsen-Coburg und Gotha 1945 weitergereist war, bei Reinhold gemeldet. Wie andere NSDAP-Mitglieder, so musste auch Pelny jetzt ein »Entnazifizierungsverfahren« durchlaufen, da konnte der Kontakt zu dem jüdischen Antiquar nur von Vorteil sein. Der Bücherrevisor stellte sich einer Spruchkammer in der Provinzstadt Bergisch-Gladbach, fernab von Berlin. Dort hatte man keine Ahnung von den vielfältigen Aktivitäten, die Pelny während der NS-Zeit entwickelt hatte, er brauchte lediglich einen Fragebogen auszufüllen. Darin behauptete er, »im März bzw. Mai 1933« gleichsam zwangsweise in die NSDAP eingetreten zu sein, da seine Zulassung als Steuerberater von der Parteimitgliedschaft abhängig gemacht worden sei. In der Folge habe er »erhebliche Schwierigkeiten« mit der Partei gehabt, denn statt auf NS-Versammlungen zu gehen, sei er in der Kirche aktiv gewesen und habe in Not geratenen Juden geholfen.

Ein Berliner Kirchenrat bescheinigte Pelny sein christliches Engagement, ein 1938 nach Südafrika ausgewanderter jüdischer Wäschereibesitzer erklärte, der Steuerberater sei nur »ein Mussnazi« gewesen. Das wichtigste Zeugnis zu Pelnys Entlastung aber lieferte Reinhold. Die Erklärung, die vom 2. November 1945 datiert, ist auf einer Schreibmaschine geschrieben, wie sie Reinhold ausweislich seiner hinterlassenen Korrespondenzen weder damals noch später je benutzte.

Auch der Duktus der beiden Schriftstücke, die sich noch heute bei den Spruchkammerakten befinden, entspricht eigentlich nicht Reinholds Stil: Immer wieder erklärt der Unterzeichner darin, »was ich als Jude durchgemacht habe«. Dabei fühlte sich Reinhold doch trotz aller Verfolgung stets als Christ. Zudem wurde behauptet, dass Pelny den Antiquar während der NS-Zeit jahrelang durch »eine laufende monatliche Rente« unterstützt habe, auch an Weihnachten und sonstigen Feiertagen habe der Steuerberater ihm stets »eine Freude bereitet«, in dem er ihm »nicht unerhebliche Geldgeschenke gemacht« habe.

Selbst der alte Professor Kalischer wurde in der Erklärung bemüht. Angeblich hatte er »in der gleichen Form sowohl materielle Hilfe als auch Unterstützung durch wirtschaftliche und steuerliche Beratung« von Pelny erhalten wie Reinhold. Selbstredend hatte der Steuerberater dieser Erklärung zufolge auch weder von Kalischer noch von Reinhold Meyer für seine Beratungstätigkeiten je einen Pfennig verlangt. Der Professor war tot, wie Pelny bereits 1942 durch einen Brief von Lucie erfahren hatte. Entsprechend brauchte man von ihm keinen Widerspruch befürchten. Reinhold aber musste wissen, dass die Erklärung deutlich abwich von den tatsächlichen Gegebenheiten: Weder hatte Pelny den Antiquar kostenlos beraten, noch hatte er je eine monatliche Unterstützung von diesem bekommen. Im Gegenteil, ausweislich der alten Akten, die bei Dorle auf dem Dachboden lagerten, hatte sich zwischen Pelny und dem damaligen Vormund Leo Stern immer wieder Streit entzündet um die saftigen Honorare, die der Steuerberater verlangte. Auch hatte Reinhold dem Berater einen großen Perserteppich im Wert von 10 000 Reichsmark überlassen, wie er nach dem Krieg in einem Antrag auf Wiedergutmachung erwähnte.

Und so dürfte Pelny die Erklärung wohl selbst formuliert haben. Doch warum setzte Reinhold seine Unterschrift darunter? »Wahrscheinlich hat er geseufzt«, sagt seine Tochter Dorle, »und dann unterschrieben«.

Am 19. August 1947 erhielt der Steuerberater sein »Entlastungszeugnis«. Nicht zuletzt dank Reinhold wurde er darin noch besser eingestuft als die Marburger Buchhändler: »Belastungsgruppe V«, mithin die schwächste Form des Mitläufers. »Pelny war kein aktiver Nationalsozialist«, bescheinigte ihm die Spruchkammer. Und dabei blieb es. Obwohl aus Berlin bald reihenweise Klagen gegen die Einstufung in Bergisch Gladbach eingingen und selbst die »Antifa-Gruppe« aus Bad Saarow, wo Pelnys Kurhotel Esplanade noch Ende April 1945 ein Raub der Bomben geworden war, ihren »schärfsten Protest« gegen die Entscheidung einlegte. Der Steuerberater sei schließlich »ein ausgesprochener Nutznießer des Nazi-Regimes« gewesen, betonten die Antifaschisten.

Das Entlastungszertifikat in Händen, hatte sich Pelny umgehend an die Stellen der Alliierten in Berlin gewandt, die seine während der NS-Zeit zusammengekauften Besitztümer zunächst unter Verschluss gehalten hatten, wie dies bei vielen ehemaligen NS-Genossen geschehen war. Jetzt gab der »Custodian« die Grundstücke frei. Daraufhin strengte Pelny 1949 eine Klage gegen Hans Löwenstein an, jenen jüdischen Kommerzienrat, dem er einst für 1000 Reichsmark den Klinikbetrieb samt Inventar abgepresst hatte. Löwenstein hatte noch 1945 begonnen, die durch Bombeneinschläge stark beschädigte Klinik in der Trautenaustraße wieder herzurichten. Pelny verlangte nun von ihm das Mobiliar des Krankenhauses zurück sowie verschiedene private

Besitztümer, die sich nach seinen Angaben während des Krieges in den Klinikräumen befunden hatten.

Als Anwalt wollte der Steuerberater zunächst einen angesehenen jüdischen Verteidiger engagieren: Dr. Kurt Werthauer, der die Nazizeit wie Reinhold dank seiner nichtjüdischen Ehefrau überlebt hatte, und später, in den fünfziger Jahren, dem Vorstand der Berliner Anwaltskammer angehören sollte. Werthauer hatte den Klinikmanager allerdings schon in früheren Zeiten erlebt und lehnte empört das Mandat ab. »Herr Pelny hat das Pech, dass ich nicht ermordet worden bin«, schrieb er einem Kollegen, »denn ich kenne ja aus eigenster Wissenschaft« was geschehen sei. Auf rauem, rötlich grauem Papier entwarf der Steuerberater Pelny daraufhin anscheinend selbst eine Erklärung, die sich bei den alten Akten findet. Darin heißt es, Löwenstein habe nach Kriegsende »meine gesamten Privatsachen, darunter sehr wertvolle Ölgemälde, Teppiche und sonstige Werte« aus der Klinik abtransportieren lassen.

Woher stammten diese Kostbarkeiten und was für Ölgemälde waren gemeint? Handelte es sich womöglich auch um Bilder aus dem Besitz der Estella Meyer? Dass der Bücherrevisor ein gewisses Interesse für die Kunst hatte, lässt sich aus seiner Korrespondenz mit Reinhold herauslesen. So entschuldigte sich dieser in einem Brief vom 24. Februar 1940 bei Pelny, dass er sich »betreffs der Bilder« noch nicht bei ihm gemeldet habe. Zudem schlug er dem Steuerberater in dem Schreiben vor, er könne sich ein bestimmtes Gemälde von Karl Hagemeister zwecks möglichen Kaufes »ja dann einmal ansehen«. Offenbar hatte sich Pelny zuvor für den Erwerb einzelner Bilder interessiert.

Im Herbst 1940 fragte sich Reinhold dann in einem weiteren Brief an Curt Pelny, »was wohl aus den Bildern« geworden sei, und er vermutete, dass anscheinend »einiges abhanden gekommen« wäre. Reinhold hatte seinerzeit den armen Vormund Stern im Verdacht – dass es womöglich auch Pelny gewesen sein könnte, der die Bilder an sich nahm, kam ihm nicht in den Sinn.

Wie die Bilder, so war 1945 auch das Millionenvermögen der Meyers nahezu spurlos verschwunden. Bis Kriegsende hatte der letzte Vormund Erich Karschny eisern den Daumen auf dem Geld gehalten, auch er sollte später in einem Spruchkammerverfahren als ein Mitläufer der geringsten Klasse eingestuft werden. Zum Stichtag 1945 wies das Pflegschaftskonto einen Geldbetrag von 7018, 97 Reichsmark auf, das Konto der Wohltätigkeitsstiftung stand bei 13166,75 RM. Nach der Währungsreform im Juni 1948 blieben davon exakt 347,44 und 651,77 DM übrig. Selbst diese Summen kamen jedoch nie zur Auszahlung, denn nach den Bestimmungen der Berliner Zentralbank war nur empfangsberechtigt, wer am 1. Oktober 1949 in Westberlin wohnte. Da saßen die Meyers gerade in einem der DP-Lager bei Koblenz, weshalb sie gänzlich leer ausgingen. Stattdessen verlangte Karschny nachträglich ein Honorar von 300 DM für seine Tätigkeit.

Auch die Entschädigungen für die Häuser, welche die Meyers besessen hatten, waren minimal. In mühevollen Zivilprozessen mit den Käufern, die während der NS-Zeit beste Schnäppchen gemacht hatten, schloss Reinhold Mitte der fünfziger Jahre Vergleich um Vergleich. Für die Villa in Dahlem und das Mietsobjekt in der Dahlmannstraße im Bezirk Charlottenburg bekam er zusammen rund 9000 DM, abzustottern in monatlichen Raten à 100 Mark. Das Haus in der Spichernstraße war im Krieg von einem Bombentreffer zerstört worden, deshalb interessierte sich der einstige »Ariseur« nicht mehr dafür, er gab die Ruine an Reinhold zurück.

Für das Gebäude am Savignyplatz, das vom Krieg nahezu unversehrt geblieben war, gewährte der Käufer, ein Berliner Metzger, eine Nachzahlung von 10 000 DM. Was die Wertgegenstände betraf, die einst im Keller am Savignyplatz sowie in der Remise des Hauses in der Voßstraße untergestellt worden waren, so konnte sich außer den Meyers praktisch niemand mehr an etwas erinnern, weshalb man bei der Wiedergutmachungsbehörde auch bezweifelte, dass es die Gegenstände je gegeben habe. Die Familienbilder von Lenbach und Lepsius, das kostbare Kaminfries wie auch der Meissener Kachelofen, die Marmorbüste von Max Klinger und die zahlreichen Antiquitäten – es war, als hätten sich die Dinge in Luft aufgelöst.

Adrian Lucas Müller, der Dresdner Kunsthändler, der 1938 vermutlich die Remise ausgeräumt und dem Leipziger Museum wenig später die Klinger-Büste angeboten hatte, war ebenfalls auf und davon. Der Dresdner wanderte 1945 nach Chile aus, unter Mitnahme des Schmuckes seiner Mutter. Aller Wahrscheinlichkeit nach war das Haus in der Berliner Voßstraße nicht die einzige Adresse gewesen, wo Müller sich Kunstgüter aus jüdischem Besitz angeeignet hatte. In der chilenischen Stadt Osorno wollte der dubiose Kunsthändler später ein Museum aufbauen, zu Beginn der sechziger Jahre verlor sich seine Spur in der Hauptstadt Santiago.

Von der Sammlung des Literaturprofessors Richard Moritz Meyer war nun kein einziges Stück mehr vorhanden: Das Selbstbildnis von Lovis Corinth, die Waldlandschaft von

Max Liebermann oder die alte Bäuerin von Paula Modersohn-Becker – nirgendwo gab es auch nur einen Hinweis darauf, dem Reinhold hätte nachgehen können. Nicht einmal das Familienbild mit der Kattunfabrik in dem aufwändigen Goldrahmen war mehr auffindbar. Während ihrer gesamten Irrfahrt durch Berlin hatte es die Meyers begleitet, es hing in der Villa im Gehege, in dem »Russenhäuschen« in der Ruhwaldstraße und selbst in der Gartenlaube an der Havel. Vor der Auswanderung nach England deponierte es Reinhold bei Freunden, die es später einem Antiquitätenhändler zeigten. Dieser erklärte im Februar 1953 in einem Brief an Reinhold, das Gemälde von Hopfgarten sei in einem solch schlechten Zustand, dass man es ihm unmöglich schicken könne – zuvor müsse der »sehr geehrte Herr Meyer« für die Restaurierung des Bildes aufkommen. Es war von mindestens 400 DM Restaurierungskosten die Rede. Soviel Geld konnte der Antiquar nicht aufbringen, und so schien nun selbst das Familienbild verloren.

Unterdessen hatten die Alliierten 1945 in einem Depot der E.J. Meyer Bank einen unerhörten Fund gemacht: Sie entdeckten Gemälde von Lukas Cranach dem Älteren, Jan Vermeer und Isaak van Ostade. Angeblich gehörten die kostbaren Bilder der Deutschen Landvolk-Bank Aktiengesellschaft, Berlin. Hinter diesem Namen verbarg sich jedoch einer der größten Kunsträuber der Nazis, Alois Miedl, ein höchst windiger Bankier und Kunsthändler. Miedl hatte im Auftrag von Hermann Göring 1940 die Sammlung des holländischen Kunsthändlers Jacques Goudstikker aufgekauft, eine Gemäldekollektion, die als unschätzbar wertvoll galt. Einen Teil der mehr als tausend Kunstwerke sowie auch Teppiche und Edelsteine deponierte Miedl offenbar in der Berliner Meyer-Bank.

Das Geldinstitut, das früher von Reinholds Großonkel Adolf Meyer geführt wurde, war Ende 1938 von dem Finanzmann Kurt Richter-Erdmann »arisiert« worden, der die Bank von der Französischen Straße 47 in die Jägerstraße 54 verlegte. Richter-Erdmann starb 1941, woraufhin das Bankhaus als Kommanditgesellschaft weitergeführt wurde, zu den Kommanditisten gehörte neben seiner Witwe Eva Richter-Erdmann auch der Frankfurter Bankier Albert von Metzler. Seit 1942 hatte Alois Miedl dutzendweise Bilder in dem Geldhaus eingelagert, an einigen davon klebten auf der Rückseite Zettel mit dem Aufdruck »Collectie Goudstikker, Amsterdam«. Der holländische Kunsthändler war 1940 auf der Flucht vor den Nazis bei einem Sturz ums Leben gekommen. Wenig später setzte Göring seinen Adlatus Miedl in Marsch, der unter Androhung von Zwangsmaßnahmen die Werke, zu denen bedeutende Gemälde der holländischen Schule des 16. und 17. Jahrhunderts gehörten, zu äußerst günstigen Preisen an sich brachte.

Nach dem Krieg war die Sammlung in alle Winde zerstreut. Einige Gemälde landeten in öffentlichen Museen, andere hatten die Alliierten an den niederländischen Staat zurückgegeben. Auch die Bilder aus dem Depot der E.J. Meyer Bank gingen vermutlich diesen Weg. Indes weigerte sich die Regierung in Den Haag jahrzehntelang, die Kunstwerke an die Nachkommen Goudstikkers zurückzugeben. Deshalb führten die Witwe wie auch später ihre Erben seit den fünfziger Jahren einen zähen Rechtsstreit um die Sammlung, der erst 2006 sein Ende finden sollte – mit einer Rückgabeentscheidung der niederländischen Regierung.

Auch Reinhold Meyer musste noch einige Prozesse führen. Es begann mit der niedrigen Rente, die er erhielt für die gesundheitlichen Schädigungen durch die Zwangsarbeit und das diskriminierende Tragen des gelben Judensterns. Man hatte ihn zunächst in die unterste Stufe der Rentenempfänger einsortiert, erst auf eine Klage hin wurde er wenigstens um eine Stufe hinaufgruppiert. Um jede Einzelheit gab es in der Folge ein elendes Gezerre, Reinhold hatte bald genug davon. Vom ersten Entschädigungsgeld hatte er eine Anzahlung für ein kleines Siedlungshaus leisten können, bald organisierte er Bibelstunden in seinem bescheidenen Heim und kaufte sich ein gebrauchtes Cello. Seither übte er wieder mit Verve. Nur die historischen Cello-Noten vermisste der Antiquar doch noch sehr: »So etwas kann man eben nie wieder bekommen«, hörte man ihn immer wieder bedauernd feststellen.

Erst nach Reinholds Tod strengte Lucie weitere Verfahren an. Ein ehemaliger Landgerichtsdirektor hatte sich die alten Prozessakten mit den kläglichen Abschlüssen angesehen und ermunterte sie zu neuen Aktivitäten, da dem Antiquar, wie er fand, auch in der Nachkriegszeit noch bitteres Unrecht geschehen sei. Bis in die siebziger Jahre wurde gestritten, für die dereinst beim Pfandleihhaus abgegebenen Preziosen erwirkte Lucie immerhin eine Entschädigung in Höhe von mehreren Tausend Mark.

Welche Wertgegenstände jedoch am Savignyplatz und in der Voßstraße untergestellt gewesen waren, konnte sich kein Richter vorstellen. Zwar gab es im Falle des Kellers in der Savignystraße ziemlich deutliche Hinweise darauf, dass der Hausmeister mit dem einen oder anderen Stück seine Wohnungseinrichtung aufgebessert hatte. Zwar wäre es damals vermutlich noch möglich gewesen, die Spur des windigen Dresdner Kunsthändlers Adrian Lucas Müller aufzunehmen. In Berlin wurden jedoch nur einstige Mieter vernommen, die nichts gehört und gesehen haben wollten. »Eine diskriminierende Entziehung der hier streitbefangenen Gegenstände«, stellte ein Gericht schließlich im Jahr 1970 fest, sei »nicht nachgewiesen«.

Reinhold Meyer starb am 12. Februar 1965 im Alter von 66 Jahren an Herzversagen. Als seine Tochter Dorle im Sommer 1964 den Lehramtsreferendar Helmut Wilke heiratete, hatte ihr Vater noch wie in alten Zeiten ein Ständchen als Cellospieler gegeben – im Trio mit einem Geiger und dem Kirchenorganisten. Ein halbes Jahr später erlitt er einen Herzinfarkt. In den letzten Lebensjahren hatte er oft in seinem winzigen Wohnzimmer gesessen, er las viel, komponierte Schüttelreime und machte sich zahlreiche Notizen auf Büchern und Zeitungen. Es sind zerknitterte Zettel, die seine Tochter bis heute in einem Schränkchen aufbewahrt.

Auch mit Dorles Buchhändlerlehre befasste sich der alte Herr. Um ihr ein Arbeitsgerät an die Hand zu geben, schenkte er seiner Tochter ein Lexikon der Weltliteratur, das er von vorn bis hinten durchgearbeitet hatte. In mühevoller Fleißarbeit war darin alles wichtige mit Bleistift angestrichen: Von »A« wie Abenteuerroman bis »Z« wie Zuckmayer. Das Lexikon hält Dorle noch immer in Ehren, auch wenn sie es selten benutzte. Die junge Buchhändlerin ließ auch noch einige Jahre nach dem Tod ihres Vaters vergehen, bis sie ihren lange gefassten Entschluss ins Werk setzte: Sie heuerte bei der Universitätsbuchhandlung N. G. Elwert in Marburg an, in welcher ihr Vater zwei Jahrzehnte zuvor sein Glück zu machen hoffte.

Reinhold hätte den Schritt kaum verstanden. Für Dorle aber war es nur die Ouvertüre in einem Lebensprogramm, das sie zunächst wohl eher unbewusst verfolgte: Sie wollte, dass ihrem Vater, dessen soziale und persönliche Deklassierung sie so hautnah miterlebt hatte, wenigstens im Nachhinein Gerechtigkeit widerfuhr. Ihr Streben war es daher, ihn auf ihre ganz persönliche Art zu rehabilitieren.

Im Sommer 1973 fing Dorothea Wilke als Buchhändlerin bei Elwert an. Es dauerte nicht lange, da hatte sich die fleißige Mitarbeiterin nahezu unentbehrlich gemacht. Und so ging sie eines Tages zu Wilhelm Braun-Elwert, der mittlerweile ein älterer Herr um die 60 Jahre war, und bat um ein Gespräch mit ihm. Dorle holte tief Luft, und begann von ihrem Vater Reinhold Meyer zu erzählen. Vielleicht könne er sich noch an ihn erinnern, erklärte sie ihrem Chef: Dass er damals so schnell gekündigt worden sei, habe den Antiquar schwer gekränkt. Sei er vielleicht als »Vorzeige-Jude« im Haus engagiert worden?

Niemand erfuhr von der Aussprache im Kämmerlein. Der Buchhändler Braun-Elwert nahm sie vielleicht auch gar nicht wichtig. Viele Jahre lang hatte er die Schriftwerke des NS-Rechtskommentators Erich Schwinge verlegt, der sich einst im Spruchkammerverfahren für ihn eingesetzt hatte. Er druckte die Bücher auch unbeeindruckt weiter, als der Professor zunehmend Zuspruch aus Kreisen der neuen Rechten bekam. Erst der Sohn stellte die Veröffentlichungen zu Beginn der neunziger Jahre ein: »Es war eine der ersten Amtshandlungen, als ich die volle Verantwortung für den Verlag übernahm«, sagt er heute und fügt etwas leiser hinzu: »Für meinen Vater war das nur schwer zu verstehen.«

Jeden Morgen besuchte der Seniorchef jetzt Dorle Wilke an ihrem Arbeitsplatz, um mit ihr ein paar Worte zu wechseln. Die beiden diskutierten häufig kontrovers, doch in gegenseitiger Achtung füreinander. Fast gewann die Buchhändlerin den Eindruck, Braun-Elwert wolle sich womöglich indirekt für sein Verhalten ihrem Vater gegenüber entschuldigen oder es zumindest rechtfertigen. Doch der alte Herr ließ sich nichts anmerken. Knauserig und zugleich uneinsichtig hatte er seinerzeit in den Fünfzigern selbst die Begleichung der reduzierten Spruchkammerverfahrenskosten vermieden. Lediglich sein Vater Gottlieb Braun hatte von der geforderten Summe einige Hundert Mark abgestottert. Wilhelm Braun-Elwert jedoch weigerte sich hartnäckig, die verbliebenen rund 6200 DM zu zahlen. »Durch die falsch informierten Amerikaner« sei ihm schließlich genug Schaden entstanden, bat er in einem Schreiben vom Februar 1953 um Erlass der Kosten. Die hessischen Landesbeamten gaben entnervt auf: Durch einen zweiten Gnadenakt vom 21. April 1953 wurde die Schuld gestrichen.

Dorle Wilke blieb beinahe dreißig Jahre in der Firma, bis zu ihrer Pensionierung Ende des Jahres 2000. Zug um Zug baute sie im Laufe der Zeit eine eigene Abteilung für Judaika in der Universitätsbuchhandlung auf. Und so setzte die Buchhändlerin mit ihrer Arbeit ein heimliches Denkmal für Reinhold, ihren Vater.

15

Wege und Schicksale

Im Londoner Auktionshaus Christie's wurde am 3. Dezember 1984 ein Gemälde des Schweizer Malers Ferdinand Hodler aufgerufen. Das Bild zeigte drei matt belaubte Apfelbäume vor einer graublauen Wasseroberfläche, die mit dem Horizont zu verschmelzen schien. Es trug den Titel »Genfersee von Chexbres aus«. Im Katalog wurde unter den ehemaligen Besitzern des Hodler-Bildes ein »R.M. Meyer, Berlin« aufgeführt – gemeint war Dorles Großvater, der Literaturprofessor Richard Moritz Meyer, der das Bild kurz vor seinem Tod im Frühjahr 1914 im Kunstsalon Cassirer erstanden hatte.

Nach den Hinweisen zur Herkunft des Bildes, die bei Christie's gegeben wurden, hatte die Berliner Galerie Carl Nicolai das Gemälde dereinst aus dem Besitz der Meyers übernommen und an einen Schweizer Sammler verkauft. Dies muss vor 1941 geschehen sein, da in jenem Jahr ein Hodler-Verzeichnis erschien, in welchem der Besitzerwechsel bereits vermerkt war. Dann verschwand das Bild wieder für Jahrzehnte aus dem Blickfeld der interessierten Öffentlichkeit. Als beispielsweise im April 1983 in der Berliner Nationalgalerie eine große Hodler-Ausstellung gezeigt wurde, hieß es im Katalog der Bilderschau zu dem Gemälde nur lapidar: »Derzeitiger Standort unbekannt«.

Auf der Versteigerung bei Christie's im Jahr 1984 sicherte sich ein Unbekannter das Bild für rund 200 000 britische Pfund. Erst viele Jahre später erfuhr Dorle Wilke von dem Auktionsverkauf. Als sie sich Anfang 2002 in einem Brief an das Schweizerische Institut für Kunstwissenschaft nach der Identität des Käufers erkundigte, lehnte man es ab, seinen Namen preiszugeben: »Wir kennen den aktuellen Besitzer des Bildes«, hieß es in einem Schreiben des Instituts, »können jedoch seine Adresse aus Diskretionsgründen nicht so ohne weiteres bekannt geben«. Unterdessen informierte das Auktionshaus Christie's den seinerzeitigen Käufer darüber, dass das Kunstwerk von Hodler während der NS-Zeit vermutlich in einer »verfolgungsbedingten Notsituation« veräußert worden war und leitete an ihn die Adresse von Dorle Wilke weiter. Der unbekannte Kunstfreund lehnte es jedoch ab, mit ihr in Kontakt zu treten.

*

Im Jahr 1992 erschien ein aktualisiertes Werkverzeichnis des Malers Lovis Corinth, in dem auch das Gemälde »Selbstbildnis im Harnisch« aufgeführt wurde, das einst den Meyers gehörte. Nach dem begleitenden Vermerk zur Provenienz war das Bild von »R. Meyer, Berlin« in den Besitz des Diplomaten Herbert von Dirksen übergegangen, der während der dreißiger Jahre Botschafter in Moskau, Tokio und London gewesen war. Von Dirksen hatte das Gemälde vor 1939 erworben, möglicherweise über die Berliner Galerie Nicolai. Die Kunsthandlung hatte am 9. April 1936 eine Karte an Reinhold Meyers Vermögensberater Curt Pelny gesandt, darin bestätigte sie diesem, dass sie das Bild zur Ansicht empfangen habe, zusammen mit einem Gemälde von Paula Modersohn-Becker, das eine alte Bäuerin darstellte.

Das Bild von Paula Modersohn-Becker ist seither verschollen. Das Gemälde von Corinth aber tauchte, ohne dass es Reinhold je erfuhr, bald in der Londoner Residenz des Diplomaten von Dirksen wieder auf. Nachdem der Botschafter bei Ausbruch des Krieges im Spätsommer 1939 nach Deutschland zurückgekehrt war, wurde das Bild über die Schweizer Gesandtschaft nach Dublin gebracht, wo es bis 1944 blieb, wie sich aus alten Korrespondenzen des Diplomaten mit dem Berliner Außenministerium ergibt, die heute im Bundesarchiv verwahrt werden. Von Dirksen, der nach dem Krieg in Bayern lebte, verkaufte das Bild an die Sammlung des Metallfabrikanten Georg Schäfer in Schweinfurt, wie es im Werkverzeichnis von 1992 heißt: »Es gab damals einen Brief von dort«, berichtet Beatrice Hernad, die Autorin des Verzeichnisses.

Im Schweinfurter Museum Georg Schäfer aber ist das »Selbstbildnis im Harnisch« nicht zu finden. So bleibt eigentlich nur die Möglichkeit, dass es heute zur Privatkollektion der Industriellen Georg und Fritz Schäfer gehört.

*

Das Grundstück in der Voßstraße Nr. 16 im Zentrum von Berlin, unweit des Potsdamer Platzes, wo Richard Moritz Meyer wie später auch sein Sohn Reinhold mit ihren Familien lebten, wurde den Erben im November 1997 nach jahrelangen Auseinandersetzungen vom Amt zur Regelung offener Vermögensfragen zurückgegeben. Dorle Wilke hatte 1990 einen Antrag auf Rückübertragung des Grundstücks gestellt, das sich früher im Bereich der DDR befunden hatte. Das Terrain war unbebaut und mit einem Bretterzaun vernagelt. Da es in dem städtischen »Entwicklungsgebiet« für das Regierungsviertel lag, verlangte die Berliner Kommunalverwaltung einen »Ausgleichsbetrag« von zwei Millionen Euro zur Erstattung angeblich angefallener Entwicklungskosten. Veräußern durften die Erben das Gelände, das bereits 1930 als Millionengrundstück galt, aber nur für höchstens 750 000 Euro, einen Bruchteil des eigentlichen Wertes. Das Problem ließ sich nur dadurch lösen, dass Dorle Wilke und ihre Verwandten die Erbschaftsansprüche an eine Bauentwicklungsfirma verkauften, welche die Verpflichtungen übernahm. Heute hat unter der Adresse Voßstr. Nr. 16 der Arbeitgeberverband Gesamtmetall seinen Sitz.

*

Im Herbst 2000 strengte die Jewish Claims Conference (JCC), die den Vermögensansprüchen verfolgter und ermordeter Juden nachgeht, ein Verfahren an, um die Rückgabe des Bildes »Ein Nachmittag im Tuileriengarten« von Adolph Menzel zu erreichen. Es befand sich noch immer im Besitz der Dresdener Gemäldegalerie, deren früherer Direktor Hans Posse das Bild 1935 zum äußerst günstigen Preis von 25 000 Reichsmark von den Meyers gekauft hatte. Nachdem der Antrag durch alle Behördeninstanzen gegangen war, verfügte im Herbst des Jahres 2004 das Bundesamt zur Regelung offener Vermögensfragen die Restitution des Gemäldes an Dorle Wilke und ihre Verwandten. Dafür sollte die Familie den damaligen Kaufpreis zurückerstatten, der wie die Wiedergutmachungszahlungen aus der Nachkriegszeit entsprechend der Geldabwertung durch die Währungsreform von 1948 errechnet wurde. Er betrug 639,13 Euro.

Das Land Sachsen als Träger der Dresdener Gemäldegalerie erhob Klage gegen die Entscheidung. Dorothea Wilke, mittlerweile 70 Jahre alt, erkrankte an einem lebensgefährlichen Geschwür. Im Juni 2005 entschied die sächsische Ministerin für Wissenschaft und Kunst, die Klage zurückzunehmen. Inzwischen war das Londoner Auktionshaus Christie's auf den Vorgang aufmerksam geworden und sicherte den Erben zu, bei einer Versteigerung könne man für Menzels Gemälde allemal zwei Millionen Euro erzielen. Gleichzeitig bemühte sich das Dresdener Museum, einen Kunstmäzen zu finden, welcher der Familie das Bild abkaufen und dafür sorgen sollte, dass es als wichtiger Bestandteil des nationalen Kunstkanons auch künftig öffentlich zu sehen sei.

Der amerikanische Sammler Alfred Bader, ein Jude, der als Kind aus Österreich geflüchtet war und als Chemiker in den USA ein Vermögen gemacht hatte, kaufte das Gemälde von den Erben für 2,8 Millionen Euro, veräußerte es bald darauf aber für 4,7 Millionen Euro weiter an die Londoner Tate Gallery. Die Transaktion löste einen Proteststurm in ganz Deutschland aus. Der Generaldirektor der Staatlichen Kunstsammlungen in Dresden, Martin Roth, empörte sich, ein Gemälde von nationalem Rang sei als Spekulationsobjekt missbraucht worden. Das Bild ist heute wieder zugänglich für die Öffentlichkeit – allerdings in London, statt in Dresden.

*

Alle anderen Gemälde aus der wertvollen Kunstsammlung des Richard Moritz Meyer sind verschollen, bis auf eines: Das Familienbild, das Reinhold Meyers Großvater, den späteren Tuchfabrikanten Ruben Max Goldschmidt, mit seinen Lieben vor dem Hintergrund der Kattunfabrik zeigt. Dorle Wilke sah das Bild im Frühjahr 2001 erstmals nach beinahe

60 Jahren wieder – bei der Einweihung des Jüdischen Museums in Berlin.

Ein Verwandter der Meyers, der während der Nazizeit nach New York ausgewandert war, hatte das Gemälde mit dem aufwändigen Goldrahmen in den sechziger Jahren bei einem Berliner Antiquitätenhändler erworben. Etliche Jahre später entdeckte die deutsche Kunsthistorikerin Karin Grimme das Bild bei der New Yorker Familie und erreichte, dass es dem Jüdischen Museum als Leihgabe überlassen wurde. Dort hängt das Gemälde, das 1843 entstanden war, heute an exponierter Stelle als Sinnbild für das jüdische Großbürgertum im Berlin des 19. Jahrhunderts.

*

Im Herbst 2003 reiste Dorothea Wilke mit ihrem Mann Helmut nach Leipzig. Im Museum für bildende Künste übergab man den beiden ein schweres, gut verschnürtes Paket, das sie über einen Hintereingang zu ihrem Auto brachten und dort auf dem Rücksitz verstauten. Dorothea Wilke nahm daneben Platz, während der Fahrt nach Marburg legte sie liebevoll den Arm um das Paket. Darin befand sich die Büste »Knabenbildnis« des Bildhauers Max Klinger, die den jungen Reinhold Meyer darstellte.

Das Museum in Leipzig hatte sich recht schnell zur Herausgabe der Skulptur bereit erklärt. Nachdem der dubiose Dresdner Kunsthändler Adrian Lucas Müller die Büste im Mai 1938 dem Leipziger Museum vergeblich angeboten hatte, war sie an den Kunstsammler Paul Rudolph Geipel in Dresden-Loschwitz verkauft worden. Dieser hatte dem Museum einen Großteil seiner Sammlung vermacht, als er

1957 starb. Darunter auch die Klinger-Büste des Knaben Reinhold.

In dem Reihenhaus, das Dorothea und Helmut Wilke seit vielen Jahren in Marburg bewohnen, gibt es eine große Bibliothek im Souterrain. Dort blickt der junge, in Stein gehauene Reinhold jetzt zwischen Stapeln von Büchern hervor. Dorothea Wilke sorgt dafür, dass vor der Büste stets ein Glas mit frischen Blumen steht.

*

Im Frühjahr des Jahres 2008 erfuhr Dorothea Wilke im Laufe der Recherchen zu diesem Buch, welches Schicksal ihr leiblicher Vater erfahren hatte. Ein paar vergilbte Blätter im Rotkreuz-Archiv in Bad Arolsen geben Auskunft darüber. Franz Hirsch, geboren am 13. Juli 1893 in Binow in Polen, hatte als Kaufmann in Berlin gelebt. Im Juni 1938 war er zum ersten Mal bei einer NS-Razzia festgenommen worden. Neun Monate lang saß er im Konzentrationslager Buchenwald, am 14. April 1939 kam er wieder frei. Der Kaufmann ging nach Berlin zurück. Von dort wurde Franz Hirsch am 19. Januar 1942 zusammen mit 1005 anderen Personen nach Riga transportiert. Es gab nie mehr ein Lebenszeichen von ihm.

Nachwort mit Dank

Es waren 18 Schnellhefter, mit denen alles begann. Als Dorle Wilke mir seinerzeit die Mappen zeigte, ahnte ich noch nicht, auf welche verschlungenen Recherchewege die Unterlagen mich führen würden. Die spannendsten Papiere aus dem Konvolut steckten in einer dunkelblauen Pappmappe. Darin lagen raue Zettel, dünne Durchschlagblätter und verknitterte Formulare mit ausgefransten Rändern – es handelte sich um Originalpapiere aus den dreißiger und vierziger Jahren. Korrespondenzen zumeist zwischen Reinhold Meyer und dem Vormund Leo Stern sowie mit seinem Wirtschaftsberater Pelny, aber auch mit diversen NS-Behörden.

Alte Akten sind wie verschlüsselte Gedichte, sie geben ihre Geheimnisse nicht auf den ersten Blick preis. Man muss sie wieder und wieder lesen, um dasjenige Detail zu entdecken, das weiterführt. Manchmal ergibt sich aus dem Datum die eigentliche Neuigkeit, zuweilen sind vor allem auch die Worte, die weggelassen wurden, interessant. Ist man dann dabei, ein Papier zu enträtseln, stellen sich schnell immer neue Fragen, deren Antworten an unterschiedlichsten Orten zu suchen sind: In Archiven, Bibliotheken oder privaten Wohnungen – und natürlich im Gedächtnis von Menschen.

Bei den Recherchen für dieses Buch habe ich viel Hilfe in Anspruch genommen. Mitarbeiter von diversen Archiven suchten für mich Unterlagen heraus, manche Menschen öffneten mir ihre Erinnerungen, andere ermöglichten mir, selbst ganz private Unterlagen von ihnen einzusehen. Ich danke ihnen allen für ihr Vertrauen und den engagierten Einsatz für mein Projekt. Unter den vielen möchte ich vor allem die Kunsthistorikerin Dr. Ute-Maria Babick-Krüger nennen, auch Markus Stötzel, der schon vor Jahren wichtige Informationen zusammentrug. Ich danke Kathrin Flor vom Internationalen Suchdienst des Roten Kreuzes in Bad Arolsen sowie Dr. Klaus Dettmer und Dr. Martin Luchterhandt vom Landesarchiv Berlin. Auf den Dresdner Spuren halfen mir vor allem Matthias Griebel, der ehemalige Chef des Dresdner Stadtarchivs, Rolf Günther von den Städtischen Sammlungen Freital und Frank C. Kempe von der Galerie Saxonia; vom Leipziger Museum für bildende Künste danke ich Claudia Klugmann und Dietulf Sander; mein Dank gilt auch Prof. Martin Roth von den Staatlichen Kunstsammlungen in Dresden. Ich danke Ludwig Norz, Katrin Kruse, Mirjam Richter, Annette Dorgerloh, Margrit Bröhan und Walter Feilchenfeldt, der tatsächlich aus den alten Kassenbüchern seines Vaters noch den Preis eines 1923 an die Kunsthandlung Cassirer verkauften Bildes nachweisen konnte.

Mein Dank gilt auch den Mitarbeitern folgender Archive: Bundesarchiv Berlin, Landesarchiv Brandenburg, Literaturarchiv Marbach, Hauptstaatsarchiv Düsseldorf, Hessisches Hauptstaatsarchiv Wiesbaden, Stadtarchiv Naumburg, Centrum Judaicum Stiftung Neue Synagoge Berlin, Archiv im Generalsekretariat des Deutsches Roten Kreuzes in Berlin, Archiv des Börsenvereins des Deutschen Buchhandels, Historisches Institut der Deutschen Bank, Archiv der Berliner Rechtsanwaltskammer, Stadtarchiv Hohen-Neuendorf, Zentralarchiv des Deutschen Kunsthandels in Köln. Ich danke Rudolph Braun-Elwert für das mir entgegen gebrachte Vertrauen. Ganz wichtige Hilfen hat meine Tochter Lene Kohl geleistet, indem sie Teile der Hauschronik des Richard Moritz Meyer für mich transkribierte – ich danke ihr dafür. Das handschriftliche Original der Hauschronik mit den Dürerzeichnungen liegt heute im Literarchiv Marbach. Ein besonderes Dankeschön gilt auch meinem Mann Klaus Brill, der mein Manuskript gelesen und wertvolle Anmerkungen dazu gemacht hat.

Doch dieses Buch wäre nicht zustande gekommen ohne das Engagement von Dorle Wilke. Ich danke deshalb vor allen anderen Dorle und Helmut Wilke dafür, dass sie mir ihr Vertrauen geschenkt und den Schatz ihrer Erinnerungen geöffnet haben. Mit ihrem Elan, ihrem präzisen Gedächtnis und ihrem unermüdlichen Willen, dem während der NS-Zeit so gequälten und geschundenen Vater endlich Gerechtigkeit widerfahren zu lassen, hat Dorle Wilke es geschafft, das Bild ihres Vaters wieder lebendig zu machen. Die Geschichte Reinhold Meyers illustriert auf ergreifende Weise, in welchen inneren Zwiespalt damals jene Juden gestürzt wurden, die sich gar nicht mehr als solche fühlten. Als tief religiöser Mann, der sich rückhaltlos zum Christentum bekannte, war er ein Ausgegrenzter im Niemandsland: Die Nazis stempelten Reinhold Meyer zum Juden, für die jüdischen Gemeinden aber war er ein Christ.

Dabei steht sein Leidensweg exemplarisch für das Schicksal jener Verfolgten, die zwar nicht in die Vernichtungslager verschleppt, aber im nationalsozialistischen Alltag einer endlosen Serie immer grausamerer Schikanen ausgesetzt wurden. Enteignung, Entrechtung und Erniedrigung bestimmten ihr tägliches Leid, unter den Zwängen des NS-Systems wurden sie Stück für Stück ihrer Identität beraubt. Indes bereicherten sich führende Nazi-Bonzen und zahlreiche Menschen mit guten Beziehungen zum Regime an ihren Besitztümern mit einer Schamlosigkeit, die frappierend ist. Mit diesem Buch möchte ich daher auch den Blick auf die kleinen, alltäglichen Gemeinheiten lenken, die für die Opfer in jener Zeit jeden Tag zur Qual gemacht haben.

Hunderttausende, vielleicht Millionen von Nutznießern des Systems haben die Notlage der Juden vorsätzlich ausgenutzt. Bis heute hängen in deutschen Wohnzimmern und in deutschen Museen Bilder, an denen die Schande dieser Zeit und ihrer Umstände klebt. Hinter den Diskussionen um Kunstraub und Restitution aber steht die Frage nach der historischen Aufarbeitung auch dieses geschehenen Unrechts. Viele Jahrzehnte lang war dies versäumt worden. Dass die Bilder unterdessen an Wert gewannen, ist nicht die Schuld der Erben, die heute um Gerechtigkeit kämpfen. Es ist der Preis für die Vertuschung und Verdrängung, durch die beinahe ein ganzes Menschenalter lang die Aufklärung dieser düsteren Seite der Nazizeit verhindert wurde. So ist es nun höchste Zeit, dass wir uns auch diesem Kapitel der Vergangenheit stellen. Mit diesem Buch möchte ich einen kleinen Beitrag dazu leisten.

Personen im Überblick

Dorothea Wilke
Buchhändlerin und Tochter von Reinhold Meyer, geboren 1934 in Berlin, ihr Kosename ist Dorle. Lebt mit ihrem Mann Helmut Wilke in Marburg/Lahn.

Reinhold Meyer
Antiquar und Zwangsarbeiter, Vater von Dorothea Wilke, geboren 1898 in Berlin, gestorben 1965 in Marburg/Lahn.

Lucie Meyer
Ehefrau von Reinhold Meyer. Geboren 1903 in Berlin als Lucie Bebronneck, lebte nach dem Krieg in Marburg/Lahn, starb 1979 in Fritzlar.

Richard Moritz Meyer
Vater von Reinhold Meyer, Literaturhistoriker und Universitätsprofessor, Verfasser von zahlreichen Büchern, darunter einer Goethe-Biografie. Meyer, 1860 geboren, war ein leidenschaftlicher Sammler von Bildern und Büchern. Er starb 1914 kurz nach Beginn des Ersten Weltkriegs.

Estella Meyer
Mutter von Reinhold und Ehefrau von Richard Moritz Meyer. Sie stammte aus reichem Berliner Hause, spielte ausgezeichnet Klavier, reiste gern mit ihrem Mann und unterhielt gemeinsam mit ihm einen Salon in Berlin. Estella Meyer, 1870 geboren, wurde 1942 im Rahmen des »Euthanasie-Programms« von den Nazis ermordet.

Friedrich und Elika Meyer
Die Eltern von Richard Moritz Meyer zogen 1875 in die Voßstraße Nr. 16. Friedrich (1820–1881) leitete zusammen mit seinem Bruder Abraham Meyer die E. J. Meyer Bank, die ihr Vater Elias Joachim Meyer 1816 gegründet hatte. Die beiden Brüder gehörten später zu den Gründern der Deutschen Bank. Elika Meyer (1835–1903) geborene Jacobsen stammte aus einer Frankfurter Bankiersfamilie.

Max Ruben und Delia Goldschmidt
Die Eltern von Estella Meyer bewohnten zunächst ein Haus im Tiergartenviertel. Max Ruben Goldschmidt (1840–1909) gehörte eine Kattunfabrik in Köpenick, Delia Goldschmidt (1848–1929) geborene Simmonds hielt sich zeitweise ein Krokodil in der Badewanne.

Adolf Meyer
Bankier und Großcousin von Reinhold Meyer, führte die E. J. Meyer Bank bis zu ihrer »Arisierung« im Jahr 1938. Adolf Meyer, 1886 geboren, wanderte im April 1939 zunächst nach Amsterdam aus, im Mai 1941 gelang ihm von dort die Flucht nach Amerika.

Marie von Bunsen
Berliner Saloniere und Tochter eines Reichstagsabgeordneten (1860–1941), Bekannte von Richard Moritz und Estella Meyer.

Ricarda Huch
Deutsche Schriftstellerin (1864–1947) und Bekannte von Richard Moritz und Estella Meyer.

Georg Reicke
Zweiter Bürgermeister von Berlin und Romanautor, Freund der Meyers. Reicke (1863–1923) war der Patenonkel von Reinhold Meyer.

Reinhold und Sabine Lepsius
Berliner Malerehepaar, Reinhold Lepsius (1857–1922) hatte bei Lenbach gelernt und war ein bekannter Portraitmaler, Sabine Lepsius (1864–1942) malte ebenfalls vornehmlich Auftragsportraits.

Grete Ring
Kunsthistorikern und gerngesehener Gast bei den Abendgesellschaften der Meyers. Grete Ring (1887–1952) arbeitete nach dem Studium in der Alten Pinakothek in München, dann an der Berliner Nationalgalerie. In den zwanziger Jahren begann sie im Kunstsalon Cassirer, dessen Teilhaberin sie 1926 wurde. Die Jüdin Ring emigrierte 1935 zunächst nach Amsterdam, dann 1938 nach London.

Anna Edinger
Cousine von Richard Moritz Meyer, Tochter des Frankfurter Bankiers Benedikt Moritz Goldschmidt, Ehefrau des Hirnforschers Ludwig Edinger (1855–1918). Anna Edinger (1863–1929) finanzierte das Institut ihres Mannes und kümmerte sich selbst um Sozialprojekte.

Paul und Leo Arons
Berliner Bankierssöhne und Cousins von Estella Meyer. Paul Arons (1861–1932) übernahm die väterliche Bank, Leo Arons (1860–1919) wurde Physiker und ein bekannter Sozialdemokrat, er finanzierte das Berliner Gewerkschaftshaus. Beide Brüder heirateten zwei Töchter des Berliner Bankiers Julius Bleichröder, der wiederum ein Nachbar der Meyers in der Voßstraße war.

Henriette Stenger
Die dritte Tochter des Bankiers Bleichröder heiratete den Physiker Franz Stenger. Früh verwitwet ging »Tante Jettchen« (1863–1947) mit ihren Söhnen Rudolf (geb. 1892) und Konrad (geb. 1890) um die Jahrhundertwende nach Florenz.

Auguste Birkenhagen
Tante von Lucie Meyer, ging als Erzieherin mit Henriette Stenger nach Florenz, weshalb sie die »Nonna« genannt wurde. Geboren um 1860, gestorben im Januar 1938.

Leo Stern
Rechtsanwalt und Notar in Berlin, langjähriger Vormund von Estella Meyer. Leo Stern (1876–1943) wurde am 3. Februar 1943 nach Auschwitz deportiert und am 13. Februar dort ermordet.

Erich Karschny
Späterer Vormund von Estella Meyer, Karschny (geb. 1883) war Rechtsanwalt und Notar sowie Mitglied der NSDAP. Er zog nach dem Krieg von Berlin nach Malente, wo er später starb.

Curt Pelny
Finanzberater von Reinhold Meyer, Bücherrevisor und Klinikdirektor. Pelny (1897–1972) arbeitete zunächst als Buchprüfer in Berliner Kliniken, in den Dreißiger und Vierziger Jahren übernahm er reihenweise Krankenhäuser. Bei Kriegsende besaß er vier Kliniken, mehrere wertvolle Grundstücke und etwa eine halbe Million Reichsmark auf dem Konto.

Otto Kalischer
Professor für Neurologie in Berlin, Leibarzt von Reinhold Meyer. Kalischer, geboren 1869 in Berlin, beging 1942 Selbstmord, nachdem er eine Aufforderung zur Deportation bekommen hatte.

Curt Eckstein
Rechtsanwalt und Zwangsarbeitskollege von Reinhold Meyer. Nachdem Eckstein (geb. 1890) seine Kanzlei hatte aufgeben müssen, wohnte er in einem Nachbardorf von Hohen-Neuendorf, er wurde am 22. September 1944 nach Auschwitz deportiert.

Johann Hinrich und Erna Lühmann
Der Oberstudiendirektor (1881–1960) lebte mit seiner Frau Erna in Frohnau und leitete den dortigen Kreis der Bekennenden Kirche. Seit 1926 Direktor des Friedenauer Rheingau-Gymnasiums wurde er 1934 an die Cosima-Wagner-Schule versetzt, da er sich geweigert hatte, eine NS-Flagge auf dem Schulgelände zu hissen.

Wilhelm Braun-Elwert
Buchhändler und zeitweiliger Arbeitgeber von Reinhold Meyer und Dorle Wilke. Braun-Elwert (1915–2006) führte in späteren Jahren täglich Gespräche mit Dorle Wilke in der Buchhandlung.

Bibliografie

Aly, Götz (Hrsg.): Aktion T4 1939–1945 – Die »Euthanasie«-Zentrale in der Tiergartenstraße 4, Edition Hentrich, Berlin 1989

Bahns, Jörg u. a.: Wilhelm Trübner – Ausstellungskatalog für das Kurpfälzische Museum der Stadt Heidelberg, Edition Braus, Heidelberg 1994

Benz, Wolfgang: Die Juden in Deutschland 1933–1945, C. H. Beck Verlag, München 1996

Benz, Wolfgang: Geschichte des Dritten Reiches, C. H. Beck Verlag, München 2000

Beringer, Josef August: Wilhelm Trübner – Des Meisters Gemälde, Deutsche Verlags-Anstalt, Stuttgart 1917

Bertz, Inka: Familienbilder – Selbstdarstellung im jüdischen Bürgertum, Stiftung Jüdisches Museum Berlin, Berlin 2004

Bröhan, Margrit: Walter Leistikow – Maler der Berliner Landschaft, Nicolaische Verlagsbuchhandlung, Berlin 1988

Brühl, Georg: Die Cassirers – Streiter für den Impressionismus, Edition Leipzig, Leipzig 1991

Brüschweiler, Jura/Magnaguagno, Guido: Ferdinand Hodler-Austellungskatalog, Kunsthaus Zürich und Benteli Verlags AG, Bern und Zürich 1983

Bunsen, Marie von: Die Welt, in der ich lebte, Koehler & Amelung, Leipzig 1929

Bunsen, Marie von: Zeitgenossen, die ich erlebte, Koehler & Amelang, Leipzig 1932

Burkert, Hans-Norbert/Matußek, Klaus/Wippermann, Wolfgang: »Machtergreifung« Berlin 1933, Edition Albert Hentrich im Rembrandt Verlag, Berlin 1984

Dorgerloh, Annnette: Das Künstlerehepaar Lepsius – Zur Berliner Porträtmalerei um 1900, Akademie-Verlag, Berlin 2003

Drewes, Gerda/Kochanski, Eva: Heimliche Hilfe – Bericht über die Hilfe an Rassenverfolgten, Verlag Ernst Kaufmann, Lahr 1961

Durieux, Tilla: Meine ersten neunzig Jahre, Henschelverlag, Berlin 1980

Eberle, Matthias/Achenbach, Sigrid: Max Liebermann in seiner Zeit, Prestel Verlag, München 1979

Enderlein, Angelika: Der Berliner Kunsthandel in der Weimarer Republik und im NS-Staat, Akademie-Verlag, Berlin 2006

Feilchenfeldt, Rachel E./Raff, Thomas: Ein Fest der Künste – Paul Cassirer, C.H. Beck, München 2006

Feilchenfeldt, Walter: »By appointment only« Schriften zu Kunst und Kunsthandel, Nimbus Kunst und Bücher, Wädenswil am Zürichsee, 2005

Gabrisch, Anne: In den Abgrund werf' ich meine Seele – Die Liebesgeschichte von Ricarda und Richard Huch, Verlag Nagel & Kimche, Zürich, 2000

Greschat, Martin: »Gegen den Gott der Deutschen« – Marga Meusels Kampf für die Rettung der Juden; in: Büttner, Ursula/Greschat, Martin: Die verlassenen Kinder der Kirche, Vandenhoeck & Ruprecht, Göttingen 1998

Gross, Leonard: Versteckt – Wie Juden in Berlin die Nazizeit überlebten, Rowohlt Verlag, Hamburg 1983

Grüber, Heinrich: Erinnerungen aus sieben Jahrzehnten, Kiepenheuer & Witsch, Köln Berlin 1968

Gruner, Wolf: Widerstand in der Rosenstraße – Die Fabrik-Aktion und die Verfolgung der »Mischehen« 1943, Fischer Taschenburg Verlag, Frankfurt/M 2005

Guratzsch, Herwig (Hrsg.): Max Klinger – Ausstellung zum 75. Todestag des Künstlers, Museum der bildenden Künste, Leipzig 1995

Huch, Ricarda: Die Geschichten von Garibaldi, Insel Verlag, Leipzig 1986

Huch, Ricarda: Der letzte Sommer – Eine Erzählung in Briefen, Insel Verlag, Frankfurt/Main und Leipzig 1999

Jäckel, Hartmut; Simon, Hermann (Hrsg.): Berliner Juden 1941 – Namen und Schicksale, Hentrich & Hentrich, Teetz 2007

Karlauf, Thomas: Stefan George – Die Entdeckung des Charisma, Karl Blessing Verlag, München 2007

Kellerhoff, Sven Felix: Berlin unterm Hakenkreuz, Berlin Edition im be.bra Verlag, Berlin-Brandenburg 2006
Kessler, Harry Graf: Das Tagebuch, Dritter Band 1897–1905, Cotta, Stuttgart 2004
Kessler, Harry Graf: Das Tagebuch, Vierter Band 1906–1914, Cotta, Stuttgart 2005
Kotowski, Elke-Vera (Hrsg.): Juden in Berlin – Biografien, Henschel Verlag, Berlin 2005
Koepcke, Cordula: Ricarda Huch – Ihr Leben und ihr Werk, Insel Verlag, Frankfurt/Main und Leipzig 1996
Krauss, Werner: Vor gefallenem Vorhang – Aufzeichnungen eines Kronzeugen des Jahrhunderts, Fischer Taschenbuch Verlag, Frankfurt/M 1995
Ladwig-Winters, Simone: Anwalt ohne Recht – Das Schicksal jüdischer Rechtsanwälte in Berlin nach 1933, be.bra Verlag, Berlin-Brandenburg 2007
Löhr, Hanns Christian: Das Braune Haus der Kunst – Hitler und der »Sonderauftrag Linz«, Akademie Verlag, Berlin 2005
Lovenheim, Barbara: Überleben im Verborgenen – Sieben Juden in Berlin, Siedler Verlag, Berlin 2002
Luckhardt, Ulrich: Ich, Lovis Corinth – Die Selbstbildnisse, Haje Cantz Verlag, Ostfildern-Ruit 2004
Merkenich, Stephanie/Morgenbrod, Birgit: Das Deutsche Rote Kreuz unter der NS-Diktatur 1933–1945, Verlag Ferdinand Schöningh, Paderborn 2008
Meyer, Beate/Simon, Hermann: Juden in Berlin 1938–1945, Philo Verlagsgesellschaft mbH, Berlin 2000
Michalka, Wolfgang (Hrsg.): Deutsche Geschichte 1933–1945 Dokumente zur Innen- und Außenpolitik, Fischer Taschenbuch Verlag, Frankfurt/M 2002
Möhrmann, Renate: Tilla Durieux – Paul Cassirer, Rowohlt Berlin, Berlin 1997
Müller, Werner Y.: Die Kunst Ferdinand Hodlers – Reife und Spätwerk 1895–1918, Rascher Verlag, Zürich 1941
Nachama, Andreas/Schoeps, Julius H./Simon, Hermann: Juden in Berlin, Henschel Verlag, Berlin 2001
Ostwald, Hans: Das Liebermann-Buch, Paul Franke Verlag, Berlin 1930

Paret, Peter: Die Berliner Secession – Moderne Kunst und ihre Feinde im Kaiserlichen Deutschland, Ullstein Verlag, Frankfurt/M, Berlin, Wien, 1983

Peters, Hans Albert: Alfred Flechtheim – Sammler. Kunsthändler. Verleger, Kunstmuseum Düsseldorf, 1987

Reicke, Georg: Im Spinnenwinkel, Schuster & Loeffler, Berlin und Leipzig 1909

Riesenberger, Dieter: Für Humanität in Krieg und Frieden – Das Internationale Rote Kreuz 1863–1977, Vandenhoeck & Ruprecht, Göttingen 1992

Scheer, Regina: Wir sind die Liebermanns – Geschichte einer Familie, List Taschenbuch, Berlin 2008

Schoeps, Julius H./Ludewig, Anna-Dorothea (Hrg.): Eine Debatte ohne Ende? Raubkunst und Restitution im Deutschsprachigen Raum, Verlag für Berlin-Brandenburg, Berlin 2007

Shirer, William L.: Berliner Tagebuch, Reclam Verlag, Leipzig 1995

Stenger, Konrad: Versuch einer Lebensgeschichte, Selbstverlag, Hünibach 1970

Stoltzfus, Nathan: Widerstand des Herzens – Der Aufstand der Berliner Frauen in der Rosenstraße 1943, Deutscher Taschenbuch Verlag, München 2002

Voigt, Venessa-Maria: Kunsthändler und Sammler der Moderne im Nationalsozialismus, Dietrich Reimer Verlag GmbH, Berlin 2007

Walk, Josef (Hrsg.): Das Sonderrecht für die Juden im NS-Staat, C.F. Müller Verlag, Heidelberg 1996

Wilhelmy-Dollinger, Petra: Die Berliner Salons, Verlag Walter de Gruyter, Berlin 2000

Wyden, Peter: Stella, Steidl Verlag, Göttingen 1993

Bildnachweis Bildteil

Fotos: privat

außer

S. 1: August Hopfgarten, Familienbild Goldschmidt, Berlin 1843–1844, Öl auf Leinwand, 68 x 68 cm, © Jüdisches Museum Berlin, Foto: Jens Ziehe

S. 3 u., 6 o., 7 u., 8 u., 9, 10 u., 11 (gr. Foto), 11 u., 15 o.: Ullstein Bild, Berlin

S. 6 M: Christie's/ARTOTHEK, Weilheim (Ferdinand Hodler »Der Genfer See von Chexbres aus« 1911)

S. 13 o. l.: Landesarchiv Berlin (B Rep. 031-03-11, Nr. 2381)

S. 15 u.: sz-photo, München/D. Biskup

S. 16 u.: Klaus Laaser